제주기행

제주기행

지은이 주강현
펴낸이 강정희
펴낸곳 도서출판 각 Ltd.

초판 발행 2021년 9월 1일
초판 2쇄 발행 2021년 12월 24일

도서출판 각 Ltd.
주소 (63168) 제주특별자치도 제주시 관덕로6길 17 2층
전화 064·725·4410
팩스 064·759·4410
등록번호 제651-2016-000013호

ISBN 979-11-88339-72-3 03910

25,000원

* 이 책 내용의 전부 또는 일부를 재사용하려면 반드시 지은이와 출판사 양측의 동의를 받아야 합니다.
* 잘못 만들어진 책은 구입하신 곳에서 교환해드립니다.

제주기행

제주기행

들어가는 글 · 6

1. **바람의 섬**
   물마루 너머 바람 타는 섬 · 11

2. **화산의 섬**
   하로산또를 모독하지 마라 · 39

3. **돌담의 섬**
   세계 농업유산에 빛나는 돌담 · 65

4. **여자의 섬**
   정말 남자보다 여자가 많을까 · 93

5. **귤의 섬**
   원한의 과일에서 꿈의 과일로 · 117

6. **곶자왈과 숲과 물의 섬**
   곶과 자왈이 만나 숲을 이루다 · 135

7. **좀녀의 섬**
   해녀 한명이 사라지면 박물관 하나가 사라진다 · 161

8. **흑조의 섬**
   쿠로시오가 가져온 자연과 문명의 선물들 · 191

9. 돌챙이의 섬
   제주의 혼이 깃든 미학의 압권은 돌문화 · 213

10. 테우리의 섬
    조랑말은 아무나 키우는 게 아니다 · 237

11. 표류의 섬
    조선시대에 베트남에 간 사연은 · 277

12. 신들의 섬
    에게해에는 올림포스, 제주도에는 본향당 · 305

13. 해금과 유배의 섬
    바다에 뜬 감옥을 만들지니 · 343

14. 삼춘의 섬
    이 당 저 당 궨당이 최고 · 367

15. 우영팟의 섬
    장수를 원하는 이들, 제주도로 가라 · 385

16. 탐라와 몽골의 섬
    잃어버린 왕국을 찾아서 · 409

17. 장두의 섬
    탐라의 독립을 허하라 · 433

참고 문헌 · 466

들어가는 글
왜 '탐라학 개론'인가

1

'제주기행'이라는 대중적 제목을 달았지만, 이 책은 '키워드로 읽는 탐라학 개론' 혹은 '탐라 인문교양서'다. 제주를 알려주는 수많은 책들이 쏟아지고 있지만, '탐라'의 내재적 관점에서 기술된 책은 드물다. 제주와 탐라의 차이는 무엇인가. 역사적 아이덴티티의 문제다. 육지에 딸린 '복속된 섬'이냐, 아니면 '바다로 진출한 섬'이냐는 관점에 따라 다르다. 변방으로 바라보는 육지부·중심부 시각과 반대되는 탐라적 정체성이 요구된다. 엄밀히 말해 제주도 역사는 있으되 기록은 제한적인 '유사무서(有史無書)'다.

이 책은 현실로서의 제주도를 기반으로 하되, 오랜 역사적 적층물인 탐라라는 망탈리테(심성사)에 기반을 두고 있다. 탐라는 그 자체가 '잊힌 왕국'이 되고 말았으니, 제주인의 심성 어딘가에 남아있을 뿐이다. 오랫동안 제주를 돌아다녔다. 수십 년의 경험과 정보, 가르치고 조사 다니면서 축적된 모든 것을 모아서 이 책을 탄생시켰다.

2011년, 웅진지식하우스에서 초판본이 나왔다. 판권 만료와 동시에 제주 출판사 '각'으로 옮긴다. 제주 문화예술운동의 상징이기도 한 박경훈 대표와의 오랜 우정을 기리는 기회이기도 하다. 제주를 제대로 알리는 '결정본'을 만들자는 도원결의를 통해 출간에 이르렀다. 제주에서, 제주 이야기를, 제주 출판인의 손으로 펴내는 소감이 감개무량이다. '경계인'으로서 제주 사랑은 계속될 것이고, 제주 관련 연구도 그러할 것이다.

오래전 '한 권으로 탐라를 품을 수 있는' 책이 없을까, 라는 생각으로 책을 준비했다. 제주대 석좌교수로 10여 년 한국학을 가르치면서 특히 제주 해양문명사에 주력했다. 그 와중에 아라동 감귤밭에서 살면서 초판본을 펴냈다. 이번 책은 가능한 초판본을 살리되 두 꼭지를 추가하고, 새로운 자료도 덧붙였다. 글은 압축했고, 사진은 옛 사진을 적잖게 발굴해 대대적으로 교체했다. 흑백사진의 '어제 같은 옛날'이 던져주는 무게감은 역사 그 자체다.

40여 년 전인 1982년 여름, 제주에 처음 왔다. 출장길에 여행 일정을 넣어서 성산포와 함덕, 화순에서 묵었다. 일출봉 아래는 고즈넉한 초가집 동네였으며, 함덕은 해변도로가 뚫리기 전이라 아름다운 모래사장이 펼쳐져 있었다. 화순 금모래 해변도 발전소가 들어오기 전이라 전형적 시골 마을이었다. 1985년, 민중문화운동 맥락에서 전국 단위로 추진한 강연회의 강사로서 굿 연구가 문무병 선생, 김수열 시인 등과 함께하던 기억이 난다. 이후의 시절인연은 겹겹이 쌓여서 기억조차 나지 않는다.

애월 납읍리에 김석윤 건축가의 도움으로 돌건축을 올리고, 아시아퍼시픽해양문화연구원(APOCC)의 본거지 겸 삶의 터전으로 10여 년 살았다. 주머니 털어서 '인문의 바다' 강좌를 열고 제주 삼춘들과 함께하는 자리를 이끌었다. 인연은 끝을 모르고 이어졌다. 현재는 애월 곽지의 웃뜨르에서 글도 쓰고 작은 정원을 가꾸는 중이다. 애월 농부와 어민들과 제주 막걸리 한잔하면서 그들에게서 많은 가르침을 얻고 있다.

2

25년 전. '섭지코지 가는 길'이란 제목의 글을 쓴 적이 있다. 부제는 '관광지에서 방황하지 말 것'이었다.

"나는 지금 섭지코지를 걷고 있다. 부서지는 파도가 바위에 물보라를 만들고, 시원스럽게 펼쳐진 제주도 동해의 수평선쯤에 어선 한 척 떠 있다. 물이 맑고 파랗다. 파란 하늘과 파란 물이 맞닿아 수평선 분간이 애매할 정도다. 굳이 따진다면 물색이 더욱 짙고 하늘은 조금 연하다. 북쪽으로 일출봉이 웅장한 자태를 드러내고 성산읍내의 높고 낮은 건물들이 흡사 아드리아해의 고대 그리이스 건축군처럼 하얗게 빛나고 있다. 그때에 '통통배'가 여러 척 줄지어 성산포를 떠나 섭지코지 쪽으로 달려오기 시작했다. (……) 양옆으로 바다가 펼쳐진 자그마한 반도로 이루어진 섭지코지 해안길의 고즈넉함이란. 섭지코지 해변은 나의 잃어버렸던 시심(詩心) 같은 그 무언가가 울컥 올라와 몸을 달구게 한다. 풍부한 바다풍광이 햇볕을 받아 찬란하게 빛나고 나그네의 마음은 '느낌의 바다'로 빠져든다. 섭지코지 가는 길은 아마도 제주 해변 길을 걷는 최고의 여로가 아닐까. 그래서 나는 이렇게 경고하곤 한다. 관광지에서 공연한 미련 갖고 방황하지 말 것! 그대도 공항에 도착하거든, 번잡스런 관광지를 벗어나 그대로 섭지코지로 떠나라. 그리고 말없이 걸어라. 차를 타고 부지런히 달려가는 그런 멍청한 짓은 관두는 게 좋은 것이다."

25년 전에 쓴 이 글이 얼마나 허망한 것이었는지 고백하지 않을 수 없다. 지금의 섭지코지는 '테마파크의 여로'가 되고 말았다. 그사이 엄청나게 변했고, 더 변해갈 것이다. 설명이 필요 없다. 《제주 땅에 새겨진 신유가사상의 자취》라는 독특한 시각의 책을 펴낸 오하이오주 톨레도대학 데이비드 네메스 지리학 교수는 제주도에서도 살아보았고, 제주 여성과 결혼했다. 그는 이런 글을 썼다.

"현재 제주는 포스트 모더니즘 시대의 유목민적 소비주의로 들끓고 있는 중이다. (……) 이 시점에서 누군가가 산업경제전략이라는 실패한 유럽사상을 넘어선 사상을 '펼쳐보여' 주어야만 한다. 한라산은 나에게 '각성한 저개발'이라는 사상의 영감을 안겨주었다. (……) 전 지구적 규모의 혁명의 바람을 불고 오기를 바라마지 않는다. 주문을 외자!"

네메스의 의견에 동의한다. 유목민적 소비주의가 팽배해 있는 상황에서 각성한 저개발을 꿈꾸어 본다. 세상의 어디나 섬은 제한적 공간이며, 연약한 피부처럼 조그마한 침범에도 치명상을 입을 수 있다. 조금 느리게, 천천히 살아갔으면 하는 바람이다.

3

제주도는 섬이다. 너무도 당연한 사실이지만 우리는 왕왕 '島'가 아닌 '道'로 이해하려는 태도를 보인다. '道知事'가 아니라 '島知事'로서 섬을 섬답게 고려하는 시각이 필요하다고 본다. 이 책은 제주도라는 섬의 바람, 돌, 여자, 잠녀, 귤, 돌담, 곶자왈, 테우리, 화산, 삼촌, 우영팟, 돌챙이, 신, 표류, 해금과 유배, 탐라와 몽골, 장두 등을 주제로 섬 DNA를 압축한다. 그러나 '만들어진 전통'이라는 홉스봄의 표현처럼, 오늘의 제주도는 '만들어진 섬'이 되었다. 상징과 이미지가 만들어지고 가공되어 테마파크의 섬으로 진화 중이다. 유채꽃밭의 신혼부부들이 눈에 들어온다. 실상 그 유채꽃은 1950년대 말에야 시작되었다. 유채꽃 사례처럼 신전통이 테마파크식으로 속속 만들어진다. 생활노동자로서의 해녀는 내리막길이고 '바다의 신비'라고 하면서 관광홍보의 징표로 부각되고 있다.

제주의 표피가 아니라 원형질에 근접되길 희망하는 이가 있다면, 마중물 역할을 감내할 저술이 필요하다는 생각이 들었다. 짐멜은 주변을 편안하게 느끼고 자기 땅이라 생각하는 토착민보다 이방인이(고통은 더 따르겠지만) 더욱 면밀히 탐색하면서 적응하는 기술을 배운다고 지적했다. 아울러 이방인은 자신이 들어가는 사회를 더 객관적으로 바라본다고 설명했다. 제주라는 섬을 이방인, 혹은 경계인의 시각으로 본다면?

    어디에 가면 무엇을 볼 수 있다는 식의 기행은 이 책과 상관 없다. 에코의《연어와 여행하는 법》처럼 혹시나 '제주도 여행하는 법'을 원하는 독자가 있다면, 그런 '교양인'의 동반자가 되고 싶다는 소망을 피력한다. 제주의 속살을 들여다보길 희망하는 이들에게 '탐라학 개론서'로 읽혀지길 희망한다. 책이 나오기까지, 제주도 '삼춘들'의 도움이 없었으면 불가능했을 것이다. 감사 인사를 드린다.

                                    2021년, 애월바당의 웃뜨르에서

1

바람의 섬

물마루 너머 바람 타는 섬

기후는 겨울에 따뜻하고 여름에 시원하기도 해 변화무쌍하다. 바람은 따뜻한 것 같지만 사람에게는 심히 날카로와 사람이 입고 먹는 것을 조절하기가 어려워서 병 나기가 쉽다. 게다가 구름과 안개가 항상 자욱하여 개인 날이 적고, 눈먼 바람과 괴이한 비가 때도 없이 일어난다.

— 김정, 《제주풍토록》

제주에는 언제나 바람이 분다

제주공항에 도착하면 무엇이 우리를 기다리는가? 바람이 아닐까. 늘 바람이 분다. 바람이 불지않는 날이 이상할 정도다. 옛적의 돛단배 시절, 모든 항해 조건과 가능성은 오로지 바람에 달렸다. 바람, 그 혹독하고도 일상적이며 특별하고도 평범한 그 바람을 마다하고서는 제주도를 이해할 수도 사랑할 수도 없으리라. 그리하여 어느 누구나 바람을 맞으러 제주도에 갔다면, 아주 정확하고 합리적 선택을 해낸 것이리라.

20여 년 전 버클리대학 구내 서점에서 《On the Road of the Winds》란 책을 사온 적이 있다. 한평생 오로지 태평양고고학을 개척해온 저자(Patrick Vinton Kirch)가 태평양문명사를 서술하면서, 왜 하필이면 '바람의 길'이라 제목을 붙였을까. 저자의 결론은 의외로 간단하다. 풍력의 시대에 바람이 없었던들 대항해가 불가했으며 자연과 문명의 씨앗을 실어나르지 못했을 것이란 결론이다. 멜라네시아에서 폴리네시아, 심지어 이스터섬에 이르는 장대한 대항해는 바람의 길 그 자체였다. 태평양문명만 그러한가?

인도양도 사정은 마찬가지다. 쿠알라룸푸르 이슬람예술박물관(The Islamic Atrts Museum)에서 펴낸 《몬순에 실려온 소식(The Message & The Monsoon)》을 보니 이슬람 문명 역시 바람을 타고 온 다우선에 실려왔다. 몬순을 타고서 아라비아해에서 동남아시아로 중동 및 서방의 문명이, 반대로 동방 문명이 서방으로 실려갔다.

제주의 역사 동력 역시 바람이었다. 한반도에서 제주도만큼 바람의 길에 절대적 운명을 건 공간이 또 있을까. 물론 육지의 그 어떤 항로도 바람 없이는 불가했다. 그러나 바람이 불러온 문명 교류와 전파의 강도에서 제주라는 섬을 능가할 수 없다.

제주의 바람은 문명의 네트워크

 바람은 제주도에 온갖 문물을 실어왔다. 협죽도, 선인장, 문주란, 황근, 해녀콩 등 자생식물과 황새, 팔색조, 노랑부리저어새 등이 모두 바람을 타고 왔다. 바람을 잘못 만나 필리핀, 오키나와, 대만, 심지어 베트남까지 표류했으며, 외국 선박이 수없이 표류해왔다. 하멜표류는 허다한 일상의 두드러진 사건일 뿐. 서복(徐福) 동정(東征)도 한 가지 예다.

 서복이 서귀포를 거쳐갔다고 믿는 학자들은 정방폭포 계곡의 '서불과지(徐市過之)'라는 글자를 근거로 단주(亶洲)를 제주도라 주장한다. 사정은 이러하다. 제나라 출신인 서복은 서불(徐市)이라는 이름으로도 나타나며, 진나라의 방사(方士)로 일했다. 천하를 통일한 진시황제는 불로장생 불로초를 구하러 사방으로 신하를 보냈으나 끝내 구해오지 못했다. 서복은 자기가 영약을 구하러 가야 할 차례임을 알고 황제에게 상소를 올렸다.

> 저 멀리 바다 건너 봉래(蓬萊), 방장(方丈), 영주(瀛洲)의 삼신산(三神山)에 신선이 사는데, 동남동녀를 데리고 가서 모셔오고자 합니다. 시황은 크게 기뻐하여 동남동녀 수천을 뽑아 그에게 주고 바다로 나가 신선을 찾아오게 했다.
>
> — 《사기》 진시황본기

 그리하여 기원전 219년에서 210년 사이에 두 번에 걸친 서복의 여정이 시작된다. 그의 행적은 한반도를 거쳐 일본까지 이어진다. 60척의 배와 5,000명의 일행, 3,000명의 동남동녀, 각기 다른 분야의 장인이 동반했다고 한다. 그는 진황도를 떠나 다시는 돌아오지 않았다. 진시황제의 폭압을 피해 불로초를 핑계

삼아 집단적이고도 계획적인 정치적 망명을 선택한 것이 아닐까.

《삼국지》와 《후한서》에는 서복이 중국을 떠나 단주 또는 이주(夷洲)에 도달했다고 한다. 중국에서 이주는 대만, 단주는 일본을 가리킨다. 하지만 우리는 우리식으로, 그 단주가 제주도 서귀포라 믿고 있다. 물론 그 믿음에는 학술적 진위와 무관하게 중국 관광객을 한 사람이라도 더 유치하고픈 계산도 개입되어 있을 것이다. 그래서 서귀포시내에 서복기념관도 만들었는데, 막상 중국관광객은 덜 찾는다. 하여튼 서복 이야기는 중국, 제주도, 일본을 잇는 고대의 바닷길이 존재했음을 암시한다. 그런 의미에서 볼 때 제주도를 변방이 아니라 고대 해양 세계의 징검다리였다고 하는 게 옳지 않을까. 우리는 습관적으로 섬에 대해 고립, 격절 등의 어휘를 구사한다. 이런 언어관념 자체가 육지중심 사고다.

제주도를 '절해의 고도'로 부르며 고립된 섬으로만 치부해온 역사관은 바람이 부여하는 역사동력의 힘을 간과하곤 한다. 송 왕부(王溥)가 편찬한 당의 제도를 모은 《당회요(唐會要)》 탐라국조에 탐라의 조공사신이 당에 이르렀다고 했다. 바람 없이는 직접 당나라 뱃길이 불가했으리라. 《삼국지》 위서 동이전과 《후한서》 동이전에 보이는 주호국은 이미 3세기에 탐라국이 존재했음을 설명한다. 제주시 산지항 축조공사 중에 출토된 거울, 동전 유물은 주호국(탐라국)이 한과 교역한 근거다. 산지항 근처의 촌락사회가 한과 대외교역을 통해 부를 축적했고, 그 결과 오늘날의 제주시에서 촌락사회(제일도 혹은 제이도)가 제주도 동남부 세력과 통합되어 탐라소국을 형성했을 것이다.

신창리 해안에서 물질하던 해녀들 눈에 금팔찌, 금제 뒤꽂이 등 꾸미개와 중국 청자가 띄었다. 오랜 세월 깊은 바다 모래 속에 묻혀있다가 태풍의 영향으로 드러난 것이다. 난파선은 발견되지 않았으나, 당시 제주가 중국과 일본을 잇는 주요 무역로였음을 알려주는 해저 유적이다. 일본에서 발견된 나라(奈羅) 목간(木

서복의 전설은 중국, 탐라, 일본 사이에 고대의 바닷길이 있었음을 증명한다.(서귀포 서복기념관)

簡)에는 탐라복(耽羅鰒) 글씨가 선명하다. 제주에서 일본으로 전복이 뱃길로 수출되었다는 증거다. 중국·일본과 왕래하던 탐라의 해양력을 잘 설명해준다. 다음 기사만으로도 탐라의 조선술을 충분히 입증할 수 있지 않을까.

 충렬왕 6년(1280). 배 3천 척을 짓는데 탐라에 조칙을 내려 재목을 징발해 보급케 했다.
 충렬왕 7년(1281). 조칙을 내려 탐라에서 새로 만든 배를 홍다구에 주어 출정케 했다.
 충렬왕 11년(1285). 탐라에서 일본 정벌을 위해 만든 배 1백 척을 고려에 하사했다.

《탐라순력도》에 수록된 〈한라장촉(漢拏壯囑, 1720)〉에는 제주도는 물론이고 조선 남해안, 중국 영파·소주·양주·산동, 일본과 유구, 심지어 베트남·말레이반도·태국이 명기되었다. 제주도에서 부는 바람의 길은 이처럼 바람만큼이나 강하게 뻗어나갔다. 제주도가 항상 본토의 지배 하에만 있었던 것 같은 육지중심 사관에서 벗어나야 한다. 항해술로 볼 때 제주도 선인은 어렵지 않게 항해 교통로를 확보하고 있었다. 프랑스 역사가 페르낭 브로델은 '액체의 역사'를 주장한 바 있다. 땅 중심의 '고체의 역사'에서 바다 중심의 '액체의 역사'로 생각을 바꾼다면, 제주도는 달리 보일 것이다.

 상고탐라(上古耽羅)를 고려할 때, 한반도 중심 시각보다는 그 단위를 동아시아 해양문명권으로 잡는 것이 타당하다는 주장은 설득력이 있다. 역사학자 진영일은 동아시아 해상교류에서 해풍, 특히 계절풍 이용과 해안 이동 방법을 제시한 바 있다. 해군사관학교 정진술 선생의 '고고학계에서 일반적으로 인식된 해류를

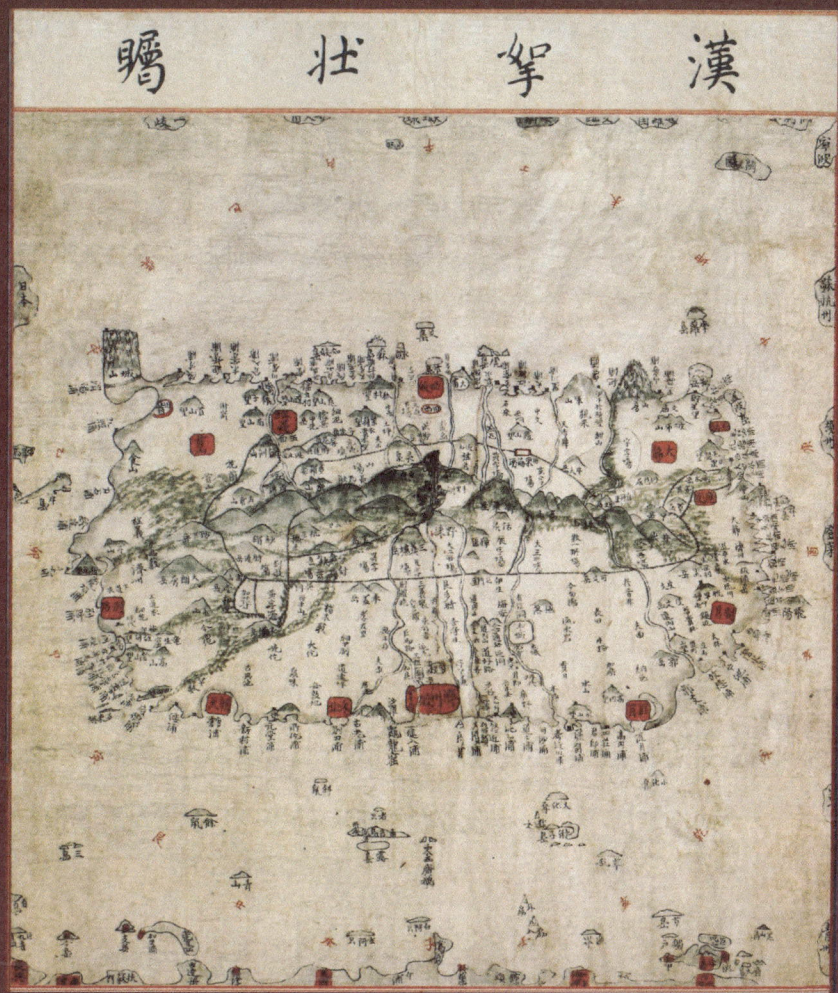

《탐라순력도》에 수록된 〈한라장촉(漢拏壯矚, 1720)〉에는 제주도는 물론이고 조선 남해안, 중국 영파·소주·양주 ·산동, 일본과 유구, 심지어 베트남·말레이반도·태국이 명기되었다.

이용한 선사시대 해상 교류론은 그 실상이 전혀 다르며, 오히려 바람의 영향이 더 크다는 것이 입증된다'는 주장도 주목해 보아야한다.

바람이 빚어낸 폭낭의 미학

1932년 해녀투쟁을 다룬 현기영의 소설 제목은 《바람 타는 섬》이다. 너무도 적절한 제목이다. 혹시라도 제주도를 따스한 남쪽나라 정도로 안다면 오산이다. 평균 기온이야 따스하지만 속살까지 파고드는 매운 바람은 체감 온도를 가차없이 떨어뜨린다. 칼끝 바람에 눈발이라도 날리면 앞길이 묘연하다. 그러다가도 햇볕이 쨍하는가 하면 다시금 눈 오고 바람 분다. 이튿날 보면 언제 그랬냐는 듯 눈은 자취도 없이 녹아버리고 바람이 잦아들어 봄기운을 풍긴다. 여우가 하루에도 수십 번 시집을 가는 섬이 제주도다.

> 기후는 겨울에 따뜻하고 여름에 시원하기도 하여 변화무쌍하다. 바람은 따뜻한 것 같지만 사람에게는 심히 날카로와 사람이 입고 먹는 것을 조절하기가 어려워서 병 나기가 쉽다. 구름과 안개가 항상 자욱하여 개인 날이 적고, 눈 먼 바람과 괴이한 비가 때도 없이 일어난다.
> – 김정, 《풍토록》

한라산 북사면은 북풍이 강하기 때문에 나무가 남향으로 심하게 편향되어 있다. 바람이 강하게 불 때는 해수가 비 오듯 흩날리고, 해안 초목은 모두 소금기에 절여 있을 정도다. 한라산 북쪽은 강한 바람으로 하늘과 바람이 뒤집

바람이 빚은 풍경, 사구(행원리).

히는 듯해도 남쪽은 세초도 움직이지 않을 정도로 바람이 약하다.

- 임제, 《남명소승》

임제의 기록은 편향수(偏向樹)와 조풍해(潮風害), 바람의 지역차 등을 잘 기술한다. 실제로 제주도에는 바람 타는 나무들이 서있다. 이름하여 풍향목(風向木). 김수영의 시 '풀잎'에 바람이 불면 잠시 엎드리는 풀이 등장하지만, 풍향목은 엎드리기를 거부한다. 바람에 맞서는 행위는 그 저항의 강도 만큼이나 충격도 크다. 저항하던 나무들은 바람 반대 방향으로 몸을 굴절시켜 풍향목으로 변신한다.

풍향목의 대표격은 폭낭(팽나무)이다. 제주도 어딜 가나 폭낭이 서있다. 폭낭은 신당과 정자나무로 쓰였는데 육지로 치자면 느티나무쯤에 해당된다. 폭낭 이야기를 했더니 송당 출신 박경훈 화백이 회고담을 들려주었다.

> 내 살던 동네에도 큰 폭낭 한 그루가 있어 여름철 내내 아이들이 폭낭을 기어오르며 열매에 취하여 더위를 잊었지요. 나무 한 그루가 온 동네 아이들을 한여름 살려줬지요.

꼬마들 공간이라는 사실은 폭낭의 목재 효용성과 무관하게 제 역할이 충분한 것이다. 폭낭은 강인한 제주정신의 상징이다. 추위와 염분에 강하고 무엇보다 바람에 강하다. 바람에 나무가 꺾이면 그 자리에서 다시 움이 솟는 강인한 생명력을 자랑한다. 한쪽으로 쏠리다못해 기울어가는 형상인데, 그러면서도 용케 중심을 잡고 완강하게 버틴다. 해풍 탓에 제주도 폭낭은 대체로 바다에서 한라산을 향한다. 한마디로 제주도 폭낭은 '폼나는 나무'다. 바람으로 인한 고통의 댓가로 멋진 나무가 되었다.

바람이 만들어낸 그 자체가 작품인 폭낭(북촌리).

〈모든 일은 갑자기 다가오지만 인간에게도 예감은 있다〉(변시지, 1992).

변시지 화백의 〈검은 바다〉전을 본 적이 있다. 울부짖는 비바람과 파도, 바람에 구부러진 나무 등에서 격정으로 몰아치는 제주 바다가 감지된다. 제주도에서 떼까마귀는 바람가마귀라 부르는데 이들이 휘젓고 지나면 센 바람이 불어온다. 강요배 화백의 그림에서는 그 바람이 장엄하면서도 강렬하게 역사의 무게를 안고서 녹아 든다. 제주의 변화무쌍한 자연을 이해하지 못한다면, 이들 작품세계를 이해할 수 없으리라.

제주도 바람은 무섭고 섬뜩하기도 하다. 바람이 가장 강한 한경면 고산리의 최대 관측 풍속은 초속 60미터. 아름드리나무가 순식간에 뿌리 뽑히는 가공할 위력이다. 비양도같은 협재의 앞섬에서 건너오는데도 돌풍이 불어 난파하기도 한다. 《조선왕조실록》 영조 38년(1768) 9월 조에, 포한(어부) 42명이 비양도에서 공납에 소요될 대를 베고 돌아오는 길에 바람을 만나 배가 뒤집힌 사건을 보면 '코 앞에서 엎어진다'는 말이 실감된다. 태풍은 수시로 제주도를 들이친다. 강풍으로 도로와 상가, 차량이 침수되고, 가로수가 뽑히거나 부러지는 일이 일상으로 벌어진다. 예보 시스템이 발달하지 못했던 과거에는 재해가 훨씬 심했을 것이다.

바람은 특히나 오름에서 강하게 감지된다. 몸 가릴 곳이 없는 오름에서는 늘 바람이 차다. 샛별오름을 오르니 무덤가에 억새꽃이 만발했다. 샛별오름은 최영 장군이 횡포와 반란을 일삼는 목호(牧胡)의 난을 진압한 곳이다. 죽은 영혼들이 일어서려는가, 힘차고도 힘차게 꽃이 흔들린다. 마라도 풀밭에서는 간간히 난장이 쑥부쟁이도 만난다. 바람코지라 키가 자라지 못해 불과 몇 센티미터 높이에서 꽃을 피워낸다. 현실에 적응하는 강한 생명력이 경이롭다.

제주도에는 특이한 바람도 많다. 산방산 넘어 곧추 내리지르는 동남풍 산방산내기는 뫼오리바람(자나미)이라고 하며 농작물을 말리고 바다 돌풍을 일으킨다. 성산포 신양리 방뒤코지에서 터져 나오는 들바람, 농부에게 공포를 안기는

카미가제(神風)의 기원_바람 때문에 후퇴하는 려몽연합군.

서풍인 섯가리는 햇볕 쨍쨍한 날 파도를 몰아쳐서 농작물을 까맣게 태워 삽시간에 초토화시킨다. 회오리바람인 도껭이주제, 갑자기 일어나는 폭풍인 강쳉이, 파도가 부풀어 오르며 덮치는 동풍인 겁선내, 명주실처럼 부드러운 멩지바람, 지름새, 실바람 등 제주도에는 바람의 종류만 수십 가지다. 그래서 토박이학자 김순이 선생은, '제주의 키워드는 바람', '제주문화는 총체적으로 바람의 산물'이라 고백한다. 바람이야말로 끊임없이 시달리면서도 옹골찬 뿌리를 깊게 내린 제주문화의 상징이기 때문이다.

초가 지붕에 담긴 뜻은

바람은 생활에 큰 영향을 남겼다. 제주 초가는 바람의 영향을 함축한다. 건축가 양성필 선생의 안내로 애월읍 하가리를 찾은 적이 있다. 집집마다 풍차(風遮)를 처마 밑에 설치했다. 풍차는 겨울 눈바람이 들이침을 방지하고, 여름 비바람을 막아준다. 눈과 비가 수직으로 내리는 경우가 드물고 수평으로 들이치기 때문에 풍채가 없다면 불편한 삶이다. 새(띠)로 엮던 풍채가 사라지고 양철지붕으로 변신했어도 바람막이 건축술은 장기지속이다.

    초가지붕을 새로 얽어매어 둥글게 만든 것도 바람 때문이다. 바람이 세찬 날에 바람이 둥근 지붕을 타고 넘어 가능한 저항을 덜 받고 빠져나가게끔 둥글게 만들었다. 직선으로 밀어닥치는 맞바람을 덜 받게끔 구부정한 돌담으로 만든 올레도 선조들의 지혜였다. 풍토가 모질면 모진만큼 인간의 지혜와 대응전략도 발전하는 법이다. 비양도 사람의 바람 이용법을 보자.

    샛바람(동풍)이 불면 구체적으로 어느 지역에 해초(風藻)가 밀려들 것이라 예견

바람이 불면 오름의 들풀이 살아난다(따라비 오름).

한다. 풍선으로 펄바다까지 나가 어로활동을 펴는데도 그 거리가 계절마다 달랐다. 풍선 어로는 계절풍을 고려해야 하기 때문이다. 가을 겨울에는 당일치기, 봄에는 머정이라 하여 먼 바다에서 2~3일간 어로를 한다. 청명 넘어가면 비가 내리고 난 후에 거의 십중팔구 북풍이 분다. 2~3일 동안은 잔잔하기에 그 동안에 어로를 한다. 그 후에는 남풍이 분다. 북풍을 타고 먼 바다로 나갔다가 며칠 후에 불어올 남풍을 타고 귀환한다. 마파람이 불고나서 바다에 해물이 많이 쓸려온다. 해녀들은 마파람이 불고나서 바다가 잠잠해지면 물질에 나선다.

바람은 아예 본향당 당신이 되기도 한다. 서귀포의 바람신과 안개신은 당신이 되어 나뭇가지 위에 좌정한다. 설마국에서 바람운(風神)이 고산국이란 여자와 혼례를 올린다. 그러나 그녀의 동생인 지산국(霧神; 안개)의 뛰어난 미모에 반한다. 둘은 눈이 맞아 한라산으로 도망쳐서 부부의 연을 맺는다. 뒤쫓아간 고산국이 그들을 죽이려고 했으나 동생 지산국의 도술을 이기지 못해 서로 해치지 말기로 하고 돌아온다. 그 후 화해를 하고 각각 분계를 정하여 바람운과 지산국은 부부로서 하서귀의 신목 윗가지에 좌정한다. 당신으로 좌장할 정도로 바람의 위력이 강력하다는 좋은 예다.

제주 시인들이 관용어처럼 많이 쓰는 시어도 바람이다. 바닷바람, 산바람, 들바람, 솔바람, 저녁바람, 바람소리, 바람으로 오는 어떤 신화...... 바다와 섬과 바람이 서로를 웅켜잡고 하나가 되는 곳이 제주이기 때문에, 시인인들 선택의 여지가 있으랴.

바람신에게 안녕을 빌다

동아시아의 대표적 바람신이 둘 있다. 중국 강남에서 시작된 마조신앙과 제주도 최부의 《표해록》 표지와 본문.

영등신이 그것이다. 중국 본토의 남중국해 사람과 대만인은 마조(媽祖)에 열광적이다 못해 마조 없이는 되는 일도, 안되는 일도 없다. 본디 마조여신을 상징하던 마카오 마조신당에도 배 그림을 그려놓고 풍우순조를 기원한다. 중국 푸젠과 대만 사이의 펑후(澎湖)열도를 찾아가니 특유의 화산섬에 궁전처럼 우뚝 선 마조신당들이 장엄하게 섬을 지배한다. 제주에서 중국 강남으로 밀려갔던 표류인 기록에도 영등이 등장한다.

> 대저 해마다 정월이 되면 바로 대단한 추위의 막바지에 해당되는데 매서운 바람이 거세게 불고 커다란 파도가 우레처럼 몰아치니 배 타는 사람들이 항해를 꺼립니다. 이월이 되면 점차 바람이 누그러지는데 제주 풍속에는 오히려 영등절이라고 부르면서 바다를 건너지 못하도록 금합니다. 중국 강남사람 또한 정월에 바다에 나가지않고 4월이 되어 매우(梅雨, 매화꽃 필무렵 양자강 유역에 내리는 비) 지나고 시원하게 맑은 바람이 불면 이 바람과 함께 바다를 항해하는 오랑캐 배가 처음 들어오며 이를 박초바람이라고 부릅니다.
>
> – 최부, 《표해록》

최부의 목격담은 중국 마조와 제주도 영등에 관한 비교문화사적 관찰로 받아들여도 무방하다. 육지에서 대체로 사라진 영등굿이 제주도에서는 지금도 완강하게 이어지고 있다. 단군신화에서 환웅이 거느리고 온 풍백(風伯), 우사(雨師), 운사(雲師)의 전통, 특히 바람을 상징하는 풍백 전통이 제주도에서는 아직도 전승 중이다.

지금은 제주항이 들어서서 사라져버린 칠머리당. 칠머리당에서는 그 유명한 '영등굿'이 열린다. 항구 확장으로 당을 옮기면서 '문화재굿'이 되었다고는하나

영등송별제에서 바다에 띄우는 띠배.

고갱이마저 사라지지는 않았다. 칠머리당은 제주시 건입동(건들개)의 본향당이고, 그 당신은 도원수감찰지방관과 요왕해신부인이다. 음력 2월 초하루에는 영등환영제, 2월 14일에는 영등송별제가 열린다.

굿이 끝나면 영감놀이를 놀고 수심방이 소미(小巫)들을 시켜 제물이 담긴 짚배를 들리게 하고 단골과 부두로 나간다. 도채비영감과 술, 미역, 과일 따위를 실은 짚배를 띄운다. 굿이 끝나면 건입동 사람들은 매년 이렇게 짚배를 바다로 한 척씩 보냈으리라. 여태까지 보낸 배가 도합 몇 척일까. 그 배 숫자만큼이나 한 해가 갔으리라. 바다는 어둠에 서서히 잠겨들기 시작한다. 이제 한 해가 새롭게 시작되리라. 돌아오는 길에 뱃머리를 돌려 사라봉 밑 해변의 가파른 단애로 나아간다. 해녀의 일터다. 뱃전의 단골 몇이서 깊은 신심으로 빈다.

> 영등할아버님, 영등할마님, 영등좌수, 영등별감, 영등호장님네가 천초·미역씨 주고 가십시오. 소라·전복씨 주고 가십시오. 씨드림에서 미역씨 뿌립니다. 소라씨·전복씨 뿌립니다. 많이 여십시오. 우리 일만 해녀들 살게 해 주십시오.

영등은 연등(燃燈), 영등(迎燈) 등 한자어를 쓰긴 하지만 어원이 분명치 않다. 육지의 영등할망네, 영등할망, 영등할머니, 영등할마시, 영등바람, 풍신할만네, 영등마고할머니 등이 같은 뜻이다. 영남에서는 아예 바람할매다. 제주도에서는 영등신이 영등하르방, 영등할망, 영등대왕, 영등호장, 영등우장, 영등별감, 영등좌수 해서 모두 일곱 신위다. 강남천자국, 또는 외눈박이섬의 신이라 전하며, 음력 2월 초하루에 산구경 물구경하러 오는데, 맨 먼저 한림읍 귀덕리 복덕개 포구로 들어온다. 한라산에 올라가 오백장군에게 현신 문안을 드리고 어승생 단골머리

제주도내 영등굿 분포도.

1970년대 제주시 건입동 옛 칠머리당의 영등굿 모습(현용준 사진).

로, 소렴당으로, 산천단으로, 산방굴을 경유하여 도리디끗(橋來里)까지 돌면서 복숭아꽃 동백꽃 구경을 다닌다. 세경 너른 땅(농경지)에는 열두시만국(新萬穀, 12곡) 씨를 뿌려주고, 갯가 연변에는 우무, 전각, 편포, 소라, 전복, 미역 등을 많이 자라게 하는 해초 씨를 뿌려준다. 영등신은 내방신으로 어부의 어획물 풍요나 해녀의 잠수를 도와준다. 영등할망 음덕 없이는 농사고 어업이고 되는 일이 없다. 권력도 이런 권력이 없다. 전지전능한 바람신이다.

영등신이 오는 날, 날씨가 따뜻하면 옷 벗은 영등이 왔다 하고, 추우면 옷 좋은 영등이 왔다고 한다. 비가 오면, '영등우장이 우장 입고 와부난(왔으니) 비가 내리는 거주'하며, 눈이라도 내리면, '아이고, 영등신이 헌 옷을 입엉(입어서) 왔구나게'한다. 이들 표현은 계절의 전환기를 암시한다.

제주사람의 영등신앙은 여러 속신을 만들어낸다. 영등신이 어디에서 왔으며, 영등신은 영등할망 혼자인가, 아니면 여러 식솔을 거느리고 오는가, 올해는 영등할망이 딸을 데리고 왔는가 며느리를 데리고 왔는가, 영등신이 제주도에 와서 어떤 일을 하고 가는가, 영등이 들어왔을 때 어떤 일을 조심해야하는가, 올해의 영등은 어떤 영등인가 등을 밝혀냄으로써 해마다 다른 바람의 내용이 만들어지며 이에 따라 한 해 운세도 달라진다.

영등은 봄 꽃샘추위 바람신이다. 그래서 영등달은 춥다. 영등할망이 딸을 데리고 오면 딸과는 사이가 좋아 날씨가 좋다. 며느리 데리고 오는 해에는 시어머니와 며느리의 관계가 좋지 않은 탓으로 굳은 날씨가 계속된다. 제주도에서는 산과 바다 어디서나 영등굿을 한다. 즉 제주도 영등굿은 바람의 축제이며 세경 너븐드르(땅)에 열두시만곡 씨를 뿌리고, 바다밭 해초를 키우는 풍농·풍어의 신이 된다.

기세등등하던 바람신도 때가 되면 떠나야한다. 영등신이 떠나야 인간이 숨

구좌읍 하도리 영등굿(김수남 사진, 1980년대).

을 쉬고 살 수 있다. 영등신은 2월 보름날 우도로 해서 제주를 떠난다. 예전에 영등송별제를 지내기 전에는 어부들이 바다로 나가지 않았다.

> 풍속에 2월을 연등절이라 한다…… 매년 정월 그믐 때 바람이 서쪽 바다에서 불어오면 이를 다른 지방에서 신이 온 것이라 말한다. 무리들을 모아 무당은 들에서 제사를 지낸다. 밤에서 낮까지 계속되는데 촌가를 드나든다. 2월 상순에 이르면 또 돛대를 갖춘 배 모양을 만들어 포구에 띄우는데 이를 송신이라 말한다. 이때는 바람이 동북쪽에서 불어오는데, 다른 지방의 신이 갔다고 말한다. 2월 초하루부터 보름 후까지는 절대로 바다에 배를 내보내지 않는다.
>
> – 김상헌,《남사록》

바람신 영등이 살아남은 유일한 곳

영등신이 육지에도 분명히 존재하건만, 육지 영등신이 대체로 잊혀졌음에 반해 제주도에는 아직도 살아있다. 그만큼 바람이 강하게 지배하는 섬이기 때문이다. 그렇지만 중국의 마조신앙이 열광적이라할만큼 나날이 번성하는데 반해 한국의 바람신이 제주도에만 겨우 살아남았음은 그만큼 한국인이 전통을 대충 내다 버렸다는 증거다.

영등신을 끝내 사수하는 제주민의 강인한 문화 전승력에 경의를 표해야 한다. 제주도에는 어제도, 오늘도, 내일도 바람이 불 것이다. 바람이 부는 한 영등 할머니는 쉼 없이 왔다 갈 것이다. 영등할망과 바람 없는 제주도에서 어찌 살아갈 수 있으랴. 하여 바람부는 제주도에서 영등굿 깃발이 계속 휘날리고 있음을 기뻐해야할 이유가 여기에 있다.

2

화산의 섬

하로산또를 모독하지 마라

> 정상이다. 사방으로 웅장하고 환상적인 장관이 한 눈에 들어온다. 섬을 지나 저 멀리 바다 너머로 끝없이 펼쳐지는 파노라마였다. 제주도 한라산처럼 형용할 수 없는 웅장하고 감동적인 광경을 제공하는 곳은 지상에 그렇게 흔하지 않을 것이다.
> — 지그프리트 겐테(S. Genthe)

찰나와도 같은 인간의 시간

한라산은 휴화산? 영원한 휴화산은 없다. '1만 년 이내에 분화한 화산은 모두 활화산'이란 새 국제기준도 마련되었다. 활화산과 휴화산을 가르는 교과서의 고정상식은 빗나갔다. 국제적 합의에 따르면 백두산과 한라산은 모두 활화산이다.

고려조인 1002년과 1007년에도 용암이 분출했으니, 불과 천 년 전 사람은 화산을 실제 목격했다. 《탐라순력도》를 그린 화공이 비양도에 붉은 칠을 했음을 무시하고 넘어갈 것인가. 화공이 왜 붉은칠을 했을까. 《고려사》를 들추어 보자.

> 목종5년 6월. 탐라에서 산에 4개의 구멍이 뚫리며, 붉은물이 솟아나오다. 5일만에야 멎었는데, 그 물이 용암이 되었다. 10년에 탐라의 바다 가운데서 서산이 솟아나왔으므로, 태학박사 전공지를 보내어 이것을 시찰시켰는데, 탐라 사람들이 말하기를, '그 산이 처음 나올 적에 구름과 안개가 자욱하여 날이 캄캄해지면서 우레와 같은 진동이 일어난 지 무릇 7일만에야 날이 처음 개었다. 산 높이가 백 여발이나 되고 주위는 40여 리 가량이 되며, 초목은 없고 연기만 산 위에 자욱이 덮였는데, 바라본 즉 석유황 같으며, 사람들이 무서워서 가까이 가지 못했다'라고 했다. 전공지가 자신이 직접 그 산 밑까지 가서 산의 형상을 그려가지고 돌아와서 왕에게 드렸다.

안타까운 일은 태학박사가 임금에게 바친 그 그림이 전해오지 않는다는 점. 그 그림만 남았더라면, 세계 화산사에 남을 귀중한 아카이브가 될 터인데, 우리 역사에는 문자 기록은 그나마 많은데 그림 기록이 희귀하다.

《탐라순력도》 중 〈비양방록〉에 그려진 비양봉의 붉은 빛. 고려시대 화산 폭발의 흔적이다.

솟구친 서산(瑞山)은 오늘의 비양도다. 그래서 비양도는 '천년의 섬'이다. 안정복의 《동사강목(東史綱目)》(1778)에 송(宋)대의 기사가 인용되고 있다. 송나라에서도 화산 폭발을 알고 있었던 것 같다. 비양도 폭발이 국제적 사건이었다는 증거이리라. 터져 나온 화산재가 날아다니고 그로 인한 쓰나미가 중국 해안을 강타하지 않았을까.

> 탐라산에 구멍이 뚫렸다. 탐라산에 구멍이 넷이 뚫려서 적수(赤水)가 솟아나오다 5일 만에 그쳤다. 적수는 모두 와석(瓦石)이 되었다.(眞宗 咸平 5년, 1002년)

리처드 세넷이 그의 역저 《장인》에서 '역사에 관한 단상 – 찰나와도 같은 시간'이란 소제목으로 제시한 생물학자 존 메이너드 스미스의 사고실험을 읽은 적이 있다. 최초의 척추동물로부터 인류 출연까지의 진화 과정을 초고속으로 재연한 두 시간 반짜리 영화를 상상해보라고 권한다. 도구를 만들어 쓰는 인간은 마지막 1분 동안 출연한다. 그 길고도 긴 인류 역사가 불과 1분 분량이라! 역사시대의 총량은 지질시대와 비교하여 그야말로 찰나이기 때문이다.

그 언젠가 한라산도 꿈틀댈 것만 같다. 탐라사람의 역사적 DNA 속에 화산 폭발 순간이 전승되고 있을 것이다. 태평양 자체가 화산이 만든 종합작품이며, 환태평양 화산대인 불의 고리(ring of fire) 근역에서 조금 떨어진 곳에 제주도가 걸쳐있다. 제주도는 유라시아판과 필리핀판 경계부 근처이며, 판의 경계부에 형성될 수 있는 단열구조(斷裂構造)와 밀접한 관계가 있다. 따라서 화산도를 모르고서야 제주도를 온전히 알 수 있는 방도가 없다. 그럼에도 불구하고 제주도에 화산박물관 하나 없다는 것이 영 불만이다. 섬 전체가 살아있는 화산박물관이라 생각하면 속 편하긴 하지만.

할망들의 놀이터

제주도는 오래전에도 바다였을까. 정답은 제주말로 '아니우다!'. 지질의 역사는 장중하고 엄숙하기까지하다. 서해·남해도 본디 바다가 아니라 광활한 육지였다. 간빙기에 해수면이 상승하자 비로소 바다가 탄생한다. 오늘날 한라산에서 살아가는 노루는 남해가 걸어 다닐 수 있을 정도로 얕았을 때 건너온 개체의 후손이다. 불과 2만 년 전에 제주도는 육지였으며, 1만 년 전에 간빙기가 시작되자 섬으로 변했다.

성산일출봉을 오르면 설문대할망이 길쌈 할 때에 접시불을 켰던 등경돌(燈檠石)이 있다. 지질이 급격히 변화하던 시대에 제주도를 탄생시킨 거녀(巨女)의 명확한 증거물이다. 신화의 원형이야말로 어쩜 오늘날 우리들 삶의 비밀을 보여주는 '청동거울'이리라. 지질시대를 목격한 인간의 기억은 고스란히 신화로 정리되었다. 일찍감치 조선시대 이원조의 《탐라지》에 설문대할망이 사만두고(沙曼頭姑)로 그 이름을 내민다.

옛날에 한 신녀가 있었는데 살만두할망이라 불렀다. 키는 거의 하늘만큼 크고, 손은 한라산 꼭대기에 걸치고, 발은 넓어서 큰 바다에 담가서 파도를 일으켰다. 일찍이 스스로 말하기를, 토인들이 나에게 옷 한 벌을 만들어주면 내가 반드시 대륙과 연결되는 다리를 놓아서 너희들이 도보로 오고갈 수 있게 해주겠다.

온 섬이 힘을 합쳤지만 끝내 그녀의 옷을 만들어내지 못해 연륙교는 이루어지지 않았다. 할망은 곳곳에 흔적을 남겼다. 이원조는 '제주성 동쪽의 신촌의 암

하늘에서 바라본 성산일출봉.

석 위에 거인발자국이 찍혀 남아있는데 지금까지도 살만두할망의 발자국으로 일컬어지고 있다'고 기록했다. 간빙기의 생생한 현장 목격담은 사라진 채 이런 저런 부스러기 이야기들만 남아서 후대인의 손에 채집정리 되었다. 관탈도, 우도, 마라도 같은 섬을 바라보면서 설문대할망이 물이 차오르는 당시의 들판을 저벅저벅 걸어다녔던, 역사적 상상을 뛰어넘는 지질적 상상을 즐겨볼 일이다. 제주 신화학도 상상의 감옥에만 갇혀 있을 것이 아니라 지질학, 고고학의 바다로 헤엄쳐 들어가 새로운 길을 모색해야 하리라.

선문대할망이라는 키 큰 할머니가 있었다. 할머니는 한라산을 엉덩이로 깔아 앉고, 한쪽 다리는 관탈도에, 또 한쪽 다리는 서귀읍 앞바다의 지귀섬(또는 마라도)에 놓고, 성산봉을 구시통(빨래바구니)으로 삼고, 소섬(우도)을 팡돌(빨랫돌)로 삼아 빨래를 했다.

선문대할망이 오줌을 싸자 어떻게 세었던지 육지가 패어지며 장강수가 되어 흘러나갔다. 오줌 줄기에 육지 한 조각이 동강이 나서 섬이 되었으니 바로 소섬이다. 오줌 줄기가 지금의 성산과 소섬 사이의 바닷물인데 워낙 깊이 패어서 깊은 바다가 되었고, 지금도 조류가 세어서 파선하는 일이 많다.
선문대할망이 치마폭에 흙을 퍼 담아 제주와 한라산을 만들었는데 그 와중에 신발에서 떨어진 흙덩어리들이 360개의 오름이 되었다. 오름은 할머니가 치맛자락에 흙을 담아 나를 때에 치마의 터진 구멍으로 흙이 조금씩 새어 흘러서 형성된 것이다.

불과 1만 년 전, 육지의 마고할매도 물이 차오르는 남해바다를 뚜벅뚜벅 걸어서 건너다녔다. 우리신화의 들머리를 차지하는 이들 영웅은 모두 여자였다. 서구 신화학 용어로 지모신(Great Mothe, Mother Goddes)이다. 우리말로 적당한 표현을 문헌에서 찾자면 신모(神母) 정도가 근접하리라. 설문대할망과 마고의 시대까지는 적어도 이들 신모의 독무대였다. 인류의 여명기는 그야말로 여신의 치마폭에서 놀고 있었다는 증거다.

여신도 손거울을 좋아한다

여신은 제주에만 있는 게 아니다. 섬의 탄생은 대체로 여신의 몫이다. 화산섬 하와이군도의 탄생 역시 제주도와 같았다. 어둡고 어둡던 시절, 인간이 살지않던 하와이에는 오로지 신만이 어둠을 지키고 있었다. 그러던 어느 날 거대한 카누를 타고 폴리네시안이 섬에 당도한다. 그들 이주민은 붉은 마그마가 바다로 흘러가고 거대한 바위가 형성되어가는 모든 과정을 목격했으며, 구전역사로 전승했다. 하와이 제도에서 순차적으로 이루어진 화산 폭발은 여신 펠레(Pele)가 일으킨 것이다. 신화는 이렇게 말한다.

타히티에서 태어난 여신 펠레는 언니인 나마카오카하와 심하게 다툰 뒤에 언니에게 쫓기는 신세가 되었다. 그녀는 오랜 도피생활 끝에 하와이에 있는 킬라우에야 화산분화구인 할레마우마우에 정착했다. 성미 급한 펠레는 발길질을 해대 분화구를 열고는 자기를 헐뜯는 사람들에게 용암을 쏟아붓는다 .

화와이 신화의 경이로운 펠레 - 하이아카(Pele-Hi'iaka) 사이클은 암흑 뿐이던

하와이 군도의 탄생과 관련된 화산의 여신 '펠레'.

바다에서 어느날 화산폭발로 용암지대가 형성되면서 본섬이 완성되었던 자연사의 비밀, 즉 인류 이전의 지질학적 역사를 말해준다. 이후에 신들의 결혼에 의해 섬이 순차적으로 완성되어 나가는 과정은 화산섬의 순차적 탄생 과정을 상징한다.

하와이 군도 탄생의 증언자가 펠리 여신이라면 제주도는 설문대 여신이다. 이들 여신들은 분석 심리학의 거장 에리히 노이만(Erich Neumann)이 역저 《위대한 어머니 여신(The Great Mother)》에서 표현했듯이 인류의 무의식 심층 속에 숨어 있는 여성의 원형이다. 여성의 원형답게 설문대할망은 아직까지도 살아남았다. 산정호수가 있는 사라오름은 설문대여신의 손거울이다. 여신도 여자인지라 거울을 좋아하는가 보다. 하늘에서 찍은 사진을 보니 탁월한 작명이다. 물장올에서는 설문대할망이 빠져죽었다는 이야기도 전해온다.

설문대할망이 지질시대의 증언자라면 이제 역사시대를 열게 될 신화가 등장한다. 《고려사》에 등장하는 삼성신화가 그것이다. 태곳적에 사람도 생물도 없었음은 제주도 탄생의 분기점을 생동감있게 설명해준다.

> 옛 기록에 이르기를, 태곳적에 이 곳에는 사람도 생물도 없었는데, 세 신인이 땅으로부터 솟아나왔다.

사람은 커녕 생물도 없던 땅이 생명의 섬으로 변하기 시작했다. 인간의 역사가 제주도에서 시작되었음을 알린다. 그렇게 삭막하고 황량하던 화산섬의 오늘은 녹색의 향연으로 뒤덮여 있다. 화산섬을 선사한 조물주에게 감사드릴 일이다.

금강산학은 있는데 한라산학은 왜 없을까

한라산은 그 명성에 비해 의외로 문화적 포장이 빈약하다. 가슴 넉넉한 사람이 늘 그렇듯이 외형적으로는 느긋하게 서있을 뿐이다.《탐라지》에 이런 기록이 있다.

> 한라라 함은 산이 높아서 은하수(銀漢)를 끌어당길 수 있기 때문이다. 두무악(頭無岳)이라고도 하니 봉우리들이 평평하기 때문이요, 혹은 원산(圓山 두리메)이라고도 하니 높고 둥글기 때문이요, 혹은 부악(釜岳)이라고도 하니 산꼭대기마다 연못이 있어서 마치 물을 담아두는 그릇과 같기 때문이다.

1609년 제주판관으로 부임했던 김치(金緻)의《유한라산기》에서는 한라산을 혈망봉(穴望峰)이라 불렀다. 도교 이상향인 삼신산의 하나인 영주산(瀛州山)으로도 불렸다. 그러나 한라산을 중심에 놓고 어떤 문화예술 담론이나 시인 묵객의 시와 그림이 쏟아지지는 않았다. 이쯤에서 금강산학(金剛山學)에 덧붙여 한라산학(漢拏山學)이 필요함을 느낀다. 한라산학은 이 책에서 새롭게 만들어낸 신조어다. 신화와 전설, 시인 묵객의 시와 그림, 번창했던 불교문화 등을 통해 금강산은 독자적 금강산학을 창조했다. 변방의 한라산은 다중의 접근을 불허했으며, 기록이 제한적이다. 섬이란 불리한 조건이 만들어낸 결과다. 한라산이 대중에게 손쉽게 제 몸을 허락한 것은 20세기, 특히 20세기 후반에 항공편이 증폭되면서부터다. 한라산은 문화사적으로 '젊은 산'이다.

생각을 바꿀 때가 된다. 과거에 금강산학이 유효했다면, 바다의 미래를 꿈꾸는 시대에는 해산(海山)으로서의 한라산학이 더 전진적이다. 신경준이《산경표》

에서 한라산을 과소 평가한 것은 유감천만이다. 백두에서 한라까지 바닷길 따라 화산섬으로 이어지는 산맥의 해양적 맥락을 간과한 육지중심 풍수관으로 여겨진다. 육지의 맥이 있다면 바다에는 해저의 맥이 이어지기 때문에 21세기형 신풍수관으로 확장되어야한다는 것이 나의 생각이다.

전통에 과도하게 포로가 된 사례는 또 있다. 오늘의 지식계와 일반에게 한라산, 영주산, 두무악 같은 명칭만이 강력한 힘을 발휘함은 동아시아 한문학적 세계관에 포로가 된 결과가 아닐까. 탐라사의 토속적 맥락에서는 전혀 다른 한라산 상징이 존재한다. 탐라적 세계관이 만들어낸 하로산또(漢拏山神)를 만나야 한다. 한라산에서 태어나 사냥하며 살아가는 영웅신 하로산또는 불세출 영웅담의 남성신으로 한라산의 진정한 주인이라고, 아직도 토박이들은 믿고 있기 때문이다.

민간에서 하로산또를 믿는 것과 별개로 국가적으로도 제사를 지냈다. 그 옛날 백록담까지 올라가 한라산제를 올렸다. 제물을 지고 올라가 제사 지내다가 얼어 죽는 일이 잦아지자 1470년 제주목사 이약동이 산천단으로 제단을 옮긴다. 나라 잘 되라고 산신제를 지내다가 백성을 얼어 죽임은 한참 잘못된 일이기 때문이었다.

오늘날에도 산천단에 가면 제주도 최고령의 곰솔 몇 그루와 제단이 남아있어 하로산또 제사 흔적을 볼 수 있다. 질과 양에서 풍부한 지난 시기의 금강산학에 버금가게끔 21세기형 한라산학을 창조하는 것, 하로산또의 영험력을 재발견하는 것이야말로 후세인에게 부여된 숙제다.

누가 한라산에 올랐을까

한라산은 등정 기록 자체가 제한적이다. 다행히 제주도에 부임하거나 유배 온

산천단의 산신제단.

한라산 백록담.

문객 중에서 더러 산에 올라 기록을 남겼다. 안타까운 일은 제주 토박이로서 등정 기록을 꼼꼼하게 남긴 이가 없다는 점이다. 서울 사람이 남산을 거의 오르지 않고 등정 기록을 남기지 않음과 비슷하다.

제주목사로 재직하던 아버지를 찾아왔다가 《남명소승》을 남긴 백호 임제, 임금의 명으로 백록담에서 한라산제를 지내고 《남사록》을 남긴 김상헌, 존자암에서 하룻밤 자고 백록담 등반을 완수한 김치의 《유한라산기》, 이형상 제주목사의 산행기가 담긴 《남환박물》, 한라산 등반에 강한 의미를 부여하며 가마를 타고 올랐던 이원조 목사, 척사운동으로 유배 왔다가 유배가 풀리자 등반에 나섰다가 《유한라산기》를 남긴 최익현, 독일인으로 백인 최초의 등반을 실현한 지그프리드 겐테, 1936년 1월 1일 경성제국대학 등반대에 의해 이루어진 최초의 동계등반 및 조난사건, 1937년 조선일보사가 주최한 최초의 집단 산행에 참여한 이은상의 탐라기행, 1938년 여름에 한라산 백록담에 오른 정지용 시인, 제주도민으로써 1937년에 한라산에 오른 제주농고 학생들의 등반 기록 등을 염두에 둘만하다. 동시에 4·3으로 인한 오랜 기간의 한라산 입산금지령도 기억해둘만하다.

등정 노트 1. 임제

《남명소승》에 영실계곡에 당도하는 모습을 남겼는데 간이용 텐트가 없던 시절이라 장막을 지고 올라가 정상에 베이스캠프를 쳤던 것 같다. 오늘날의 영실코스로 등정한 것 같으며 존자암을 거쳐 갔다.

> 인간 세계의 바람과 별은 멀리 떨어져 삼천세계에서 난 방울과 젓대 소리를 듣는 듯 황홀하게 지초(芝草)로 덮여 있는 곳을 보았다.

등정 노트 2. 김상헌

나라의 공무로 출장 온 김상헌은 《남사일록》에 이렇게 썼다.

오백장군 골짜기는 돌 봉우리가 다투어 빼어나 말 타고 갑옷을 입은 사람 같기도 하고, 혹은 칼과 창을 잡고 깃발을 나부끼는 것 같기도 하며, 푸른 절벽 위에 줄을 지어 서 있어서 오백장군이란 이름을 얻게 된 것이 이것이다.

오백장군은 앞의 영실계곡과 더불어 조선시대에도 대표적인 명승지였던 것 같다. 김상헌은 '속세 바깥의 깨끗하고 기이한 취향이 많다'고 했다.

등정 노트 3. 김치

제주판관을 역임한 김치는 양력으로 5월 초순에 올랐으니 등산하기 딱 좋은 절기였다.

4월 8일. 바람은 따스하고 햇빛은 환한 시절에 산을 올랐다. 평평한 들판은 마치 손바닥 같은데 향기로운 풀이 자리를 편듯 하다. 철쭉과 진달래가 바위 틈에서 빛나고 있어 눈 닿는 대로 한가히 읊조리노라니 그림 속에 들어가 있는 듯 했다. 백록담에 올라, '하늘빛은 거울을 닦아 놓은 듯하고 바다빛은 흰 천을 다리미질한 듯하여 위와 아래가 서로 안아 아득히 한계가 없다. 맑은 바람은 산들산들 특이한 향기가 코에 풍겼다. 바위에 기대어 긴 휘파람을 불며 눈을 들어 멀리 바라보니 크고 작은 여러 섬과 멀고 가까운 여러 산이 모두 손가락으로 가리킬 수 있는 가운데 들어왔다. 하늘은 더욱 높고 바다는 더욱 넓으며 사람의 신체는 더욱 작으나 시야는 더욱 원대함을 느낄 뿐이다.

등정 노트 4. 지그프리트 겐테

서양인 최초로 한라산을 등정한 백인은 1901년의 독일인 지그프리트 겐테(S. Genthe)다. 그가 서술한 놀라움의 한 대목.

드디어 정상이다. 사방으로 웅장하고 환상적 장관이 한 눈에 들어온다. 섬을 지나 저 멀리 바다 너머로 끝없이 펼쳐지는 파노라마였다. 제주도 한라산처럼 형용할 수 없는 웅장하고 감동적인 광경을 제공하는 곳은 지상에 그렇게 흔하지 않을 것이다.

등정 노트 5. 정지용

시인 정지용은 아홉 편의 연작 산문시 〈백록담〉을 남겼다. 한라산을 이처럼 아름답게 표현해낸 시도 드물 것이다.

절정에 가까울수록 뻑국채 꽃키가 점점 소모된다. 한마루 오르면 허리가 슬허지고 다시 한마루 우에서 모가지가 없고 나종에는 얼골만 갸웃 내다본다. 화문(花紋)처럼 판(版)박힌다. 바람이 차기가 함경도 성진(星辰)처럼 난만(爛漫)하다. 산그림자 어둑어둑하면 그러지 않아도 뻑국채 꽃밭에서 별들이 켜든다. 제자리에서 별이 옮긴다. 나는 여기서 기진했다.

등정 노트 6. 그 밖의 사람들

김석익은 '토정 이지함이 세 번 한라산을 올랐으나 당시에 아는 사람이 없었다'고 기록했다. 육지 도인들이 불현듯 바다를 건너와 한라산으로 들어갔을 가능성을 말해준다. 충분히 가능성이 있다. 문제는 등정기록이 없다는 점이다.

　백록담, 영실, 오백장군, 존자암 등 오늘날의 등정코스가 당대에도 등장한다. 명소 등정 및 관광의 문화사가 장기지속이다. 순조 때 이한우(李漢雨)가 정리하여 만들어낸 당대의 창조품인 영주십경에도 한라산의 영실·백록담 등이 포함된다. 한라산을 일상으로 등정하고 삶의 터전으로 삼은 이들은 정작 토박이들이 아니었을까. 원주민은 심방의 산신놀이를 통해 전승되는 하로산또의 흔적을 남겼을 뿐이다. 에레베스트를 등정한 원주민 셰르파는 사라지고 서양인 이름만 남았듯이 한라산에는 육지 양반의 기록만이 남아 있다. 한라산 등반을 기록한 사람은 대체로 육지부 관리들이었다. 그들에게는 유흥이었을지 모르나 그를 수행한 백성에게는 고역이었다. 등산을 도 닦는 것에 비유했던 제주목사 이원조는 백록담까지 가마를 타고 올랐다.

　조선시대 한라산 등반이 유람적 성격이 강했다면 현대 등반은 일제강점기에 도입되었다. 산을 정복함으로써 인간 영역을 넓히는 서구 알피니즘이 제국 일본의 프리즘을 통해 도입된 것. 알피니즘에는 당시 제국주의를 표방하던 세계 열강의 팽창주의가 숨겨져 있었다. 미지의 세계와도 같은 험준한 산을 정복함으로써 자국의 우수성을 만천하에 증명하려는 의도였다. 일제도 한반도 명산을 정복함으로써 식민지배의 정복사와 일치시키려는 통과의례로 삼고자 했으며, 한라산등반도 이의 행보에 발맞추어 이루어졌다.

　킬리만자로 원주민이 그 높은 산을 오를 때는 영산의 영험을 찾기 위함이었다. 칠 천년 연령의 조몬스기가 자라는 야쿠시마(屋久島)에서는 영산을 어머니산이라 부르며 산제사를 올릴 때만 오른다. 감히, 함부로, 정상에 올라 신을 모독하는 것은 불가하다는 입장이다. 반면에 외부 등산객에는 오로지 정복의 의미가 있을 뿐이다. 가마꾼의 가마에 올라 앉아 지리산 등반에 나섰던 선교사나 조선

〈영주십경도〉 중 백록담(부분)

시대에 가마 타고 한라산에 오른 자들이나 일맥상통하는 무엇이 있다. 하나는 민족 바깥, 하나는 민족 내부에서 각기 다른 시대에 이루어진 등정 방식이었으나 그 폭력적 본질에서는 하나다. 등반에 성공했다고 우쭐대는 등산가의 기록보다, 이를 떠받치는 스폰서의 자본적 탐욕과 등산을 기획한 제국의 정복욕보다, 원주민 세르파의 심성을 읽어내는 멘털리티의 역사(심성사)가 필요한 대목이다. 하로산또를 모독하지 말라, 그런 말을 하고 싶은 것이다.

오름의 왕국 천의 얼굴

제주도 이해의 첩경은 오름이다. 전국의 오름 마니아들이 오름을 오르고 또 오른다. 돛오름, 안치오름, 높은오름, 아부오름, 샘이오름, 안돌오름, 밖돌오름, 체오름, 거친오름, 사근이오름, 칡오름, 민오름, 작은돌이오름, 북오름, 뛰꾸니오름, 성불오름…… 오름마다 경관의 미학이 다르며, 오르는 시간과 절기마다 느낌과 빛깔이 다르다.

'오름의 여왕'이라는 다랑쉬, 드러누은 용의 자태를 닮은 용눈이오름, 억새꼴 물결이 능선을 따라 춤을 추는 따라비오름, 원뿔형의 칼날 능선과 말굽형 분화구로 이루어진 거미오름, 새알처럼 귀여운 알오름 등 오름은 천의 얼굴을 지녔다. 일찍이 이형상은 《남환박물》에서 이렇게 썼다.

> 한라산은 한 가운데가 우뚝 솟아있고 여러 오름이 별처럼 여기 저기 벌리어 있으니, 온 섬을 들어 이름을 붙인다면 연잎 위의 이슬 구슬의 형국이라 할 수 있다.

'연잎 위의 이슬 구슬', 탁월한 표현이다. 오름은 두말할 것 없이 '오르다'에서 왔다. 김상헌은《남사록》에서 '악은 오롬(원음)이라 하여 특이한 제주어'의 하나로 보았다. 송악산, 산방산, 성산일출봉도 산, 봉 같은 명칭을 달고 있어도 모두 오름일 뿐이다. 오름이란 화산 활동으로 형성된 소화산체, 곧 봉우리를 뜻한다. 제주 전역에서 100여 차례 이상의 크고 작은 화산활동이 이루어졌으며 제주 자연을 완성한 화산활동의 결정체로 오름을 남겼다. 360여개 오름은 그 숫자만으로도 세계 최다다. 기생화산이 많은 시칠리아 에트나산도 고작 260여개다. 그야말로 제주도는 오름의 왕국이다. 오름 없는 제주섬은 상상조차 할 수 없다. 오름이라고 다 같은 형상이 아니다. 일출봉이나 산방산, 송악산 같은 웅장한 바위산이 있는가 하면, 뒷동산 같은 야트막한 오름도 있다. 김상헌은《남사록》에서 성산일출봉을 노래했다.

한라산에서 산세가 끊겨 황야가 여기까지 질편하게 이어오다가 갑자기 말통처럼 일어섰다가 바닷속으로 달려 들어간다. 형세가 마치 병 주둥이가 망망한 바다에 가득 찬 것 같다. 좌우의 기암괴석은 사람이 서 있고 짐승이 달려가는 듯 하다. 꼭대기에는 돌 봉우리가 둘레를 빙 둘러 있어 자연적으로 산성처럼 되어 있다. 삼면이 바다에 임하여 깎아지른 듯 서 있는 게 8만자나 된다. 넓은 파도와 큰 물결이 이는데 끝을 바라보아도 가없다. 바위를 붙잡고 밑을 들여다보니 시력이 황홀하고 다리가 떨려 마음이 두근거리고 서늘하여 안정되지를 않았다. 그 형세로 말한다면 바로 뛰어난 경승지인 것이다.

그의 표현대로 뛰어난 경승지인지라 유네스코 세계유산에 등재되었다. 해 뜨는 광경을 그린《탐라순력도》의 성산관일(城山觀日)을 보면 오른쪽 모래톱을 통해 성산봉과 연결되었으며, 밀물에 모래톱이 끊기곤 했다. 1920년대에 찍은 사진을 보면 지금과 딴판인 풍경이 펼쳐진다. 오늘날은 간척이 되어 자동차도로로 바뀌었다. 옛 성산봉, 정말 아름다웠을 것이다.

오름 중에도 비경은 있게 마련이다. 물장오리, 물찻, 사라오름, 물영아리, 어승생악 등 백록담 닮은 산정호수를 품에 안은 오름도 있다. 물장오리는 백록담, 영실기암과 더불어 한라산의 3대성산으로 알려져 가뭄에 기우제를 지내던 성소다. 백록담이 늘 비워낸 모습을 연출한다면 물장오리는 항시 물이 넘쳐흐른다. 이원진의 《탐라지》에서 노래한 장올악(長兀岳)이 오늘의 물장오리다.

> 산꼭대기에 용이 사는 못이 있는데 직경이 50보가 되고 깊이는 헤아릴 수 없다. 사람이 떠들면 사방에서 비바람이 일어난다. 가뭄이 들어 여기에 기도하면 비가 오는 영험함이 있다.

오름의 맹주로 표현되는 어승생악은 화구호에 물이 고인 분화구다. 한라산 동쪽 자락의 거문오름은 울창한 산림 속에 넘쳐나는 산정호수를 자랑한다. 물영아리는 오름 정상에 습지가 있어 수많은 양서파충류가 살고 있고 우리나라에서 다섯 번째로 람사르습지로 지정되었다. 고산 초원지대인 만세동산도 드넓은 습지를 지녔다.

오름은 단지 관조와 감상, 혹은 등정의 대상이 아니라 제주민의 역사와 풍습에 가장 가까운 생활 본거지다. 오름에서 노루를 쫓아 가죽과 고기를 구했고 땔감을 구했다. 병에 걸리면 오름에서 약초도 구했다. 그 무엇보다 오름 언저리에서 태어나 죽어서는 오름의 산담으로 돌아갔다. 맞바람 부는 휑한 오름 자락에 듬성듬성 돌담과 갈대에 안겨 있는 무덤은 제주인의 삶과 죽음이 오름을 빼놓고는 설명 불가임을 증명해준다. 오름은 성소(聖所)이기도 했다. 올림포스가 그리스 만신의 거처라면 오름은 제주 신화에 출연하는 신의 본향이다.

오름이 어찌 일상의 평화로운 공간이기만 했으랴. 왜구에 의한 빈번한 침략과 수탈·방화, 인신 노예의 공포가 해안을 엄습했을 때, 오름에는 봉수대가 들어서서 오름과 오름을 연결했다. 오름에서는 전쟁, 반란, 항쟁, 토벌 등의 제 사건이 줄지어 스쳐갔다. 그 고난의 역사를 어찌 몇 줄로 담을 수 있으랴!

360개 오름은 그 숫자만으로도 세계 최다라고 한다. 기생화산이 많은 시칠리아 에트나 화산도 고작 260개. '오름의 왕국'이란 말이 거기에서 나왔다. 그렇지만 거꾸로 생각해보아야 할 필요도 있다. 적도태평양 화산섬에 가보니 분명히 오름이 있긴 한데 정글로 뒤덮여 봉우리와 둔덕이 보이질 않는다. 거센 바람과 생각 이상의 추위를 생각한다면 제주도에서 정글은 불가능하다. 오름의 몸뚱이를 노출시킨 현 상태의 제주 자연 조건을 생각할 일이다. 하여 우리만 오름이 많다는 식의 자아도취에 관해서는, 선뜻 전면 지지가 어렵다. 오름의 아름다움을 부정하는 것이 아니다. 그 아름다움이라는 것도 어디까지나 자연이 선사한 '선택'의 결과라는 뜻이다.

가마 타고 동굴 구경하기

화산이 지상에 오름을 젖무덤처럼 솟구치게 했다면, 지하에는 동굴을 탄생시켰다. 제주도 동굴은 자고로 신화, 은신, 은둔 따위로 상징되는, 신화와 역사의 탄생지로 기능했다. 삼성신화의 주인공인 고·양·부 삼신인과 벽랑국 삼공주가 혼인했다는 혼인지에는 삼신인이 각기 배필을 맞이해 혼례를 올리고 첫날밤을

《탐라순력도》 중 〈김녕관굴도〉

맞이했다는 신방굴이 남아있다. 제주도의 문명사적 궤적이 시작되는 첫날밤의 근거지가 동굴임은 제주신화의 '불휘공'이 어디인가를 알려준다.

궤도 있다. 동굴과 달리 넓거나 깊지않으면서 바위로 이루어진 굴이 궤다. 신은 대개 궤에서 나온다. 가령 구좌면 송당리의 당신은 알송당의 고부니므를이라는 궤에서, 제주도 당신본풀이에 남신은 한라산이나 기타 제주도의 여러 곳에서 솟았다. 굿도 심방이 궤문을 여는 궤문열림으로 시작된다. 당신(堂神)이 궤 안에 있다가 나오면 굿이 이루어지고 다시 돌뚜껑을 덮어 궤로 들어가면 굿이 끝난다. 삼성혈 세 신인이 출현한 품자 모양의 구멍 세 개도 위쪽은 고을나, 왼쪽은 양을나, 오른쪽은 부을나가 지중용출했다는 궤다.

오늘날 동굴은 지질관광의 대표격으로 인기를 끄는데 사실 지질관광은 근대의 산물이 결코 아니다. 이미 옛사람도 횃불 들고 동굴을 찾아 다녔다. 《탐라순력도》에 횃불을 들고 들어가 용암동굴을 구경하는 〈김녕관굴(金寧觀窟)〉이 있다. 《남사일록》에도 김녕굴 탐방이 엿보인다. 가마를 타고 동굴에 들어가고 가마를 타고 한라산을 등정한 양반층의 자세가 민망스럽기는 하지만 지질관광의 효시이므로 나름 의미가 있을 것이다. 그러한 전통이 오늘의 유네스코 문화유산으로 지정된 검은오름동굴계 등에 이어지는 중이다. 이 모든 '지질관광'의 전통도 화산이 만들어낸 선물이다.

3

화산의 섬

세계 농업유산에 빛나는 돌담

땅은 평평하고 넓은 듯 하나 울퉁불퉁해서 멀리 바라보기가 어렵다. 비록 언덕의 능선이 있지만 어지러이 뒤섞여서 구분하기가 어렵고, 형세가 그물눈 같기도 하고 혹은 어지러이 널려있는 분묘 같기도 하다. 돌을 쌓아 놓았지만 곱지도 않거니와 가지런하지도 않고 모두 닥딱한 광석처럼 거무튀튀하여 보기가 볼썽사납다.

– 《충암록(冲菴錄)》

돌에서 왔다가 돌로 돌아가는 사람들

타이완 펑후열도에서 가장 큰 섬인 펑후다오(澎湖島)를 찾아가니 현무암이 들판을 뒤덮고 있었다. 세찬 바람으로 농사가 어려워 어업에 종사해왔으며 바람의 여신인 마조사당을 곳곳에서 모신다. 돌담이 발달했으며 돌집이 즐비하다. 그러나 돌담의 품격을 비교하자면, 제주도와 격이 다르다. 돌만 많다고 무조건 품격 높은 돌담이 완성되지 않는다. 그럼에도 펑후다오는 자신들의 돌담을 십분 활용해 관광자원으로 내세운다. 특히 바닷가로 나가면 제주도식의 고기잡이용 원담이 곳곳에 펼쳐지는데 하트 모양의 원담은 펑후다오의 랜드마크. 돌담의 아름다운 상품력을 주목하지 못하고 오로지 리조트 단지나 테마파크로 끌어당기는 제주관광의 상투적 방식을 질타해야 하지 않을까.

제주 문화의 표징은 한두 가지가 아니겠지만 그 중 으뜸이 돌담이다. 돌담 탄생은 흔한 재료에 더해 바람이 한몫했다. 푸른 파도는 일상적으로 해변을 물어뜯고 바람은 화산재를 날리면서 집과 마을을 습격한다. 게다가 곳곳에 돌이 지천이다. 돌담이 생겨나지 않을 수 없다. 풍다와 석다라는 자연 조건은 바로 제주 돌담을 탄생시킨 비밀이다.

검은 돌담 사이로 희뿌연 화산재가 쓸쓸히 누워있는 풍경은 어디서나 눈에 뜨인다. 샛노란 유채꽃이 펼쳐진 중간에 검은 돌담이 가로지른다. 돌담은 애매하거나 현란한 수식을 쓰지 않는다. 당당하고 거침이 없으며 본원적이다. 검정색은 의외로 자극적이다. 거친 풍토를 내세우며 의연한 기품으로 이방인의 카메라를 끌어들인다. 해풍에 날려온 하얀 모래밭과 검정돌담이 묘한 긴장의 미학을 연출하기도 한다. 늦겨울의 봄이 오는 들판에 눈이 쌓인 상태에서 봄동배추가 초록빛을 뿜어내고 돌담이 가로지른다. 당근밭의 초록빛과 검

제주사람들은 죽어서도 돌담을 벗어나지 못한다.

정 돌담의 긴장도 묘한 감흥을 자아낸다. 돌담은 '세계농업유산'으로 지정되기에 이르렀다.

제주도 돌담은 과학적이기까지 하다. 치밀하게 쌓기는 하되 자세히 보면 구멍이 숭숭 뚫려있다. 틈새를 주지 않고 완벽하게 쌓으면 거친 바람에 돌담이 무너질 수 있기 때문이다. 바람이 틈새로 빠져나가면 돌담은 끄떡없이 제자리를 지킨다. 삶의 지혜다. 송악 같은 덩굴류가 돌을 든든하게 붙여주는 역할을 한다. 제주도민이 만들고 가꾸어온 민속지식의 힘이다.

바람이 제주의 무형 표징이라면 돌은 대표적인 유형 표징이다. 한국의 미, 그런 단일적 표현으로 한반도 전체의 미를 평가하곤 하는데 제주도에는 들어맞지 않는다. 제주의 미는 독자적, 독립적이다. 가령 한복의 미학과 감물을 들인 갈옷의 미학은 분명히 다른 잣대가 필요하다. 그러나 사람에 따라서는 돌담이 흉측하게 보이기도 했나 보다. 김정은 오름과 돌담을 거론하며 악평을 했다.

> 땅은 평평하고 넓은 듯 하나 울퉁불퉁해서 멀리 바라보기가 어렵다. 비록 언덕의 능선이 있지만 어지러이 뒤섞여서 구분하기가 어렵고, 형세가 그물눈 같기도 하고 혹은 어지러이 널려있는 분묘 같기도 하다. 돌을 쌓아 놓았지만 곱지도 않거니와 가지런하지도 않고 모두 딱딱한 광석처럼 거무튀튀하여 보기가 볼썽 사납다.
>
> - 《충암록(冲菴錄)》

유배객의 눈에는 거칠고 황량하게만 느껴졌나 보다. 동의하기 어려운, 지극히 본토적인 미학관이다. 낯선 외국인에게도 검은색 돌담은 위협적으로 다가왔

고내봉 아래 자리잡은 애월읍 고내리의 1970년대 마을 풍경.

다. 1901년 제주도를 찾은 독일인 지그프리트 겐테(S. Genthe)도 불편한 인상기를 남겼다.

> 시내 중심도 온통 검고 위협적이었다. 골목은 매우 좁고 모든 농가들은 시가전을 대비라도 하듯 온통 검은 현무암 덩어리로 벽을 둘러놓아 마치 섬 전체에 검은 도장을 찍어놓은 듯했다.

제주사람에게 돌담은 태어나서 죽을 때까지 한시도 눈길에서 놓을 수 없는 상징이다. 아예 '돌에서 왔다가 돌로 돌아가는 사람들'이다. 돌 구들 위에서 태어나고 죽어서는 산담에 둘러싸인 작지왓(자갈밭)의 묘 속에 묻힌다. 살림채 벽체가 돌이며, 울타리와 올레, 수시로 밟고 다니는 잇돌(디딤돌)이 모두 돌이다. 산길은 물론 밭길, 어장길도 돌밭이다. 그래서 제주사람은 짚신 아닌 질긴 칡신을 만들어 신었다. 그 돌담의 미학을 제대로 읽어낸다면 제주도의 아름다움을 절반은 이해한 것으로 간주해도 좋다.

우리가 반드시 알아야 할 돌담에 관해

하나, 집 안팎의 집담과 통싯담, 올레

축담(집담)은 제주 건축술의 기본이다. 제주 살림집은 바람 때문에, 또한 화산회토 때문에 육지처럼 흑벽으로는 안 된다. 바깥벽을 자연석이나 인공적으로 쪼아 다듬은 가끈돌로 쌓는다. 처마 끝과 돌담의 위를 맞붙여 바람 틈새를 주지 않는다.

집 안 텃밭인 우영팟에도 담을 둘러 마소가 뛰어들지 않게 하고 바람막이도 겸했다. 우영팟 돌담 안에서 아늑하게 자라는 채소들이 내뿜는 봄의 생명력과 그 집안사람의 건강을 생각해 볼 일이다. 집안 구석에는 돼지를 키우고 변을 보는 통싯담을 만들어 두었다. 사람의 변과 돼지의 먹이, 돼지의 변과 비료라는 환경 리사이클링의 현주소다.

집을 벗어나면 골목길 올레가 있다. 큰 올레는 큰길, 작은 올레는 작은 골목을 뜻하는데 모두 돌담으로 이루어진다. 크고 작은 길이 돌담으로 연이어져 아름다운 정경을 연출한다. 올레는 외부 시선을 차단해 독립 공간을 확보해준다. 강한 바람이 직접적으로 집 안에 들이치지 못하게 하는 방풍도 담당한다.

둘, 밭을 둘러싼 밭담

가장 많은 담은 역시 밭담이다. 밭담은 우마 침범을 막고 화산토가 날리지 않게 치밀하게 쌓았다.

> 제주의 밭은 돌담으로 둘러져 있고, 인가에도 높은 돌담을 만들었다. 제주성 안에 과원이 있는데 외곽을 빙 두르는 돌담을 쌓고 대나무를 심어서 풍재를 막는다.
>
> —《남사록》

고려 고종(1234년) 때 기록을 보면, 권세가의 횡포를 막기 위해 판관 김구가 밭 경계에 돌담을 쌓게 했다고 한다.

제주밭이 예전에는 경계의 둑이 없어 강하고 사나운 집에서 날마다 차츰차

올레담(위)과 통시담(아래) 정지간 뒤의 돌담(오른쪽).

춤 먹어들어가므로 백성들이 괴롭게 여겼다. 김구(金坵)가 판관이 되어 주민의 고통을 물어서 돌을 모아 담을 쌓아 경계를 만드니 주민이 편하게 여기는 것이 많았다.

- 《신증동국여지승람》

바람과 돌이 많은 제주의 특성상 일찍부터 돌담은 있었을 것이고, 다만 김구가 판관을 하던 13세기 당시에 대대적 돌담 축성이 이루어진 기록으로 여겨진다.

밭담도 종류가 다양하다. 초가지붕을 덮는 새를 기르는 밭담은 새왓담, 겨울에 우마에게 먹일 촐(꼴)을 기르는 밭담은 촐왓담이다. 메밀이나 밭벼를 파종하는 밭이나 겨울내기 마소 먹이용 꼴밭이나 지붕을 이기 위한 띠밭은 돌담을 두르지 않는 무장전(無墻田)이 많다. 반대로 담을 둘러놓은 밭을 두고 담밭이라 한다. 해안의 밭은 거의 담밭이다. 방목관행이 성행한 제주도에서 담밭은 마소가 들어가는 농작물 훼손이 덜하겠지만 무장전은 마소 훼손이 걱정거리다. 훼손을 극소화 하기 위해 마을 단위로 '케매기'라는 공동 관리조직을 결성한다. '케'는 일정 구역의 들판이나 농경지를 뜻하며, '매기'는 맺기(結)라는 뜻이다.

머들도 있다. 밭에서 캐낸 돌덩이를 탑이나 성처럼 쌓아올린 것을 잣벡, 머들(또는 머들돌)이라 한다. 잣벡과 머들이 크고 많은 밭일수록 농사짓기가 힘들다. 그러나 밭의 자잘한 자갈은 바람에 흙이 날아가지 않게 해주며, 태양열을 흡수하고 습기 증발을 막아 농작물 성장을 돕는다. 이처럼 농사짓는 데 거름 역할을 하는 자잘한 자갈을 지름작멜(작지, 자갈)이라 불렀다.

조천관에 갔을 때 사라봉 밑의 자그만 고개에 올라보니 높이 솟아 마치 많

흑룡만리 돌담이라는 별칭을 지닌 제주의 밭담.

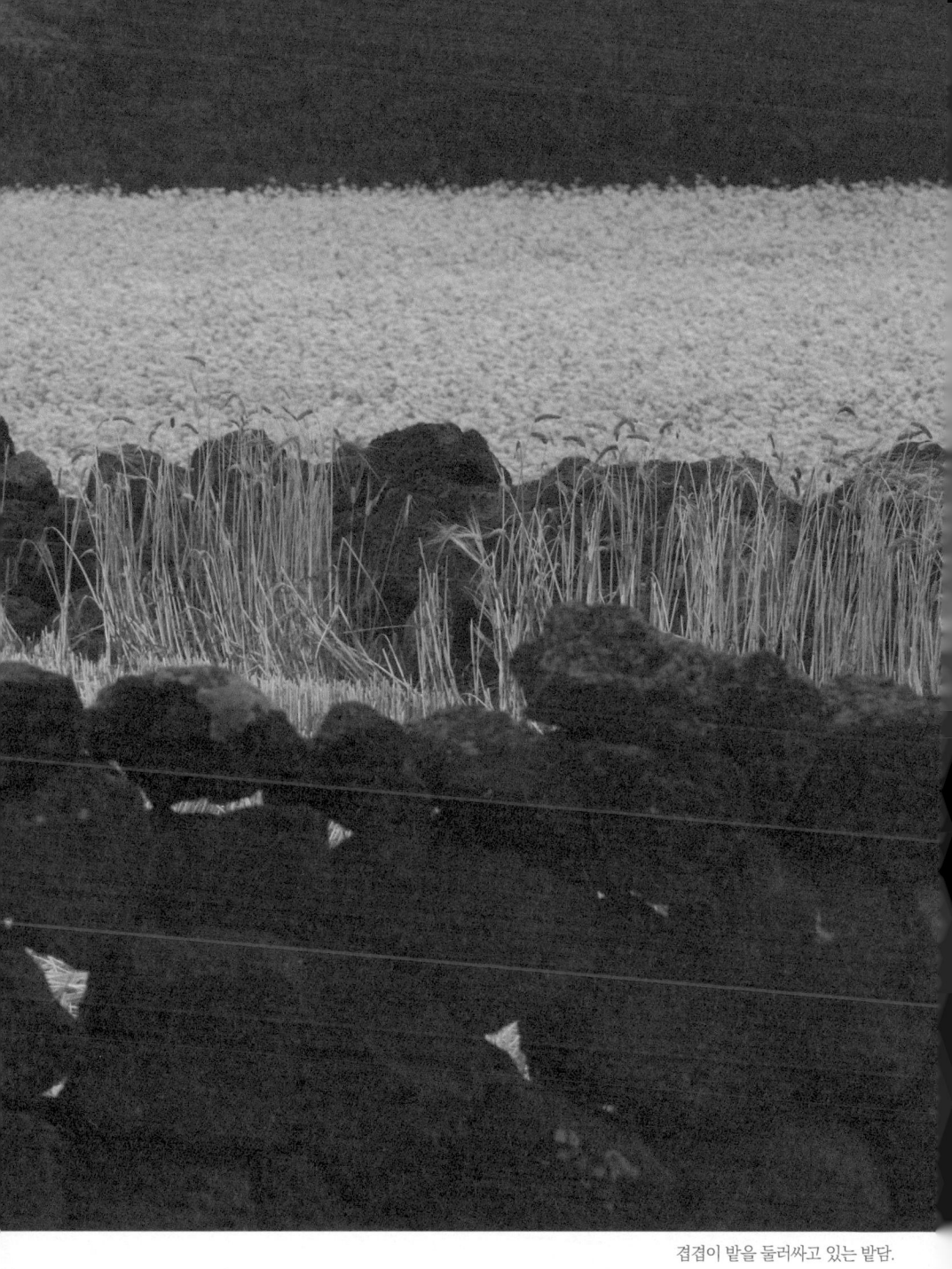

겹겹이 밭을 둘러싸고 있는 밭담.

은 집들이 유지(遺址)같고 담벼락이 가로 세로로 얽혀 있다. 당초 사람이 없을 때 섬 위의 원래의 들판은 모두 이러한 돌무더기가 어지러이 무너져 있었다. 그 후 점차 땅을 갈고 깎아 넓혀져서 밭두덕과 이랑으로 개척되었으나 먼 데까지 일구지는 못했다. 다만 밭머리에 가서 그 돌들을 무더기로 쌓아놓은 것이다.

-《남사록》

셋, 신당을 둘러싼 당담

신당 역시 돌담을 안고 있다. 사람이 사는 곳과 마찬가지로 신이 사는 곳에도 예외 없이 돌담을 둘러 아늑하게 만들었다. 와흘리 본향당을 찾아가니 돌담 위로 폭낭의 우람한 가지가 그늘을 드리우고 화려한 물색이 새로운 세상을 연출한다. 월평리 다라쿳당은 밭담이 길 따라 이어진 끝에 신당의 당담이 연이어진다. 남제주 평대리처럼 아예 돌담에 안긴 신당도 있다.

바닷가 신당에서는 돌담이 한결 두드러진다. 세화리 갯것할망당은 어부를 전담하는 해신당이다. 당 주변에 동그랗게 돌을 쌓아 여신을 모신다. 마라도 애기업개당도 바닷가에 돌담을 동그랗게 쌓아 여신을 모신다. 애기업개당은 묘한 풍경을 연출한다. 둥그런 돌담 뒤로 수평선이 펼쳐지고 구름이 떠다닌다. 척박한 돌밭에서는 신들 조차도 모질게 돌밭에 좌정한다.

넷, 무덤을 둘러싼 산담

제주도에서는 무덤을 산이라 부르며, 무덤 돌담을 산담 또는 산갓이라 부른다. 이원진의《탐라지》풍속조에, '밭머리에 무덤을 만든다'라고 했다. 오름이나 밭에 묘를 썼으며 허한 곳을 산담의 유기적 관계로 보완하고자 했다. 한라산 기

무덤은 산담으로 인해 고유의 영역을 보장받으며, 오름의 품안에서 영원의 잠을 청하는 망자의 집으로 비로소 완성된다.

조각보 같은 제주의 산담들(강정효 사진).

맥이 흘러내려온 오름에 무덤을 씀으로써 오름에서 태어나 오름으로 되돌아가는 무위의 삶을 표현했다. 그렇지만 산방산과 군산, 별도봉 오름같이 신성시해 무덤을 품을 수 없는 금장지(禁葬地)도 있었다. 이들 명당에 묘를 쓰면 지맥의 혈을 건드려 마을에 해악이 끼치기 때문이다.

사람을 매장하고 나면 봉분을 만들고 빠른 시일 내에 산담을 두른다. 방목하던 마소가 들어와 풀을 뜯으며 묘를 허물 수 있기 때문이다. 마소가 먹을 꼴이 잘 자라고 진드기를 없애기 위해 늦가을에 목양지에 방애불을 놓는데 이때 불기운이 산담으로 침범하지 못하게 담을 쌓기도 한다. 산담은 대체로 높이가 1미터 정도. 담장으로 가려놓으면 영혼의 바깥 출입이 곤란하다. 그래서 산담 한편에 신문(神門)이라 부르는 출입문을 만든다. 사람은 죽었어도 영혼은 남아서 평상시에 대문으로 들어서듯이 돌담 문으로 들어오게 하려는 배려다.

산담의 매력은 억새밭이다. 억새밭이 바람에 흔들리면 산담의 가을도 깊어 간다. 눈이라도 뿌리면 산담은 죽은 듯이 고요하다. 산담을 지키는 동자석만이 외롭게 눈을 맞으며 서 있다. 박물관이나 전시장에 끌려나온 동자석이 아닌, 억새밭 산담을 지키는 동자석의 슬프면서도 강인한 얼굴에서 또 다른 돌담의 미학이 탄생한다.

다섯, 목장을 둘러싼 잣담

제주도 최대의 토목공사였던 잣담(혹은 잣성)도 중요하다. 잣성은 조선 초기부터 한라산지에 설치된 국영 목마장의 상하 경계다. 사실 잣성은 1970년대 지형도 제작 과정에서 만들어진 신조어다. 제주어로 '널따랗게 돌들로 쌓아올린 기다란 담'을 의미하기 때문에 결국 잣성이란 용어는 동어반복이다. 촌로들은 잣성보다는 잣 또는 잣담이란 말을 쓰며, 알잣, 웃잣, 하잣담, 상잣담 등을 지금도 사용한다.

하잣성은 해안 농경지와 중산간 방목지 경계, 상잣성은 중산간 방목지와 산간 삼림지 경계에 위치한다. 중잣성은 상잣성과 하잣성 사이의 공간을 이등분하는 잣성이다. 상·중·하잣성은 목마장 상하한선을 나타내는 경계선이다. 하잣성은 중산간에 방목한 우마가 해안 농경지에 들어가는 피해를 예방하기 위해 축장되었으나 보다 근본적 이유는 중산간에서 지역민의 농경지 개간을 금지함으로써 말을 사육할 목마장을 안정적으로 확보하려는 의도가 숨어 있었다. 상잣성은 우마가 한라산 산림지역으로 들어가 동사하거나 잃어버리는 사고를 방지하기 위해 만들어졌다.

《탐라순력도》에 수록된 〈한라장촉(漢拏壯囑)〉에는 중산간 목마장의 경계이기도 했던 돌담(하잣)이 그려져 있다. 《탐라지도병서(耽羅地圖并序)》(1709)에는 10소장을 비롯해 돌담과 함께 목장 출입문 명칭까지 상세하게 표기되어 있다. 문은 양(梁)이라 표기되어 있는데 민간에서는 '도'라 부른다. 원래 양은 하천의 양안에서 돌이 무너져 쌓여 인마가 건너다닐 수 있는 곳을 지칭했는데, 마장에 설치한 문도 양이라 칭했다.

만리장성에 중국인의 고된 노동이 배어 있다면, 잣성도 제주민의 부역으로 축조 되었다. 특히 하잣성은 겹담으로 동서 방향으로 연결해 길게 쌓아야 했기 때문에 노동력이 많이 요구되었다. 노동력이 공출되었으며 잣성을 효과적으로 쌓기 위해 마을마다 성 쌓을 분량을 정해서 할당했다. 고통 속에서 만들어진 잣성은 조선시대 목장운영과 관련된 '산업유산'으로 오로지 제주도에만 남아있다는 점에서 주목 된다. 목장전문가 강만익의 설명을 들어본다.

제주도 잣성은 유래를 찾아볼 수 없는 대규모 공사였다. 하잣성, 상잣성을 중산간지대를 환상(環狀)으로 쌓았음은 놀라운 일이다. 조선시대 조정의 육지식 목장운영과 관련된 각종 제도와 규칙이 본래의 제주식 목축문화와 서로 융합되어 제3의 목축문화를 형성시킨 계기가 되었다.

여섯, 바다를 둘러싼 원담

바다에도 돌담이 있다. 밀물 따라 들어온 고기가 썰물에 갇혀서 빠져나가지 못하게 만든 돌담을 육지에서는 돌발로 부르며, 제주도에서는 원담(혹은 갯담)이라고 부른다. 원담 명칭은 지역에 따라서 다르다. 대정읍이나 제주시에서는 원담이 많이 쓰이는 반면, 북제주군 조천·구좌·성산 등 동북 일대에서는 갯담이 많이 쓰인다. 대정읍 동일리, 제주시 연대마을과 삼양동 등은 원담이 보편적인데 반해, 성산포쪽 하도리, 세화리, 종달리 등에서는 갯담이 많이 쓰인다. 자연석을 그대로 이용한 웅덩이 형태의 원을 늪(대정읍 동일리의 히느늪·큰늪)이라 부르기도 한다. 원담은 대부분의 마을에 설치되었다. 용암으로 인해 바닷가 그물질이 험악하기 이를 데 없는 상황 탓에 원담이 발달했다.

> 산과 바다는 험악하니 그물을 쓸 수가 없어 고기는 낚고 들짐승은 쏘아 잡는다(山險海惡 不用網罟 魚則釣 獸則射).
>
> - 이원진, 《탐라지(耽羅志)》

원담은 요긴한 돌그물이다. 어종은 멜(멸치)이 중요했다. 멜이 많이 들 때는 우마차로 실어나르기도 했으며 척박한 화산토의 비료로 썼다. 멜을 따라오던 돔 같은 큰 물고기도 제법 잡힌다. 쪽바지 같은 손도구로 간단하게 잡아들일 수 있는 물고기가 있는가 하면, 돌틈에 숨은 큰 물고기를 손으로 직접 잡아들이는 방

제주에서 흔히 만나는 고기잡이 원담(귀덕리).

식도 있다. 손으로 큰 물고기를 잡아들이는 방식은 오끼나와나 아마미오시마(奄美諸島)에서 널리 이루어지는 관행과 비슷하다.

원담은 공동으로 축조했으며 이용관행에서도 육지부에 비해 공동체성이 강하다. 개별 이용관행 및 사고 파는 관행이 강한 육지부에 비하면 제주도 원담은 공동체적 소유와 이용이 원칙이기 때문이다. 공동체적 관행이 강함은 제주도 어로관행이 육지보다 고제(古制)임을 뜻한다.

일곱, 용천수를 둘러싼 물통담

제주도에 신당만큼이나 많은 것이 용천수다. 바닷가 곳곳에서 물이 솟구친다. 물은 마을 형성의 제1 조건이며 생명의 원천이라 잘 보호해야했다. 우마가 들어서면 안 되게끔 돌담을 둘렀다. 목욕탕으로 쓰일 경우, 남녀를 구별해 돌담으로 차단할 필요가 있었다. 식수와 허드렛물을 구분해 돌담으로 가르기도 한다. 깊은 물을 끌어올릴 때는 둥그런 물통을 돌담으로 쌓았다. 용천수 돌담은 물통을 뜻하는 통이라 부르기도 한다. 제주시 연대마을의 작은 숨통·큰숨통, 남제주군 표선면 토산리의 멜통, 우도면 천진리 죽통, 남제주군 대정읍 마라리 고래미통 등이 그것이다.

여덟, 섬 전체를 둘러싼 만리잣담

최대의 돌담은 만리잣담인 환해장성이다. 해안을 빙 두르는 환해장성은 밭담과 함께 제주도를 흑룡만리의 섬(검은 용이 만리나 뻗어있는 섬)이라 불리게 했다. 외침 방어용으로 파도에 씻긴 알돌로 해안을 전체적으로 둘러쳤다. 3백리 장성으로 일명 고장성, 장성이라고 한다. 그 흔적이 제주도 19개 리 해안가에 남아있다. 환해장성이라는 명칭은 김석익이 편찬한 《탐라기년》(1918)에 처음 나

바다에서 솟구치는 용천수 물통.

외적을 막던 환해장성.

온다. 삼별초 대몽항쟁기에 처음 축조되기 시작했는데, 고려 개경 정부가 진도 삼별초의 제주 점령을 저지코자 설치한 방어진지였다.

> 바닷가를 둘러 쌓았는데, 둘레가 3백여 리다. 고려 원종 때에 삼별초가 반하여 진도에 웅거하자 왕이 시랑(侍郞) 고여림 등을 탐라에 보내 군사 1천여 명을 거느리고 방어하면서 이 성을 쌓게 했다.
>
> – 《신증동국여지승람》

삼별초가 입도한 이후에 환해장성을 계속 쌓아갔으며, 대신 그 용도가 여몽 연합군의 공격을 막는 것으로 바뀌었다. 조선시대에도 장성은 계속 보수, 혹은 신축되었는데 이때는 왜구와 이양선의 출몰을 방어하고자 했다. 현종11년(1845) 6월, 우도 근해에 이양선이 나타났다. 영국군함 사마랑호가 제주도를 돌면서 해안선 수심을 측량했다. 제주도는 혼란에 빠졌다. 이양선이 물러가자 삼읍 백성을 동원해 그때까지 그런대로 남아있던 환해장성을 재축성했다. 오늘날 환해장성이 해안 곳곳에 남아 있을 수 있는 까닭은 그 당시에 보수했기 때문이다.

환해장성과 더불어 방어용 돌담의 으뜸은 역시 3읍 9진성이다. 조선시대의 3읍과 9진성은 도적이나 왜구 등 외부세력으로부터 제주도를 보호하는 방어체제의 요체다. 《탐라순력도》를 보면 제주 관아와 성읍, 군사 등의 시설과 지형이 잘 드러난다. 9진성인 화북진·조천진·별방진·애월진·명월진·차귀진·모슬진·서귀진·수산진의 순력 장면 속에 진성의 실체가 드러난다. 별방진성은 바로 앞의 우도로 왜구가 자주 침입했기에 진성 가운데 가장 규모가 크고 무기도 많았다. 별방진성에서 그대로 바다로 배가 나아가던 전략 요충지의 흔적을 그런대로 비정할 수 있는 명소다.

돌담 쌓는 기술도 이제는 사라져가는 중이다.

돌담 쌓는 손노동이 사라지는 시대

돌담을 만든 사람은 누구일까. 돌을 잘 다루는 직업적 돌챙이가 존재했다. 1939년 제주도의 농업 실태를 조사한 다카하시(高橋昇)는 화북리 돌담 축조를 조사하고 기록을 남겼다.

> 인부 1인당 1일 3간을 쌓았으며, 마을 전체 호수 5백호 중에 축조 인부 5인이 거주했다. 인부는 농업을 주업으로 하고 돌담쌓기를 부업으로 했다. 돌 쌓는 사람도 돌챙이라 불렀다. 대충 쌓는 것 같지만 막상 돌 쌓기에도 일정한 전문기술이 필요하다. 집 울타리 쌓기는 돌 캐내기, 운반, 축조의 세 단계로 이루어지며, 밭담은 들에 돌이 많으므로 캘 필요가 없다.

돌챙이만 담을 쌓은 것은 아니다. 보통사람도 돌담을 쌓았다. 이제 돌챙이나 돌담을 잘 쌓던 촌로들이 대거 사라지고 있다. 육지에서 인부가 들어오면서 축성 방식도 바뀌었고, 겹으로 쌓는 겹담이 유행이다. 별방진성처럼 포크레인을 동원해 축조가 이루어지기도 한다. 돌담의 자연미를 창조한 손노동의 섬세함, 손노동의 역사가 사라지고 있는 시대를 제주도도 어김없이 관통하는 중이다.

4

여자의 섬
정말 남자보다 여자가 많을까

제주는 아득히 먼 바다 가운데 있어서 수로로 9백여리고 파도가 사납기 때문에 공물 실은 배와 장사하는 배가 끊임없이 오가는 가운데 표류하고 침몰함이 열에 다섯이나 여섯 가량 됩니다. 제주사람으로서 앞서 가다 죽지않으면 반드시 뒤에 가다 죽습니다. 그러므로 제주 경내에는 남자 무덤이 매우 드물고 마을에는 여자 많기가 남자의 세 배입니다. 부모된 자가 딸을 낳으면 반드시 '이 아이가 내게 효도를 잘 할 아이'라고 말하고, 아들을 낳으면 '이 아이는 내 자식이 아니고 고기밥'이라고 말합니다.

- 최부,《표해록》

이 아이는 내 자식이 아니고 고기밥

돌 많고, 바람 많고, 여자 많고, 이름하여 삼다(三多). 돌과 바람 많은 것은 사실인데 정말 여자도 많을까. 여자가 많다면 그 이유는 무엇일까. 결론부터 말한다면, 과거에는 분명히 여자가 많았다. 피터(A.A.Pieter) 선교사는 "제주도는 한국의 시칠리아이며 여성이 육지 여자보다 더 튼튼하고 훨씬 잘 생겼다. 길거리에서 보면 남자 하나에 여자 세 명이다'고 했다(《Korean Repository》, 1899). 제주사람은 딸을 많이 낳기 때문에 여다인가. 아니면 다른 피치 못할 사정이 있을까. 호적중초를 살펴보자.

안덕면 덕수리 호적중초(1897)를 보면, 19세기 말 제주여성은 대체로 20세 전후에 혼인했고, 처 연상형은 적어도 1/3 이상이었다. 처 연상형 비중이 높음은 여성 노동력이 중시되는 제주의 사회경제적 배경에서 비롯되었다. 제주도에서도 첩제도가 널리 공인되었다. 호적중초 전문가인 제주대 김동전 교수의 연구에 의하면, 덕수리의 첩은 132명, 하모슬리는 159명이다. 전체 호주의 20%가 첩을 거느렸다. 높은 비율이다. 아무리 축첩제도가 성행했다고 해도 여자 수가 월등히 많지 않고는 불가능하다.

이원진의《탐라지》에 의하면, '비록 걸인이라도 모두 처첩을 거느린다' 했으며, 임제의《남명소승》에는 '잔병 있는 남자라도 부인을 맞는데, 많으면 8~9명에 이른다' 했다. 조정철의

제주 여인들이 마실 가는 모습(김홍인 사진).

《정헌영해처감록(靜軒瀛海處坎錄)》에도, '탐라는 멀리 바다 가운데 있는데 남자가 적고 여자가 많음이 예나 지금이나 같다. 목자와 농사꾼이 초가에 살면서 아내와 첩을 거느림이 절로 풍속이 되었다'고 했다. 당시 남자가 5만을 넘고 여자는 7만을 넘었다. 축첩제야 본토의 일반 현상이었으므로 당시 기준으로 제주의 축첩이 이상할 것도 없지만, 축첩제와 별개로 여자가 본디 많았음은 확실하다. 최부가 그 이유를 설명한다.

제주는 아득히 먼 바다 가운데 있어서 수로로 9백여 리고 파도가 사납기 때문에 공물 실은 배와 장사하는 배가 끊임없이 오가는 가운데 표류하고 침몰함이 열에 다섯이나 여섯 가량 됩니다. 제주사람으로서 앞서 가다 죽지 않으면 반드시 뒤에 가다 죽습니다. 그러므로 제주 경내에는 남자 무덤이 매우 드물고 마을에는 여자 많기가 남자의 세 배입니다. 부모된 자가 딸을 낳으면 반드시 '이 아이가 내게 효도를 잘 할 아이'라고 말하고, 아들을 낳으면 '이 아이는 내 자식이 아니고 고기밥'이라고 말합니다.

— 최부, 《표해록》

남아는 고기밥이라! 《남명소승》에서도, '배가 침몰해 돌아오지 아니하는 남자가 한 해에 100여 인이나 된다. 그 때문에 여자는 많고 남자는 적어 시골거리에 사는 여자들은 남편 있는 사람이 적다'고 했다. '바닷길이 험해 공사(公私)로 물건을 운반하고 판매하는 배가 사나운 바람과 세찬 비로 늘 표류하고 침몰하는 일이 많아서 늙은 과부와 젊은 과부가 항상 농사를 짓기 때문에 여자가 많고 남자가 적다고 하는 것도 일리가 있다'고 지적했다. 그러나 '백성들이 남정의 요역이 괴로워서 한 집에 아들 열 명이 태어난다 하더라도 호적에 올리는 아들은 한

둘에 불과하다. 남자를 여자로 호적에 올려서 장정을 누락시킨 것도 여자가 매우 많게 된 까닭'이라고 신고를 조작할 수밖에 없던 현실도 덧붙였다. 호적 조작이 일부 행해졌다손 치더라도 여성이 압도적이었음은 분명하다.

큰각시와 조근각시

첩이 많았다는 사실을 가부장적 축첩제도로만 비판할 수 있을까. 축첩제도가 봉건적 가부장사회의 본질임은 부인할 수 없지만, 해난사고가 일상화된 섬에서 과부를 거느림이 나름의 복지적 방책이었던 측면도 생각해볼 여지가 있지 않을까.

참고로 남해안 일대에서는 형제간에 누군가가 빠져죽으면 형수나 계수를 취하고, 아울러 그에 딸린 조카도 챙겨야 할 의무가 있었다. 제주도에는 본디 첩이란 말 자체가 없었다. 한자 문헌에 첩으로 등재되었을 뿐, 큰각시(본부인)·조근각시(첩)라 불렀다. 큰각시와 조근각시가 함께 살기도 했다. 첩에서 낳은 아들은 아버지 성을 갖지만 생활은 어머니 집에서 하는 것이 원칙이었다. 본처에 아이가 없을 경우는 서자로 할 수도 있다. 첩 집에서는 남편집 식게(조상제)를 하지 않는다. 즉 첩가는 뚜렷하게 모계적 존재다. 이즈미 세이치(泉靖一)는 정식 첩 제도 이외에도 일부는 성의 자유를 가지고 있다고 보고했다. 섬 밖으로 벌이 나가서 돌아오지 않는 남편을 가진 여자와 미망인의 경우다(《제주도》, 1972).

제주 여성은 육지에 비해 높은 지위를 차지했다. 여성 명의로 발급된 준호구, 여성 명의로 제출된 소지, 여성 명의의 전답 매매, 더 나아가 남녀 동일한 분재기 등은 육지에 비해 여성의 권한이 훨씬 컸음을 시사한다. 호적중초에는 다양

태풍이 지나간 후 해녀들이 높은 파도에도 아랑곳 하지 않고 바다에 나가 파도에 밀려온 해초를 '목숨 걸고' 건져내고 있다. 1980년대 중반 안덕면 사계리 해안에서 촬영한 사진이다. 《《사진으로 보는 제주역사》 사진)

한 여성 호칭이 나타난다. 여성이 호주를 승계하는 경우가 다양하기 때문이다. 호주 남편이 사망한 경우 이외에 심지어 아내가 생존했음에도 불구하고 망자의 며느리가 호주를 승계하기도 했다.

제주도에는 여성을 찬미하는 다양한 속담이 전해온다. '똘 한 집이 부재(딸 많은 집이 부자).' 딸이 많으면 시집 갈 때까지 물질을 해서 억척스럽게 벌어서 집안을 일으킨다는 뜻이다. 비슷한 속담이 많다. 단순한 여성 찬미가 아니라 고통까지 포함한 양가성을 띤 속담이며, 남성을 대신하여 온몸으로 집안을 지켜나갔던 제주 여성의 엄중했던 현실을 말해준다.

똘 다섯 나민 부재된다(딸 다섯 나면 부자 된다)
똘 싯이민 훈 해에 밧 훈 파니썩 산다(딸이 셋이면 1년에 밭을 한 돼기씩 사들일 수 있다)
똘 나민 도새기 잡앙 잔치ᄒ곡 아덜 나민 조름팍 팍 찬다(딸이 태어나면 돼지 잡아서 잔치하고 아들 나면 궁둥이를 팍 찬다)

강인한 제주여성의 슬픈 역사

제주사회에 축첩제도가 일반적이었다고 앞에서 설명했지만, 반대로 장가도 가지 못하고 죽는 홀애비도 많았다. 여자는 넘쳐나는데 장가를 못간다? 김상헌은 이렇게 말한다.

제주 풍속은 처첩을 많이 거느린다. 그러나 포작의 무리는 홀아비로 살다가 늙어 죽는 사람이 많다. 그 까닭을 물어보니, 본 고을에서 진상하는 전복 수량이 매우 많고 관리들이 공무를 빙자하여 사적 이득을 꾀함이 또한 그 몇 곱이었다. 포작 무리는 그 일을 견디지 못하여 고장을 버리고 달아나거나 바다에 익사하여 열에 둘 셋만 남게되지만 공물 징수나 사행 접대는 전보다 줄지 않는다. 이 때문에 몸은 오래 바다에 머물게 되고, 그 아내는 오래 옥에 갇히게 되니, 원한을 품고 괴로움을 견디는 모습은 이루 다 말할 수 없다. 이 때문에 차라리 빌어다가 절로 죽을지언정 포작인의 아내가 되려고 하지 않는다.

-《남사록》

장가 조차 못가는 포작(鮑作)은 누구일까. 포작은《조선왕조실록》에 약방의 감초처럼 등장한다. 때로는 포작간, 포작인, 포작한 등 다양한 명칭으로 불렸다. 포작은 제주도뿐 아니라 전라도, 충청도, 경상도를 비롯해 황해도 등지로 숨어들어갔다. 포작은 고기잡이와 해산물 채취를 주업으로 남도 연안을 돌아다니며 살아가는 제주 출신 남자 어부다. 포작이 깊은 바다에서 전복을 잡아 진상하는 역할을 맡았다면, 해녀는 미역 등 해조류 채취에 전념했다. 포작과 잠녀가 부부로 가족을 구성하는 경우가 빈번했다.

전복과 고기를 잡아 진상역을 담당하던 포작인은 조선 후기에 이르러 전복 진상과 군역이 과다하게 부과되자 자취를 감춘다. 조선 후기에 포작 수는 급격히 줄었다. 수탈을 피해 육지로 도망한 제주 남자가 1만여 명에 이르렀을 정도로 군역과 진상역을 담당하는 남정(男丁)의 인구 유출이 심각했다. 또한 해난 사고로 죽어가는 남자들이 연간 백여 명을 웃돈 까닭에 여자가 많고 남자가 적었다. 16세기 후반에 이르자 남소여다(男少女多)의 성비 불균형이 심화되었다.

제주여성은 포작인의 공백을 몸으로 때워야 했다. 그리하여 '해녀'라는 직업군이 제주도에 탄생한다. 자랑스럽게 내세우는 제주 해녀의 탄생 배경에 깔린 슬픈 역사다. 18세기 초 이형상이 제주목사로 재임하던 시기, '섬 풍속은 남자가 전복을 채취하지 않고 그 책임이 잠녀에게 있을 뿐'이라고 단언하기에 이른다. 물질은 온전히 여성의 몫으로 이전된다. 그렇게되자 자식을 낳아도 이왕이면 여자애를 원했다. 《남사록》에서 이렇게 썼다.

바닷길이 험하여 자주 표류를 당하기 때문에 섬사람은 딸 낳기를 중히 여기며 여자 수가 남자의 세 곱이나 되어 거지라 할지라도 다 처첩을 가진다.

제주도 구전에 '보재기 삼, 사대민 초상을 물에 눅진다'라는 말이 있다. 어부(포작인)로 삼사 대 내려오다 보면 바다에서 죽는 이들이 반드시 생겨난다는 뜻이다. 포작인 가족의 고충과 희생을 말해준다. 남자 없이 아이들과 살아가야 했던 여성에게 노동 참여는 기본이었고, 억척스럽게 버티지 않으면 생존 자체가 불가했다. 조근각시가 되어서라도 아이를 먹여 살려야 했던 여성의 생존 현실은 가려져 있는 것이다. 제주 여성이 활동적이고 근면하다는 일반적 평가에는 이 같은 생존의 고통이 포함되어 있다.

홀로 살아남은 과부에게까지 포작의 의무를 덤터기 씌워 추운 겨울에 벌거벗고 물질하러 나가야 했던 슬픈 역사를 어찌 한가롭게 서술할 수 있으랴. 혹시나 우리는 강인한 제주 여성을 칭송하면서 노동의 압박까지도 미화하고 있는 것은 아닐까. 버트란드 러셀의 《게으름에 대한 찬양》을 떠올리며, 자본주의나 사회주의의 '근로 찬양' 노동관을 전통시대 여성의 노동에 그대로 적용하는 시각이 만연되어 있음을 발견한다. 다음은 러셀의 말이다.

내가 진심으로 말하고 싶은 것은 '근로'가 미덕이라는 믿음이 현대사회에 막대한 해를 끼치고 있다는 것이다. 행복과 번영에 이르는 길은 조직적으로 일을 줄여나가는 것이다.

아테네 여신과 자청비 여신

어느 시대에나 영웅은 있다. 제주에서 여성들이 맹활약하는 공간은 역시 신화다. 제주 신화에 등장하는 다양한 여신 중에서 발군의 한 명을 꼽으라면, 서슴없이 자청비를 내세우고 싶다. 자청비의 생애는 이러하다.

자청비는 자식을 얻기 위한 백일 기도 끝에 태어났다. 15세 되던 해, 주천강 연못가에서 하늘나라 문도령과 조우한다. 남장 자청비는 문도령과 함께 서울로 과거 공부를 하러 간다. 하늘나라 문도령 부모님의 호출로 문도령이 돌아가야 할 제, 그제서야 자청비가 여자임을 깨닫는다. 아무리 남장을 했어도 그렇지 3년이나 같이 지내며 여자인 것도 알아차리지 못한 못난 사내.

눈치도 없는 멍청한 문도령아. 삼년 한 이불 속에서 잠을 자도 남녀 구별 눈치 모른 문도령아.

눈치 없는 문도령도 멍청이지만, 아무리 남장을 했다손 치더라도 사내와 3년을 한방 쓰는 자청비의 대담함이랄까, 발칙함이랄까. 제주신화가 그리는 여신 자청비는 적어도 그런 요망진(총명하다는 뜻) 여자다. 제주 여성의 개방성이랄까, 당당함이라할까. 문도령은 박씨 한 알을 주며 그 박씨를 심어 박을 따게 될

강요배 작가의 '자청비'(캔버스에 아크릴릭, 2012).

때 다시 만날 것을 약속하고 하늘로 올라간다. 연모의 정이 싹터가지만 하늘과 땅이라는 전혀 다른 공간에서 살아가게 된다. 자청비는 문도령과 혼인하려고 하늘나라로 올라가서 옥황상제의 며느리 되는 어려운 시험을 통과한다. 인생이 시험의 연속이듯 신의 세계도 시험의 연장전이다.

하늘에서 전란이 발생하자 며느리 자청비는 지혜를 발휘해 적군을 물리친다. 이쯤되면 그리스 신화 속 전쟁의 여신 아테네다. 전승의 보답으로 오곡씨앗을 받는다. 지상을 풍요롭게 하기를 희망한 자청비와 문도령은 음력 7월 15일 오곡 씨앗을 갖고 인간 세상으로 내려와 농사를 시작하고 농신인 세경이 된다. 하인인 정수남이는 축산신이 되어 목동을 거느리고 마소를 쳤으며 백중날 올리는 마불림제를 받아먹는다. 문도령은 상세경, 자청비는 중세경, 정수남이는 하세경이라 부르게 된다.

가고자 하는 길을 스스로 선택함으로써 많은 장애에 부딪히나 그 역경을 헤쳐나간 여성영웅 자청비. 자청비는 사랑의 여신이며, 오곡의 씨앗을 가져온 풍요의 여신이다. 제주 신화학자 김정숙은 자청비를 '여성적인 너무나 여성적인' 여성 원형으로 간주하면서, 남성 지배 여성 순종에 대한 위반과 전복이 제주 여신의 원형이라 보기도 한다. 전도된 가치에 대한 저항을 상징하는 가믄장아기, 배타적이지 않은 어머니로서 땅 가르고 물 가르는 아내인 백주또도 제주 여성의 또 다른 상징이다. 제주 여성의 부지런함, 자율적 능력, 독립성, 용감성, 객관성, 자신의 내부에 심어 놓은 인간적 선에 대한 강고한 원칙, 공동체 의식 등은 백주또, 가믄장아기, 자청비 원형을 그들 마음 속의 주인공으로 삼으면서 더욱 구체화되고 강화될 수 있었다.

자청비 같은 강인하고 주체적 여성만 존재한 것은 아니다. 마라도에 가면 누구나 애기업개당을 만난다. 처녀의 한이 실려있는 마라도 본향인 처녀당이

마라도 애기업개당.

다. 아이업개의 원령을 모시기 때문에 비바리당·아기업개당이라고도 부른다. 마라도에는 소라, 전복 등 해산물이 무진장이었으므로 가파도나 모슬포 해녀도 이곳에서 물질을 했다. 하루는 모슬포 해녀들이 식량을 싣고 마라도에 물질을 하러 왔는데 날씨가 세어 작업을 할 수가 없었다. 그날 밤 상군해녀의 꿈에 마라도를 떠날 때 아기업개를 놔두고 떠나야 섬을 무사히 빠져나갈 수 있다는 것이었다.

'이 아이를 데리고 가다가는 우리 모두 물귀신이 된다 하니 아이를 희생시키는 수 밖에 없다.' 하여 아이를 내버려두고 섬을 떠나니 무사히 빠져나올 수 있었다. 아기업개는 높은 동산에 올라 손을 흔들며 발버둥치다 굶어 죽었다. 해가 바뀌어 모슬포 해녀들이 마라도에 다시 물질을 갔을 때, 뼈만 앙상하게 남아 있었다. 그로부터 마라도를 찾는 해녀들은 불쌍한 아기업개의 넋을 위로하고자 처녀당을 짓고 1년에 한 번 당제를 지내게 되었다.

자청비가 주체적 삶을 산 여신이라면, 애기업개는 열악한 삶의 조건이 초래한 비극의 여신이다. 제주 여신들의 상반된 처지가 엿보인다. 그러나 오늘날에도 제주 여성은 결코 여신의 원형에서 주어진 영웅적 힘을 잃어버리지 않았다고 생각한다. 자청비적 힘은 그대로 제주의 해녀에게 이어졌다고 믿고 싶다. 웨딩드레스 입고 유채밭에서 순백의 순결을 고백하는 식의 처녀성이 아니라 위대한 어머니 설문대할망이 성산 일출봉을 창조하던 식의 원초성이 느껴진다.

제주 기녀의 노블리스 오블리주

제주에 수많은 여성이 있겠지만 김만덕(1739~1812)이란 의인을 세상 사람들이 주목한다. 동복리 출생으로 어린 나이에 부모를 여의고 11살에 제주목의 관아 기생이 되었다. 양민으로 환원시켜주면 불쌍한 사람을 돌보겠다고 약속하여 20세가 되던 해에 기생 신분에서 간신히 벗어난다. 그녀는 산지에 객주집을 차리고 특산물인 말총·미역·전복·양태·우황·진주 등을 서울 등지에 팔거나 기녀 경험을 바탕으로 양반층 부녀자의 옷감·장신구·화장품을 공급해 천냥 부자가 된다. 그런데 1790년부터 1794년까지 5년여에 걸쳐 제주에 흉년이 들어 기아에 허덕인다. 《현종실록》은 다음과 같이 적고 있다.

> 멀리 떨어진 섬인데다가 기근이 특히 심하여 민간의 형세가 날로 더욱 위급해졌다. 제주목사 노정이 조천관에 나와 곡물을 날라 오는 배를 기다렸고, 굶주린 백성도 뒤를 따랐다. 배 하나가 멀리서 가까이 오면 급히 가서 보고 곡물을 실은 배가 아니라 노정이 통곡하면서 돌아오자 굶주린 백성도 한꺼번에 울부짖었다.

닭과 개를 다 잡아먹어 울음소리가 그치고, 이어서 마소를 잡아 경각에 달린 목숨을 부지하고 있으니 사람끼리 잡아먹는 변이 닥쳐오는 상황이었다. 절박한 순간에 김만덕은 1천금을 내놓아 배를 마련하고 육지로 건너가 곡물을 사들여 구호곡으로 쓰게 했다. 이러한 선행이 조정에 알려지자 그녀를 궁궐로 불러들였다.

평민으로서는 예궐할 수 없으므로 임금은 김만덕에게 의녀반수(醫女班首) 직함을 내린다. 영의정 채제공과 선혜청의 배려로 조선 명산인 금강산을 유람했다. 출륙금지령으로 제주도민의 육지 나들이 자체가 금지된 상황에서 대단한 사건이었다. 1797년 당대의 재상 채제공에 의해 《만덕전》이 쓰여져 오늘에 이르며,

김만덕 표준영정.

그녀를 기리는 사라봉 모충사에는 묘탑과 기념관, 비석 등이 세워졌다. 박제가는 '출륙금지령을 깬 여자'로 그녀를 이렇게 노래했다.

> 귤밭 깊은 숲 속에 태어난 여자의 몸.
> 의기는 드높아 주린 백성 없었네.
> 벼슬은 줄 수 없어 소원을 물으니
> 만이천봉 금강산 보고 싶다네.

정약용은 〈탐라 기생 만덕이 진신대부로부터 송별시집을 얻다〉는 글에서 이렇게 썼다.

> 나는 만덕에게는 세 가지 기특함과 네 가지 희귀함이 있다고 말하고 싶다. 기적에 실린 몸으로서 과부로 수절한 것이 한 가지 기특함이고, 많은 돈을 기꺼이 내놓은 것이 두 가지 기특함이고, 바다의 섬에 살면서 산을 좋아함이 세 가지 기특함이다. 그리고 여자로서 중동(重瞳, 겹으로 된 눈동자, 또는 제왕의 눈을 이르는 말)이고 종의 신분으로서 역마의 부름을 받았고, 기생으로서 중을 시켜 가마를 메게 했고, 외진 섬사람으로 내전(內殿)의 사랑과 선물을 받은 것이 네 가지 희귀함이다. 아, 보잘 것 없는 일개 여자로서 이러한 세 가지 기특함과 네 가지 희귀함을 지녔으니, 이 또한 하나의 대단히 기특한 일이다.

대정에 귀양 온 김정희는 은혜의 빛이 여러 세대로 이어진다는 의미의 '은광연세(恩光衍世)'라는 글로 뜻을 기렸다. '재물을 잘 쓰는 자는 밥 한 그릇으로도 굶주린 사람의 인명을 구할 수 있지만 그렇지 않으면 썩은 흙과 같다'. 노블리스 오

제주에 유배왔던 추사가 만덕의 공을 기려 그 후손에게 써준 은광연세 현판.

블리즈의 압권이다. 기억해 둘 일은 서울로 올라온 만덕이 처음에는 제 대접을 받지 못했다는 것이다. 후대 역사기록은 언제나 미화하는 버릇이 있으나, 만덕이 처음부터 큰 환대를 받았던 것으로 미화시킬 필요는 없을 것 같다.

돈을 많이 벌었다고는 하지만 천출인 그녀에게 노블리스 오블리주를 요구할 권한은 없다. 그럼에도 만덕은 이를 행했다. 제주 여성의 기상을 보여주는 좋은 사례다. 해녀의 삶이 강인하면서도 독립적이되 일상적인 노동의 고통을 수반한 삶이라면, 만덕은 기녀 출신으로서 모질게 술과 잡화를 팔며 살아간 인생이지만 무소유를 실천해 백성의 굶주림을 면하게 하고 여성의 기상을 살린 삶이다.

제주 기생에 관해서는 근년에 새로운 시각이 대두되고 있다. 육지 기생과 비교해 조금 다른 모습들이 확인되기 때문이다. 임제의 《남명소승》을 보자.

이때 홀연 세 필의 날랜 말이 백사장 너머로부터 질주하여 달려왔다. 가라말을 타고 갓을 썼으며 붉은 가죽옷을 입고 전후로 내닫는 것이 실로 원숭이처럼 날렵했다. 처음에는 놀라고 의아해 했는데 자세히 보니 모두 여자들이었다. 목관(牧官)이 일부러 관기를 보내 그런 장난을 벌인 것이다.

날렵하게 말을 타는 기생은 육지 기생과 퍽이나 다른 모습이다. 숙종 때 출륙금지령을 뚫고 한양까지 올라와 신문고를 두드려 끝내 탐관을 귀양보냈던 곤생도 기녀였다. 대정읍 안성리의 수월이물은 대정 기녀 수월이가 마을사람들을 위해 토지를 내놓았다는 유서 깊은 물통이다. 정의현 기생으로 그녀를 통하면 만사가 해결되었다는 일명 구술할망 이야기도 전해온다. 만덕의 기질과 성품은 이 같은 제주 기녀의 오랜 전통에서 기인하는 것이 아닐까.

조선시대 제주도에는 여군이 있었다

제주 여성들에게 늘 좋은 일만 닥친 것은 아니었다. 해녀가 제주여성의 노동과 생산의 표징이었다면, 전쟁과 고난의 삶이 다른 축을 형성했다. 제주여성은 육지에서 남성들이 도맡던 군사적 역할도 수행해야 했다. 요즘식으로 말하자면 여군이었다. 《남사록》에 이런 기록이 있다.

> 여정(女丁)은 제주에서 쓰는 말이다. 남정이 매우 귀해서 만약 사변을 만나 성을 지키려면 건강한 부녀자를 골라 성곽에 보내어 세우는 것을 여정이라 하는데 삼읍이 다 그러하다.

육지에서 남녀칠세부동석과 내외지법, 심지어 얼굴을 가리는 너울을 강요하던 시절에 제주 여성은 무기를 들고 성을 지켰다. 김윤식이 《속음청사(續陰晴史)》에 기록했듯이, 1901년 이재수란 때 굶주림을 참지 못하고 제주 성문을 열었던 장두도 여성들이었다. 이렇듯 여성이 과감하게 전쟁에 참여하는 마당에 무슨 내

1853년 조난당한 남편을 기다리다 끝내 스스로 목숨을 끊은 고씨 부인을 기리는 절부암.

외법이 필요했을까.

제주도는 육지중심적 유교논리가 별로 적용되지 않는 섬이었다. 제주도에서 유교적 율법이 강화된 시점은 후대다. 분재기를 보면 17세기 전까지는 남녀 균등 상속과 적서를 차별하지 않는 전통이 유지되었다. 그러나 제주목사와 유배지 식인의 적극적 교화 활동으로 성리학적 통치 이념이 제주도에도 확산되기 시작했다. 1834년 김영락의 《효열록(孝烈錄)》에 이런 글이 있다.

> 제주는 남쪽 끝에 위치하며 습속이 낮았지만 국가의 오륜사상이 잘 전파되어서 4백여 년간 효자와 열부의 행실과 정절이 잘 드러났다. 이를 조정에 알려서 마을에 정문을 세워 표창했으며, 부역을 면제받은 자가 많은 것은 제주목사로 부임한 사람들이 교화에 힘쓴 덕분이다.

제주에서의 유교 전파는, 《삼강행실도》 등을 반포하면서 유교적 통치 이념을 강화하던 육지에 비해 뒤늦게 시작됐다. 유교적 이데올로기 공세 속에서도 여정, 즉 여군 동원이 일상적으로 이루어지고 있었다. 이는 육지의 유교적 시스템과는 많이 다른 것이었다. 여정 전통은 해방 공간에까지 장기지속으로 이어졌다. 제주도를 광란의 도가니로 휩쓸었던 4·3 당시, 중산간 마을에서 해안으로 소개된 촌민은 성을 쌓고 보초를 서야 했다. 토벌대의 밥을 해주고 밤낮으로 보초 서는 역할은 온전히 여성의 몫이었다. 중세 여정 노릇을 했던 역할이 20세기에 들어와서도 반복되었다. 한국전쟁 당시 여성해병대 1기생이 제주 여성의 몫이었던 것 역시 여정 전통이 이어진 것으로 여겨진다.

4·3의 와중에 남자들, 특히 젊은 남자들은 처참하게 죽거나 요행히 탈주해 일본 등지로 사라졌다. 노인네와 어린애라도 살아남으면 다행이었다. 남자들이

사라진 마당에 여성 성비는 다시 높아졌었다. 제주 근현대사가 빚어낸 성비 파괴도 '여자 많은 제주도신화'를 창조하는데 기여를 했다. 그러한즉, 삼다라고 하여 여자 많음을 어찌 한가롭게 자랑만 할 수 있으랴.

5

귤의 섬

원한의 과일에서 꿈의 과일로

행실을 삼가지 않는 무리가 스스로 해외임을 믿고 함부로 탐욕스럽게 빼앗고 백성을 대할 때의 행동이 무리하매 섬백성이 원통한 마음을 펴지 못한다. 한번 서울에 가서 조금이라도 괴로운 사정을 위에 알리고자 하지만 수령이 자기의 악행이 알려짐을 싫어하여 물건을 가지고 가는 자를 제외하고 섬 밖으로 나가는 것 자체를 금하고 있다.

- 김상헌,《남사록》

천년 이상 지속된 원초적 플랜테이션

고대 및 중세 사회에서 귤은 임금과 세도가나 맛볼 수 있는 기호품이었다. 제주도에서만 귤이 났기 때문이다. 귀하면 탐욕이 생기는 법일까? 〈뉴욕타임즈〉 컬럼니스트 미카엘 폴란(Michael Pollan)은 '식물의 눈으로 본 세계'란 부제가 붙은 《욕망의 식물학(The Botany of Desire)》이란 흥미로운 책에서 네 식물을 사례로, 식물에 대한 인간의 욕망을 다루었다. 사과는 감미로움, 튤립은 아름다움, 마리화나는 도취, 감자는 지배력의 욕망을 드러낸다고 보았다. 맞는 말이다. 인간이 야생식물을 재배하려고 했을 때, 어떤 식으로든지 인간에게 필요하고 인간이 선택한 욕망이 개입되어 있기 때문이다. 제주도 귤에도 본토 사람의 욕망이 개입되어 있다.

아열대풍 녹색엽록식물이 만들어 내는 귤의 상징성은 그 희소 가치와 제주도라는 머나먼 고도의 지리적 한계를 포함해 어떤 범접 못할 아우라를 창조해냈다. 육지에서 흔히 볼 수 있는 사과, 배, 감, 대추, 밤 등의 오색실과가 내뿜는 일상 풍경과 다르게 귤은 비일상의 풍경을 연출했다.

욕망은 착취로 곧바로 연결되었다. 제주도 백성은 해마다 귤을 바쳐야 했으며, 중앙 권력은 귤을 공납 받고 이를 적절하게 분배하는 장치를 통해 과일을 둘러싼 권력의 아우라를 연출했다. 귤이 생산되고 운송되며 분배되는 일련의 과정을 중앙에서 통제 관리했으며, 이 먹이사슬 하층부에 제주도 백성이 깔려 있었다. 유럽에서 벌어졌던 과일을 둘러싼 제국의 열망과 그 본질이 이 섬에서도 동일하게 반복된다.

유럽 제국은 15세기 대항해시대 이래로 오렌지, 파인애플, 바나나 등을 중남미와 아시아, 아프리카 등지에서 플랜테이션으로 경영했다. 진귀한 과일이 유럽

조선시대 귤보에 그려진 재래감귤.

시장으로 들어왔고, 이들 열대과일이 부각되는 정물화(Still life)가 탄생했다. 플랜테이션에서는 과도한 노동과 가혹한 착취, 인종차별과 무임금 노동이 판을 쳤으며, 아프리카 노예들이 노동력의 빈 공간을 채웠다. 오늘날에는 누구나 이들 제국주의 플랜테이션을 비판적으로 바라본다.

제주도에서는 같은 민족이지만 이와 같은 원초적 플랜테이션이 근 천년 이상 지속되었다. 1894년에 이르러서야 감귤 진상이 해제되었음은 놀라운 일이다. 그러한즉 아름다운 감귤에는 제주 사람의 보이지 않는 눈물이 배어 있으며, 감귤의 역사를 이해함은 곧바로 본토와 제주도의 상관관계를 이해하는 첩경이다.

귤나무는 고통나무

감귤류는 분류학상 운향과(Rutaceae) 감귤아과(Auranti-oideae)의 감귤속(Citrus), 금감속(Fortunella), 탱자속(Poncirus)에 속한다. 이들 원시식물은 인도로부터 중국 중남부와 인도차이나 반도에 걸친 아시아 대륙의 동남부 및 그 주변 도서에 분포한다. 최근의 연구에 따르면 운남성이 감귤의 생성과 전파에 중요한 역할을 했다고 한다. 미얀마 북부를 거쳐서 운남성에 이르는 상록활엽수림대는 감귤 생육에 최적의 조건이기 때문이다.

우리나라 귤 재배의 시원은 확실한 기록을 찾아볼 수 없지만, 일본 야사인 《히고국사(肥後國史)》에 삼한으로부터 귤(橘: Tachibana)을 들여왔다는 기록이 있다. 한반도 귤이 일본으로 건너갔다는 뜻이다. 《일본서기》에 상세국(常世國) 사람 다치마모리(田道間守) 전설이 있다. 다치마모리는 상세국에 가서 사시사철 향내 나는 과일을 구해 온다. 그가 10년 걸려 가져온 것은 고작 여덟 꼬치 여덟 줄의 귤이었다. 그 귤은 나라(奈良)·헤이안(平安)시대까지도 상세국의 나무라 하여 천황이 집무하는 자신전(紫宸殿) 앞뜰에 심었다. 텐무천황(天武天皇)의 무덤으로 알려진 다카마스스카(高松塚)에서는 대대로 귤의 가문을 지닌 집안이 궁좌제(宮座祭)를 거행했다. 시바 료타로는 일본 서부의 따뜻한 지방에서도 귤이 자생하고 있었을 터인데 굳이 상세국까지 가면서 가져오게 한 이유를, 일본귤은 향내는 강하나 시어서 먹을 수가 없었기 때문으로 추정했다.

    탐라에서는 백제나 신라시대부터 감귤을 공물로 바쳐왔다. 이러한 전통은 고려를 거쳐 조선에까지 이어졌다. 감귤 봉헌은 고려 문종6년(1052) '탐라에서 세공하는 귤자(橘子) 수량을 1백 포로 개정한다'라는 대목에서 처음 등장한다. 이 문헌 이전에도 감귤을 진상했을 것이다. 귤 바치기가 '천년 풍습'이었기 때문이다.

    감귤은 세금으로 걷어갔다. 국가 통제의 대상이었으며 과원의 감귤나무에서 숫자 하나하나까지 세어서 관리 감독했다. 《조선왕조실록》태조 원년(1392) 10월 기사에, '제주 진상품인 귤, 유자 따위는 철 따라 나는 물건이므로 상공물이 될 수 없으므로 별공으로 한다'라고 했다. 과실세 제도의 도입, 민간 재배 과실을 수탈하는 불법을 감독하기 위한 관리 파견, 제주 감귤의 전라도 이식 등 여러 번잡스런 일이 벌어졌다. 《세종실록》에는 세종 8년(1426) 경상도와 전라도 남해안까지 유자(柚子)·감자(柑子)를 심어 시험 재배한 기록이 있고, 《탐라지과수총설(耽羅誌果樹總說)》에는 중종 21년(1526)에 제주목사 이수동이 감귤밭을 지키는 방호소를 늘렸다는 기사가 있다.

    이형상(李衡祥)의 《탐라순력도》에 〈감귤봉진(柑橘封進)〉 그림이 있다. 각종 감귤과 한약재로 사용되는 귤껍질을 봉진하는 그림이다. 귤 진상은 9월부터 매 10일 간격으로 이루어졌다. 귤 진상을 위해 별장·수산·서귀·동해·명월방호소에 과

이형상 목사가 남긴 《탐라순력도》 중 〈감귤봉진〉.

원을 설치하고, 수비 군인으로 하여금 관리하도록 했다. 그 후 과원은 제주목 22개소, 정의현 7개소, 대정현 6개소로 증설되었고, 숙종조에는 42곳에 이르렀다. 이들 과원에서 나는 양으로는 봉진 수량을 채우기에 턱없이 부족했다. 이에 관에서는 일반 민가의 귤나무를 일일이 조사해 관리했다. 낱알을 일일이 세어 세금을 때리던 치사한 수법이라고 할까.

〈귤림풍악(橘林風樂)〉그림에는 풍악을 울리는 놀이판을 그렸다. 돌담을 둘렀으며, 방풍림으로 대나무를 심었다. 담장 안에 귤나무가 무성하다. 제주읍성에는 동·서·남·북·중과원과 별과원 등 6개의 과원이 있었다. 1702년 당시의 삼읍 귤의 총결실수를 적어두었다.

당금귤 1,050개, 유자 48,947개, 금귤 10,831개, 유감 4,785개, 동정귤 3,364개, 산귤 188,455개, 청귤 70,438개, 유자 22,041개, 당유자 9,533개, 등자귤 4,369개, 유금귤 1,021개.

좋게 보면 치밀한 세수행정이요, 나쁘게 보자면 지독한 착취 방식이다. 일일이 숫자를 세어 챙기다니! 민간에서 재배하는 감귤나무에 열매가 맺히면 관리가 찾아가 열매 하나하나에 꼬리표를 달고는 하나라도 없어지면 엄한 처벌을 내렸다. 매년 7~8월에 군관들이 촌가를 순시하며 귤유가 있는 곳에서 붓으로 하나하나 점을 찍어 장부에 기록하고 가을이 되어 귤이 익는 날에 장부와 대조해 수납했다.

비바람에 손상되거나 까마귀나 참새가 쪼아 먹으면 집주인이 책임지고 대납해야 했다. 해충 피해를 입거나 바람으로 귤이 떨어져서 그 숫자를 채우지 못했을 때에도 소유자에게 책임을 물었으니 감귤 재배는 차마 인간이 할 짓이

《탐라순력도》 중 〈귤림풍악〉.

아니었다. 제주 백성은 귤나무를 독약처럼 여기면서 더 심으려고 하지 않았다. 고통을 주는 나무라 하여 더운 물을 끼얹고 고사시키는 경우도 허다했다. 나무 그루에 상어 뼈를 박아놓거나 송곳으로 구멍을 내고 후춧가루를 넣어 나무를 죽이기도 했다. 농민에 의한 감귤의 생산량 증대와 원시적 자본축적이 불가능했다.

어렵사리 수확된 귤은 엄격한 실사를 거쳐 배에 선적된다. 감귤 진공선이 난파되어 몰살당하는 사건도 비일비재했다. 김비의 등은 성종 8년(1477) 2월에 진상할 귤을 싣고 본토로 가다가 14일 동안 표류해 류큐국 윤이도에 표착한다. 5명 중 2명은 죽고 3명이 살아 남아 일본 상선편으로 일본을 경유해 1479년 6월에 귀환한다. 그들은 왕명에 의해 《유구풍토록(琉球風土錄)》를 지었다. 인조 18년에는 '진공선 5척이 바람을 만나 난파되었는데, 물에 빠져죽은 자가 1백여 명이었다'고 했다. 귤 농사뿐 아니라 귤 운송 자체도 부담이었다.

귤에서 느껴지는 불편한 심정

천신만고 끝에 귤이 한양에 도착하면 나라에서는 큰 경사가 벌어졌다. 종묘에 제사부터 지낸 다음 각 전각과 가까이 모시는 신하에게 귤을 나누어 주었다. 귤이 대궐에 들어온 것을 축하하기 위해 성균관과 서울의 동서남중 네 개 학교의 유생에게 감제 또는 황감제(黃柑製)란 특별과거를 보이고 감귤을 나누어 주었다. 서울에서 벌어지는 경사 이면에는 제주 사람의 피눈물이 배어 있었다. 모질었던 진상제도는 개명천지가 다가오고 동학농민전쟁이 벌어졌던 1894년에 이르러서야 폐지되었다. 김상헌은 관료의 가렴주구가 하늘에 닿았다고 했다.

행실을 삼가지 않는 무리가 스스로 해외 임을 믿고 함부로 탐욕스럽게 빼앗고 백성을 대할 때의 행동이 무리하매 섬 백성이 원통한 마음을 펴지 못한다. 한번 서울에 가서 조금이라도 괴로운 사정을 위에 알리고자 하지만 수령이 자기의 악행이 알려짐을 싫어하여 물건을 가지고 가는 자를 제외하고 섬 밖으로 나가는 것 자체를 금하고 있다.

- 《남사록》

귀했던 만큼 선인의 문학작품에서도 감귤은 빼어난 소재였다. 《탐라지》에서 옛사람의 시 '돌담과 판자집에 백성의 삶이 궁벽하다'를 인용하면서 가난하지만 귤과 유자가 있는 이국적 풍경을 그리고 있다.

바닷가 고을의 우거진 갈대는 운몽의 저녁이요
산성의 귤과 유자는 동정호의 가을이다.
돌담과 판자집에 백성의 삶이 궁벽하고
특이한 의복과 유다른 말씨에 나그네가 수심하도다.

제주도에서 27년간(1777~1803) 유배생활을 한 후 순조 때 복관되어 제주목사, 형조판사 등을 지낸 정헌(靜軒) 조정철(趙貞喆)의 〈귤유품제(橘柚品題)〉는 손꼽히는 시다. 유감, 별귤, 대귤, 당금귤, 소귤, 당유자, 감자, 금귤, 유자, 산귤, 청귤, 지귤, 등자귤, 석금귤 등 15가지의 귤을 시제로 올렸다. 온주밀감 일색인 오늘날에 비해 다양한 토종 귤이 있었다.

아름다운 시들을 바라보면서 불편한 마음도 든다. 시가 선사하는 미학 못지않게 진실을 외면한 문학의 허구성과 비현실성을 어떻게 받아들여야 할까. 귤은

제주향교에서 제를 지낼 때 올려지는 재래감귤.

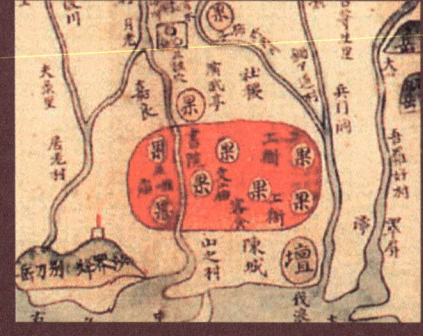

조선시대 '과원'이 표시된 《제주삼현도》. 아래 그림은 제주성내와 그 주변의 과원분포도(확대 부분).

역사적으로 세도가의 욕망을 부추키는 과일이었으며, 그로 인하여 제주도 사람에게 엄청난 고통을 가한 저주의 과일이었기 때문이다.

죽어가는 대학나무

언제부터 손쉽게 감귤을 먹게되었을까. 20세기 초반, 재래 감귤로 당유자(唐柚子), 진귤(陣橘), 병귤(甁橘)을 재배하고 있었고, 청귤(靑橘), 유자(柚子), 홍귤(紅橘), 동정귤(洞庭橘), 빈귤(檳橘) 등은 일부분만 남아 있는 상태였다. 지역별로는 대정읍, 안덕면, 제주시 도련동, 서귀포시 지역에 많이 분포했다. 재래 감귤은 추위에 강하고 풍토병에 강해서 새로운 품종 육성에 도움이 되는데도 다수 사라지고 말았다. 우리나라 대부분의 토종이 그러하듯, 일본종이나 양풍에 밀려 쫓겨났다.

온주밀감이 등장함으로써 감귤의 대중적 확산이 시작된다. 온주밀감은 1911년 프랑스 출신의 엄탁가(Taquet,E.J.) 신부가 서귀포 서흥동 성당에 13년간 근무하면서 일본에서 15주를 받아 서귀포에 심으면서 단초를 마련했다. 엄신부는 한라산 왕벚나무의 자생을 세계에 알린 식물 전문가이기도 하다. 서흥동 출신 김진려는 구마모토(熊本)에서 접목 강습을 받고 온주밀감과 워싱톤네이블을 이식한다. 1913년에는 서귀포시에 1헥타르 규모의 온주밀감 과원이 일본인 미네(峯)에 의해 시작된다(현재의 제주농원). 이로써 감귤 대중화 시대가 열린다.

제주도는 2010년 12월 11일 제주감귤 100년 사업단을 발족하고, 2011년을 목표로 국내외에서 감귤발전 100년 기념사업을 추진해 왔으나 부정 여론이 많아 이를 취소한 적이 있다. 제주도 감귤의 역사적 기점을 일본 온주밀감의 이식으로 무리하게 설정하려다가 반론에 부딪힌 것이다. 천여 년 전인 고려 문종

박정희는 1961년 9월 국가재건최고회의의장 자격으로 제주도를 방문해 서귀포의 감귤농원을 시찰했다.

6년(1052) 이전부터 재배되었으나, 제주의 주 소득작물로 자리 잡은 것이 온주밀감부터라는 사실이 가져온 해프닝이었다. 학계와 감귤 전문가들은 제주 감귤이 오랜 역사를 갖고 있는데도 온주감귤의 도입 시기인 1911년을 기준으로 기념행사를 열면 제주 감귤의 뿌리가 일본으로 인식되고 역사도 짧아진다고 비판해 왔다. 대중화는 대중화이고 역사는 또 다른 문제이기 때문이다.

감귤은 1965년부터 증식 붐이 불어 1970년에는 매년 282만 그루가 식재된다. 재배 면적도 1964년 413 헥타르에서 10년 뒤인 1974년에는 1만 1200 헥타르로 무려 27배에 이른다. 1960~70년대 제주 출신 재일동포들이 '고향에 감귤나무 보내기 운동'을 전개하면서 온주밀감이 본격 보급돼 지역경제의 기틀을 다졌다. 그리하여 감귤은 '대학나무'라 불리운다. 육지에서 우골탑이 늘어나는 동안 제주도에서는 대학나무가 살림살이와 유학생활을 책임졌다. 누구라도 귤을 먹을 수 있게된 시대가 열린 것이다.

오렌지로 대표되는 수입 귤류가 쏟아지는 오늘날, 감귤농사는 더이상 윤택함의 원천이 아니다. 단작농업의 결과는 슬픈 현실로 귀결되고 있다. 열대 및 아열대과일의 산업화에 대한 제주민의 열망은 비단 감귤에서 그치지 않았다. 1986년부터 1991년까지 서귀포를 중심으로 바나나 재배도 선풍적으로 이루어지다가 수입 개방으로 급격히 몰락했다. 희망은 없는가.

토종감귤 뷔페를 고대하며

2012년 애월읍 납읍리에 김석윤 건축가의 도움을 받아 돌집을 재건축 했다. 제주대에서 가르치면서 머무는 숙소이자 아시아퍼시픽해양문화연구원(APOCC)의

애월읍 납읍리 산귤재의 후원에 서 있는 산귤나무. 족히 100년이 넘었다.

사무동을 겸하는 공간이었다. 건물 이름을 '산귤나무 집'이란 뜻에서 산귤재(山橘齋)로 정했다. 건물 뒤편에 백 년 묵은 산귤이 서 있기 때문이었다. 산귤은 본디 진피라 불리던 탱자만한 크기의 작은 귤인데 감기예방 약재로 효용이 높다. 귤 고목을 보고서 돌집을 사들여 산귤재로 명명했으니 그만큼 귤과 인연이 있는 셈이다.

제주 곳곳에는 전통 토종감귤이 상품 가치는 없을지라도 자라고 있는 중이다. 1526년의 금물과원 설치로부터 480여 년이 지난 시점에서 옛 터전(지금의 서귀포 농업기술센터)에 '금물과원'을 복원했다. 농장을 찾아가보니 수령 250년의 진귤이 위풍당당한 자태를 뽐내고 100년 이상 된 재래 감귤을 옮겨 심어 감귤의 역사를 한눈에 알려준다.

온주밀감의 절반 크기인 진귤은 현재 먹는 이도, 기억하는 이도 드물지만 과거에는 임금님 진상품이었다. 당유자를 비롯해 진귤과 하귤, 병귤, 궁천조생 등 금물과원 당시의 재래귤과 개량종이 모여들어 눈길을 끈다. 제주시 목관아지에도 자그마한 과원이 조성되어 귤을 공부할 수 있다. 늦게나마 우리 귤의 산 역사를 챙기려는 노력이 눈물겹다.

서귀포시 하효리로 가본다. 한적한 중산간 길은 하효감귤로 유명해져 하나의 브랜드가 되었다. 검은 돌담길에 노란 감귤이 주렁주렁 열려 색의 대비가 완연하다. 신효동에는 감귤박물관이 들어서서 감귤의 역사와 종류, 재배방법, 세계의 감귤을 전시한다. 감귤 생산과 판매에만 주력하던 제주도가 감귤의 문화적 정체성을 깨닫고 있는 좋은 징표들이다. 한라봉에 이어 천혜향·황금향·레드향 같은 신종이 속속 선보이고 있다. 온주밀감 위주의 단작에서 벗어나 다양한 귤을 재배하기 시작했다.

종다양성을 확보하려는 노력은 세계적 움직임과 궤를 같이 한다. 발리섬 열대과일박물관을 찾아갔더니 다양한 열대 과일 나무를 수집·전시하고 있었다. 상품화되지 않은 토종 종자도 심어놓고 과일 해설사가 설명해 주었다. 온갖 열대 과일로만 차려진 과일뷔페에서 그야말로 만끽했던 기억이 새롭다. 우리도 다양한 토종 감귤을 뷔페로 맛볼 수 있는 그날이 조만간 오지 않을까.

2004년 1월 15일, 제주항에서 역사적 사건이 벌어졌다. 한국 국적 킹스7호에 북한으로 보내는 감귤 2500톤을 선적했다. 제주도와 '남북협력 제주도 국민운동본부'는 1998년 100톤을 보낸데 이어 해마다 감귤을 실어 보냈으며 주로 파나마 선적을 이용했다. 아리랑 공연 관람차 평양에 갔을 때, 그 귤을 먹어본 사람들 이야기를 들어 보았다. 너무 귀하고도 귀해 그만 배급받은 그 귤을 차마 먹지 못하고 바라만 보다가 끝내 썩히고 말았다고 한다. 귤나무를 구경도 못한 북녘에서 받아들이는 귤에 관한 태도는 남녘사람과 다르다. 과잉생산으로 남아돌아서 버려지는 감귤이 가난한 북한 사람들 식탁에서 편안하게 공유될 날을 기다려본다.

지난 시절, 진상품을 위한 민족 내부의 과도한 플랜테이션이 만들어낸 결과이기는 하지만 제주도에는 전통 감귤 종자가 남아 있다. 한때 원한의 대상이었던 전통 감귤이 미래의 꿈으로 되살아날 조짐이다. 생물종다양성을 위해서라도, 식탁에 오른 감귤의 다양성을 위해서라도, 우리 식탁에 적어도 수십 종의 귤을 올릴 수 있는 종다양성의 그날을 기다려본다면, 너무 과도한 욕망일까.

6

곶자왈과 숲의 섬

곶과 자왈이 숲을 이루다

인간의 눈에 침묵의 숲으로 다가올 뿐, 숲에서는 매일매일 전쟁이 벌어지고 있다. 나무와 풀이 자신의 영역을 지키려는 거친 싸움을 전개하고 있기 때문이다. 식생이 안정적으로 갖추어진 숲에서는 일종의 휴전협정이 맺어져있다. 비교적 안정적 조건에서 서로의 자리를 인정하며(차마 서로의 영역을 인정하지 않을 수 없는 상황이리라!) 숲의 공동체를 이끌어나가고 있다.

— 펠릭스(Felix R. Paturi), 《숲》

모든 숲 속의 빈터는 이름을 지니고 있다

사라져간 원주민 수와미족(Suwamish Tribe)의 추장 시애틀(Seathl)이 〈문명세계에 보낸 편지〉를 다시 꺼내본다. 1855년 피어스 대통령에게 보냈으나 미국 독립 200주년을 기념해 미국 정부가 늦게야 공개한 편지는 이렇게 끝을 맺고 있다.

백인들이 언젠가는 발견하게 될 한 가지 사실, 우리는 알고 있습니다. 당신네 신과 우리의 신은 같은 신이라는 사실입니다. 당신들이 우리의 땅을 소유하고 싶어하는 것처럼 신도 당신들이 소유하고 있다고 생각할지도 모릅니다. 그러나 그럴 수는 없습니다. 그것은 인간의 신입니다. 신의 연민은 백인들에게 동등합니다. 이 대지는 신에게 소중합니다. 대지를 해침은 조물주에 대한 모독입니다. 백인들 역시 소멸할지 모릅니다. 아마 다른 종족보다 더 먼저 소멸할지도 모릅니다. 당신의 잠자리를 계속해서 오염시켜 나간다면 어느날 밤 당신 자신의 오물 속에 질식하게 될 것입니다. 들소가 살육당하고 야생마들이 길들여지며 성스러운 숲 속이 인간의 냄새로 꽉찰 때, 그리고 산열매가 무르익는 언덕이 수다스러운 부인네에 의해서 더럽혀질 때 잔목숲과 독수리는 어디서 찾겠습니까? 이동과 사냥이 끝장난다는 것은 무엇을 의미합니까? 그것은 삶의 종말이요, 죽음의 시작입니다.

우리의 숲도 인간 냄새로 그득찼다. 냄새를 그득 채울만한 숲 조차 이미 없는 것이 아닐까. 대지는 모욕 당했고, 숲은 능욕 당했다. 숲에서 동물은 쫓겨났고, 어린 잡목은 인간 발자욱에 이겨졌으며, 수다스런 음성으로 그득 찼다. 당수나무는 미신나무로 내몰려 금줄이 벗겨졌고, 전기톱으로 쓸어서 바둑판이나 장

교래 곶자왈

식용 나무등걸이 되었다. 인간의 역사, 마을의 역사를 간직한 나무의 나이테는 무늬목 장식 이상의 의미를 지니지 못하게 되었다. 왜 사람들은 나무를 이 땅에서 추방시켜 버렸을까. 그러한 가혹한 추방은 우리에게 어떤 결과를 가져왔을까. 1993년 시베리아 레나강가의 사하(Saha)족을 방문했을 때 동방과학원 사하로프 박사에게 들은 이야기를 소개한다.

'모든 숲 속의 빈터는 이름을 지니고 있다'는 속담이 있습니다. 모든 사하족이 땅을 사랑하며 모든 숲이 그 자신의 이름을 가지고 있다는 말입니다. 처녀림은 동물과 여타 임산자원으로 그득 차있습니다. 사하족의 전통적 자연철학의 전형 중의 하나는 바로 정신에 관한 것이지요. 그 정신은 세 가지 측면으로 어머니의 혼과 땅의 혼, 공기의 혼을 의미합니다. 즉 어머니와 땅, 공기가 중요합니다. 세 가지 차원으로 정신을 가름은 전통적인 중부시베리아 사람들의 특수한 측면이지요. 우리로 하여금 세상에 대한 전망을 갖는 정보의 주요 원천은 자발적인 자연철학 요소에 던져진 그들 조상과 그 자체의 유산인 셈입니다. 따라서 우리들이 위대한 신성거목이란 뜻의 아리마 마스 나무를 섬김은 당연한 일입니다. 나뭇가지에 오색 헝겊을 걸어 매고 행로의 안전과 집단의 안녕을 빕니다. 일곱 가지의 오윤의 나무를 세우고 그 옆에는 솟대에 해당하는 새가 하늘을 납니다. 오윤이 주거하는 집은 숲 속에 있으며 오윤은 숲 속에서 제를 집행합니다.

고밀도사회에 사는 우리에게 시베리아의 숲과 같은 태고의 원시림은 없다. 간혹 백두대간 줄기에서 인간의 발길이 미처 닿지 않은 숲이 발견되기도 하지만 대체로 우리의 숲은 완벽하게 '정복'당했다. 그런데 제주도에 일반에게 덜 알려진 원시림이 남아 있다. 제주도에서 가장 특이한 식생인 곶자왈이 그곳이다.

생태 환경의 허파

곶자왈은 '덩굴과 암석이 뒤섞인 어수선한 숲'을 가리키는 말이다. 가시덤불과 나무들이 혼재한 '곶'과 토심이 얕은 황무지인 '자왈'이 결합된 단어다. 잡석과 용암류, 스코리아와 화산탄, 화산이 만들어낸 숨골과 풍혈 등이 갖추어진 지질에 이끼류, 양치류, 초지성 식물, 수목 및 가시덤불과 같은 식생 요인이 결합했다. 궤, 용암동굴, 소규모 계곡, 오름, 습지, 부분적인 초지, 인위적으로 개발된 경지 등의 부차적 요인도 포함한다. 곶자왈은 지질학적으로는 대체로 모암이 암괴상 아아용암류(aa rubble flow)이며 세계적으로 희귀한 식생의 하나다.

교래리 숲으로 갔다. 문화센터가 세워졌고 숲 속의 빈터에서 잠시 묵어갈 수 있는 환경친화적 숙소도 개방형으로 만들어졌다. 지속가능한 개발론과 절대보호론의 절충적 산물이다. 곶자왈 보존의 승패는 진정한 의미에서의 한국형 내셔널트러스트운동의 시금석이 될 것이다. 곶자왈 보호론자들은 자연과 인간이 분리된 운동방식을 뛰어넘어, 자연과 인간이 더불어 살아왔고, 앞으로도 살아가야 할 운동방식을 선택했기 때문이다. 유네스코 세계유산으로 지정된 검은오름 곶자왈처럼 치밀한 보존과 제한적 개방이라는 이중주를 연주해야 하리라.

곶자왈 산책로를 완주하면 경험해 보지 못한 새로운 세계, 지하수 함양(groundwater recharge)이 풍부하고 보습효과가 뛰어나 북방한계 식물과 남방한계 식물이 공존하는 제주만의 독특한 숲을 만난다. 깊숙이 들어서면 용암 투성이의 삭막한 돌무더기에 녹색의 정원이 펼쳐지고 만년의 침묵이 숲을 지배한다. 공기는 말할 수 없이 맑고, 신선한 숲내음이 머리의 찌든 내음을 갈아엎는다. 혹간 노루떼가 인간의 침입에 놀라서 후다닥 달리거나 꿩이 소리치며 오를 뿐, 숲은 대체로 적막강산이다.

땅심이 얕아서 농사지을 수 없는 땅이지만 숲이 선사하는 무한 가치가 현란하게 엽록의 빛을 선사한다. 숲은 결코 평탄하지 않다. 화산으로 흘러나오다 파열된 돌이 제각각 돌무더기를 이루면서 계곡을 이루고 언덕배기와 평지를 만들어냈기 때문이다. 한 줌의 흙이 쌓인 돌 틈에서 나무들은 용케 강인한 뿌리를 내려 '불휘공'을 만들어냈고 곳곳에 고사리 같은 양치식물이 눈에 띈다. 한 시간여 숲길을 걸어가자 숲이 끝나고 오름이 나타난다. 숲 일부가 일찍이 개간되어 목장으로 변했다. 오름 초입을 편백나무가 뒤덮어 경관을 가로막는다. 한때 편백과 히노끼 같은, 제법 '돈 되는' 나무를 심어나가면서 넓직히 바라보이는 오름 경관을 망쳐버렸다.

"경관만 가리고 별 소용도 없는 나무들, 모두 베어내는 것이 어떨런지요"

"아, 그게…… 도유림인데 막상 숲 임자는 개인이지요. 도 땅이지만 개인이 돈을 들여 숲을 조성했어요. 박정희 대통령 시절에 적극 권장했죠. 지금와서 나무를 베내려면 보상을 해주어야 하는데…… 당시에도 돈 있는 사람들이 나무를

제주시 조천읍 선흘리 동백동산.

선흘 동백동산 곶자왈의 습지.

심었겠지요"

20여 분 올라가자 편백숲이 끝나고 제주도 산죽숲이 시작된다. 검은오름과 민오름, 돌문화공원이 한눈에 들어온다. 교래리 평원의 장중하고 위대한 풍경이다. 이렇듯 곶자왈은 오름과 연결되어 한라산까지 이어지는 제주도 생태환경의 허파다. 그 숲을 베어내고 관광단지와 골프장들이 들어선 것이리라.

외지인이 손쉽게 찾아갈 수 있는 숲으로 개방된 곶자왈도 많다. 늦겨울 평일에 동백동산을 찾아갔더니 찾아오는 이가 없다. 적막강산이다. 숲은 웅장하고 장엄해서 그 거대한 침묵의 무게로 도시에서 찌들려 일상적으로 번잡스러움에 눌렸던 머리를 시원하게 비워주며 끝내 텅 빈 공허의 식탁으로 안내한다. 동백나무 향내가 천리향처럼 숲 속을 맴돌며 나무 사이를 흘러다닌다. 동백동산에는 본디부터 오래된 동백나무가 많았다고 한다. 구실잣밤나무와 종가시나무, 후박나무, 비쭈기 나무 등 난대성 수종이 자생한다. 나무 밑에는 새우난초와 보춘화, 사철난 등도 자라고 그 주위에는 백서향, 변산일엽 같은 희귀식물도 보인다. 큰 나무로 인해 햇살이 가려졌는데도 겨울 혹한이 느껴지지 않는다. 제주도의 허파답게 웅혼한 가슴으로 숲을 데우기 때문 아닐까.

곶자왈에서 느끼는 안정과 균형

곶자왈은 제주의 삶에서 중요하다. 땔감 제공, 소와 말의 방목지, 노루와 꿩을 사냥하는 사냥터, 지하수의 생성과 보존 등, 아마존을 지구의 허파라 부르듯이 곶자왈을 제주도 자연생태의 허파라 부르는 이유는 이처럼 복합적이다. 사계절 엽

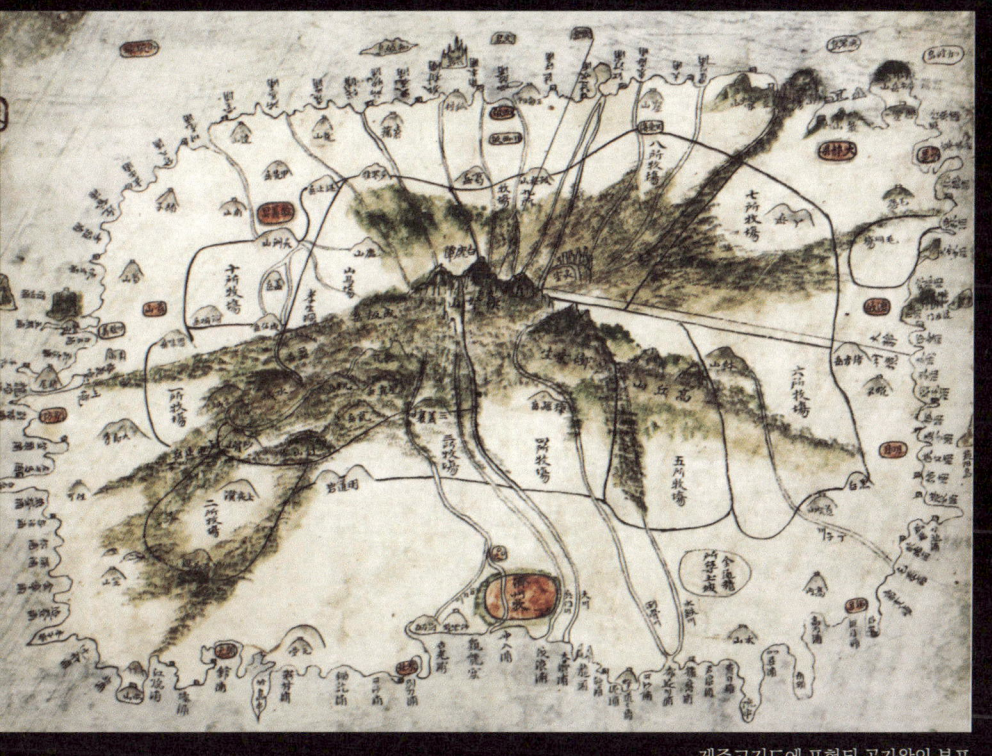

제주고지도에 표현된 곶자왈의 분포

록의 숲이라서 겨울에는 따뜻하고 여름에는 시원하다. 서부의 한경- 안덕, 애월, 동부의 조천- 함덕, 구좌- 성산 등 4개의 곶자왈지대가 있다. 송시태 박사 같은 곶자왈 전문가는 이들 곶자왈을 정밀하게 분류해 곶자왈 연구의 이론적 기초를 만들어 냈다.

곶자왈이 생태환경적으로 중요함을 인식하고 법적 제도적으로 보존하려는 운동은 상당수 곶자왈이 사라지고 난 다음에 시작되었다. 전근대사회부터 개척이 조금씩 이루어진 조건에서 1960년대 이래의 대대적 개발이 숲을 절단냈다. 곶자왈 옆에 땅을 소유한 자본가가 특유의 로비력을 발휘해 경제발전 등을 내걸면서 곶자왈을 골프장으로 전환해 숲을 밀어붙인 사례는 너무도 일상적이다. 세계 람사르습지로 지정된 선흘리에 제주동물테마파크를 만드는 황당한 일이 21세기에 벌어진다.

다음의 19세기 지도를 보자. 거뭇거뭇한 녹황색은 두말할 것 없이 곶자왈이다. 목장 경계를 표시하면서 가축 방목이 쉽지 않은 숲을 그렸다. 인간에 의한 숲의 개척과 소멸이 일찍부터 이루어졌다는 증거다. 19세기의 이 지도를 21세기 초반의 지금 지도와 비교한다면, 파괴 영역이 너무도 심하다. 오늘날 남아 있는 네 곳의 곶자왈은 오랜 침투를 그나마 막아낸 마지막 쉼터다.

크고 작은 돌멩이 사이에 최소한의 부엽토가 쌓여 있다. 나무는 돌과 부엽토에 의지해 강인한 뿌리를 비집고 버텨 섰다. 식물의 놀라운 생명력이다. 애초에 화산돌이 펼쳐진 황량한 들판에서 식물들이 조심스럽게 뿌리를 내리기 시작했다. 나무가 쓰러지고 또다시 자라나고, 풀들이 하층 식생을 장악하면서 숲은 서서히 제 모습을 갖추었다. 숲은 척박한 돌밭에서 모질게 투쟁해 영역확장을 거듭했으며 오늘의 곶자왈을 완성했다. 온난다습 기후대에 위치해 식생이 풍부하기에 양치식물 15과 44속 93종을 포함한 총 793종이 서식한다. 제주도 전체 면적의 6.1%에 불과하나 식생의 46%를 차지한다. 대단하다.

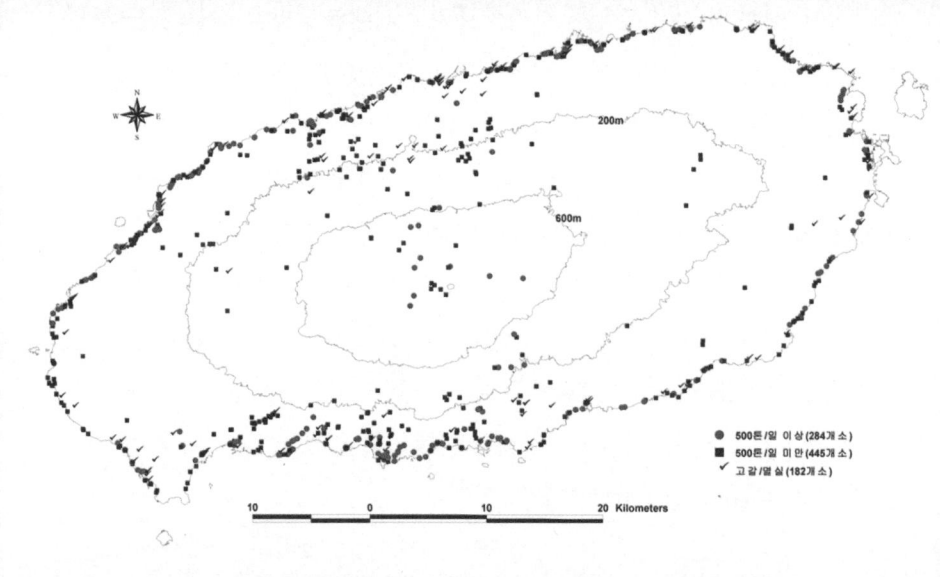

제주도의 용천수.

곶자왈은 나무를 공급하는 공간이기도 했다. 잡목이 지천으로 쌓여있고 고사목만 주워도 땔감 걱정은 할 필요가 없었다. 검은오름 곶자왈을 걷다보니 숯을 굽던 숯막이 남아있다. 나무가 많았다는 증거다. 대정읍 구억리에 전통옹기를 복원하기 위한 전통도예원이 있다. 노랑굴에서는 최근까지 전통적으로 옹기를 구워왔다. 마을 주변 곶자왈에서 옹기 가마의 막대한 연료를 조달할 수 있었다.

숲으로 이루어진 곶자왈 말고 초원곶자왈도 있다. 황량한 들판이지만 초원에는 풀이 돌멩이 사이에 강인한 뿌리를 내리고 거대한 돌밭을 '풀들의 공동체'로 덮어버렸다. 극심한 바람에도 작은 돌멩이 조차 흔들리지 않는 안정성을 구축한 것. 초원은 노루의 천국이기도 했다. 《탐라순력도》 사냥 그림을 보면 많은 노루떼가 뛰어다닌다. 아프리카 초원의 사파리가 제주 들판에서도 연출되었음 직하다. 노루가 사라진 초원곶자왈에는 목장이 곳곳에 들어섰다.

곶자왈에 들어서면 안정감이 든다. 식생 자체가 안정적 상태를 이루었기 때문이다. 곶자왈은 이미 오랜 숲 속의 전쟁을 끝냈다. 키 큰 나무와 난쟁이 잡목, 그 아래에서 식생하는 풀, 벌레들과 조류와 사슴, 파충류, 땅 속의 벌레와 박테리아까지 오랜 세월을 보내면서 적절한 균형을 이루었다. 숲의 학자 펠릭스(Felix R. Paturi)의 말이 떠오른다.

> 인간의 눈에 침묵의 숲으로 다가올 뿐, 숲에서는 매일매일 전쟁이 벌어진다. 나무와 풀이 자신의 영역을 지키려는 거친 싸움을 전개하고 있기 때문이다. 식생이 안정적으로 갖추어진 숲에서는 일종의 휴전협정이 맺어져 있다. 비교적 안정적 조건에서 서로의 자리를 인정하며(차마 서로의 영역을 인정하지 않을 수 없는 상황!) 숲 공동체를 이끌어나가고 있다.
>
> — 펠릭스, 《숲》

쇠소깍 중류.

숲이 사라지면 물도 사라진다

빗물은 화산토를 투과해 땅 밑으로 내려간다. 곶자왈은 물을 빨아들이는 블랙홀, 쉽게 말해 스펀지다. 곶자왈 지표면 밑에는 살아 있는 물이 공룡처럼 웅크린다. 땅 거죽은 현무암층으로 덮여 있으므로 빗물이 쉬 빠져 지하로 흐른다. 제주도에는 내창이 무려 60여 개다. 이들 하천은 돈내코, 강정천, 상지천 등을 제외하고는 평시에는 물이 흐르지 않는 건천이다. 폭우가 내리면 건천도 용트림을 하면서 엄청난 물이 흘러간다. 제주시의 산지천과 광령천, 천지연을 끼고 있는 서귀포시 연외천, 강정천, 돈내코계곡(효돈천), 북제주의 웅포천은 물의 하천이라 할만큼 수량이 풍부하다. 내창 역시 화산이 만들어준 선물이다.

제주 해안을 다니다 보면 시원한 샘물이 곳곳에서 눈에 뜨인다. 화산토로 스며들어 사라진 물이 땅 속으로 흘러들어 용천수(龍泉水)로 솟구친다. 이들 용천수는 생존에 절대적이다. 중산간 마을에서는 못·구릉 등을 파서 봉천수(奉天水)를 저장했다가 쓰고, 해안마을에서는 통물을 이용했다. 용천수는 일부가 어승생, 영실 같은 산악지대에서도 용출되지만 제주 마을이 해변가에 집중된 이유도 알고 보면 물 때문이다. 제주도에서 물은 성지의 물이며 신들의 좌정처가 된다. 풍수신앙에서 말하는 생수가 있는 물혈(水穴)이기도 하다.

용천수를 가능케 하는 곶자왈은 그 자체로 거대 물탱크다. 마을사람들은 용천수가 솟는 샘을 물통이라 부른다. 물통은 나름의 관리시스템을 지닌다. 상류는 식용수, 그 아래는 채소 씻기, 하류는 빨래용이다. 용천수 중에는 깊은 곳에서 솟구쳐 우물처럼 바가지로 물을 떠서 사용하는 통물도 있다. 갯가 물통은 밀물 썰물의 영향을 많이 받는다. 사람들은 아침밥을 준비하기 전에 반드시 물부터 길어 두었다. 물때에 따라서 물통이 잠기기 때문이다. 북촌리의 경우, 무려

24개의 물통이 있다. 물 먹는 순서도 바닷물이 쌀 때는 도와치물, 들물에는 사원잇물, 콘고망물, 새기고망물 순으로 먹었다. 우마가 들어서지 못하게끔 돌담도 둘렀다. 목욕탕으로 쓰일 경우, 남녀를 구별해 돌담으로 차단할 필요가 있었다. 식수와 허드렛물을 구분해 돌담을 가르기도 한다. 깊은 물을 끌어올릴 때는 둥그런 물통을 돌담으로 쌓았다. 애월 곽지의 괴물같은 물통은 해안 용천수의 대표격일 것이다.

봉천수는 식용수인 구룽, 마소먹이기나 빨래용인 못으로 구분한다. 물 져 나르기는 여성에게 가장 힘든 일 중의 하나였다. 허벅으로 져 날랐다. 그래서 제주도 살림집에는 정지(부엌) 앞에 물팡돌이라 하여 물허벅을 부려 놓도록 납작한 돌을 세운다. 물이 귀하므로 집안에 큰 일이 닥치면 허벅으로 물을 져나르는 물부조를 한다. 이웃끼리 공동으로 용수를 관리했으니, 제주도 마을은 용수를 관리하는 몇 개의 공동집단으로도 나뉜다.

빗물 저장 방식 중에 춤이 재미있다. 머리카락처럼 엮은 띠를 뒤틀나무에 묶어 항아리로 빗물이 흘러내리도록 한 장치인데 괌을 여행하다가 원주민 차모로족이 동일 방식으로 쓰고 있어 놀라웠던 적이 있다. 세계 대부분의 화산섬은 물 문제를 안고 있다. 차모로족이나 옛 탐라인이나 춤은 선사 고대 이래의 오랜 풍습이었을 것이다.

해안 용출수 중에 렌즈 상태로 부존되는 소위 기저 지하수도 있다. 기저 지하수는 지하의 담수와 바닷물의 비중 차로 담수가 바닷물 상부에 렌즈 상으로 떠 있는 상태다. 때문에 과도한 지하수 개발은 지하수 오염 문제를 일으킨다.

제주도보다 100여 년 일찍 취수를 시작한 하와이 오하우섬처럼 지하수 관정에서 염도 증가로 폐공이 발생해 폐기되는 비극이 제주도에서도 발생할 수 있

괌의 차모르족이 사용하던 물항아리(위)와 제주도 춤항(아래)은 동일하다.

다. 골프장과 리조트 등이 해수 오염의 주범으로 등장한 지 오래다.

미크로네시아 산호섬을 조사한 적이 있다. 고도가 해발 5미터 내외로 낮은 산호섬이 의외로 많다. 비가 오면 물이 산호층으로 빠져 버린다. 빠져나간 물은 바다로 흘러가지만 일부가 지층에 고인다. 산호섬 지층에는 얇은 렌즈처럼 담수가 고여 있다. 이를 둘러싼 바닷물은 담수에 비해 비중이 높기 때문에 렌즈를 압박하고 적절한 균형을 이룬다. 담수를 적정 수준 이상으로 뽑아 쓰면 렌즈가 굴절되고 바닷물이 치고 들어와 지층은 염수로 채워진다.

과도한 물 사용만이 비극의 원인이 아니다. 해수면 상승이 초래할 가공할 결과를 생각해 보자. 해수면이 상승하면 산호섬에서는 정말 비극이다. 30cm 상승한다면, 렌즈는 한없이 얇아지고 그 물을 뽑아서 식용수나 타로 같은 농작물을 재배하던 섬사람은 버텨낼 재간이 없다.

제주도는 어떨까? 섬 규모가 훨씬 크기 때문에 렌즈 효과의 파급력이 눈에 띄지 않을 뿐, 동일한 비극이 다가온다. 물을 저장하는 곶자왈이 인간의 탐욕과 도전에 직면했기 때문이다. 제주도 개척사 역시 인간의 지평을 넓혀서 농경지를 확보해나간 자연과의 싸움이었다. 농경지는 벌집처럼 숲 속에 구멍을 내면서 곶자왈을 잠식해 들어갔다. 심각할 정도의 파괴는 역시 산업화·관광화와 더불어 급속도로 촉진되었다. 1990년대 후반부터 10년 사이에 서부지역 곶자왈 천연림 6.8㎢(약 200만 평)가 사라졌다.

손쉽게 넓은 땅을 확보하려는 탐욕은 계속된다. 시애틀 추장의 말대로 먼 데서 들리던 포크레인 소리가 차츰 가까워지고 곳곳에서 숲이 절단난다. 성스러운 숲이 인간의 냄새로 꽉찰 때 더 이상 잔목숲을 찾을 수 없으리라. 이쯤에서 숲의 멸망이 결국 인류 문명의 멸망으로 이어졌다는, 존 펄린의《숲의 서사시》서문에 덧붙인 레스터 브라운(월드워치연구소 소장)의 문명사적 경고음을 경청할 필요가 있다.

삼림이 훼손되면 토양은 자연의 침식작용에 내맡겨졌다. 비옥하던 땅이 가뭄에 찌든 불모지로 바뀌었다. 기근이 뒤따랐고 강력하고 번영하던 사회들이 붕괴되었다. 헐벗은 산림은 크노소스의 장려한 문명을 쇠퇴시켰다. 식생과 토양이 변해버리자 더 이상 많은 인구를 부양하지도, 지중해 동부 대부분을 틀어쥐었던 저 '황금시대'같은 한 시절을 풍미하지도 못하게된 것이다. 청동기 시대 그리스의 미케네왕국에서도 구릉지의 살림 파괴에 따른 토양 유실로 인해 농업생산이 급격하게 줄었다. 그 결과 식량 공급은 줄고 생활은 곤궁해졌으며 인구는 빠르게 감소했다.

하버드대 출신의 천재 수학자로 버클리대 최연소 종신교수였던 시어도어 존 카진스키는 23세의 나이로 미국 몬태나주의 깊은 숲 속으로 잠적한다. 그는 우편물 테러를 감행해 홀로 인류의 이른바 문명사회에 대한 경고의 메시지를 전달한다. 카진스키가 택한 테러라는 방법론에 대한 시비를 이 자리에서 논할 생각은 없다. 다만 숲 속의 숲 사람이, 숲 밖의 가공할 문명적 테러에 대해 느낀 분노는 어느 정도 이해가 간다.

곶자왈이 오염된다면 제주도는 식수난을 비롯해 엄청난 인재에 직면한다. 천만다행으로 곶자왈에 대한 무분별한 개발을 막으려는 인식 전환이 이루어지며 법적·행정적 조치가 속속 가해지고 있다. 그러나 언제나 그렇듯이 지속가능을 구두선으로 앞세우지만 개발의 속도는 보존의 속도를 앞지르고 있다.

서귀포 앞바다 섶섬에 자생하고 있는 파초일엽. 쿠로시오의 선물이다.

풀과 나무에 실린 영이(靈異)한 기운

제주도는 그야말로 숲과 나무의 보고다. 어찌 보면 제주도의 놀랍도록 다양한 식생이야말로 관광객을 끌어들이는 주요 요인이다. 한겨울에 녹색의 정원을 야외에서 볼 수 있다는 그것만으로도 여행의 기쁨이 배가 된다. 제주도는 녹색의 보고인 조엽수림대(照葉樹林, laural forest)이기 때문이다. 일본인의 잘못된 연구로 한라산에 온대식물대, 아열대식물대, 한대식물대 등 식생의 수직분포가 존재하는 것으로 교과서에서 가르쳐 왔다. 한라산 정상 부근의 고산대에 암매, 시로미 등의 고산식물이 자라고 있으나 고산식물대로 인정할만한 식생단위는 보이지 않는다. 한라산 산덩어리가 비교적 온화한 해양성기후를 띠고 있기 때문이다.

제주도 저지대는 개발되기 전에 조엽수림 자생지대였다. 그 증거로 아직 남아 있는 동백나무, 구실잣밤나무, 가시나무, 녹나무, 생달나무 등을 볼 수 있기 때문이다. 조엽수림은 상록활엽수에 속하지만 열대성 상록활엽수와 구별된다. 여름에 강우가 많고 다습하며 온난 지대에 발달하는 산림으로서 동백이나 녹나무처럼 잎 표면을 두꺼운 큐티클층이 덮고 있어 반짝반짝 빛나므로 조엽이라는 말이 붙는다. 조엽수림은 지구상의 극히 한정된 곳에서만 볼 수 있는데 제주도를 비롯해 남해안 좁은 해안지대와 일본 남부, 그리고 중국의 양자강 남부로부터 히말라야에 이르는 지대에만 분포한다.

조엽수림은 햇빛을 받으면 반짝이는 잎이 따스하고 신선한 느낌을 준다. 겨울에 앙상한 가지만 남는 활엽수림에 비해 사계절 짙푸르기 때문에 마음을 풍요롭게 한다. 제주도나 일본, 중국 남부의 조엽수림대에는 공통적으로 밀감과 차가 생산된다. 그러한 점에서 제주도는 축복 받은 땅이다. 한겨울 눈 속에서 빛을 발하는 황금의 열매가 내뿜는 남국의 따스한 느낌을 생각해 볼 일이다.

제주도 식물생태계에서 비자나무림이 단연 눈에 뜨인다. 세계 유일의 비자나무 우점의 단순림이다. 거대한 비자림 자체가 한라산신 하로산또가 잠시 머물다 가는 성소(聖所)다. 삼성혈은 녹나무 숲이 일품이다. 도심 속의 짙은 상록수 활엽수가 가을 겨울 없이 늘 푸르다. 남방 남중국 쯤에서 해류를 타고 올라온 씨앗이 제주도에 정착해 뿌리를 내린 것이리라. 곳곳에서 눈에 들어오는 동백은 육지의 동백과 윤기가 다르다. 잎사귀의 기름이 반질반질해 흡사 동백기름을 발라놓은 듯하다. 제주도는 적송도 유명하다. 한라산 중턱에 한라산의 신비로운 영기를 상징하는 아흔 아홉골이 있다. 희귀한 적송이 자라고 있다. 바닷가에서는 해송이 자라고 있다. 한라산을 오르다보면 거대한 구상나무와 고사목 잔상이 발길을 잡아끈다.

제주도에 소나무나 여타 활엽수림이 없는 것이 아니다. 한라산에는 천연기념물로 지정된 한라산 왕벚나무가 있는가 하면 올벚나무, 산벚나무, 잔털벚나무, 섬개벚나무, 산개버찌나무 같은 왕벚의 사촌이 살고 있다. 제주도는 여러 자생벚꽃을 동시에 한 장소에서 볼 수 있는 특이한 곳이다. 제주도 나무는 역시 폭낭으로 불리는 팽나무 군락이다. 명월리 폭낭은 화재를 예방하기 위해 냇가에 심어서 보호해 왔던 것이고, 상가리에서는 나무를 심어 서쪽의 액을 막았다고 하는데 이를 닷박이라 한다. 제주도 고목의 대표격은 정의현이 있던 성읍리 안할망당 곁에 서있는 폭낭과 느티나무다. 사람들은 안할망, 관청할마님이란 친근한 호칭으로 부른다. 3년에 한 번씩 소잡는 굿으로 모시는데 덕분에 4·3 때도 성읍리가 피해를 덜 보았다고 믿는다. 정의현감이 정사를 보던 일관헌 옆의 폭낭은 정의현 만큼이나 오래된 역사를 자랑한다.

나무의 자태와 위용에서는 밀리지만 감나무도 제주도민의 의생활에서 소중하다. 떫은 풋감의 즙으로 물을 들여서 노동복 또는 일상복을 만들었다. 갈옷은 갈중의, 갈등지게, 갈적삼, 강베중이 등의 이칭이 있다. 경제적이고 생태적인 옷이다. 갈옷의 향균성과 자외선 차단효과는 완벽에 가깝다.

제주도는 풀의 본향이기도 하다. 불로초를 구하러 보낸 서복 이야기가 회자되는 이유는 그만큼 제주도에서 약초가 많이 나왔다는 뜻이다. 김석익은 《탐라기년》에서 이렇게 썼다.

> 기이한 나무와 이름 없는 꽃이 푸르게 서로 엉켜있는데 거의 모두 겨울에도 푸르지만 이름은 알 수 없다. 한라산의 영이(靈異)한 기운이 가득차 풀과 나무에 뭉쳐 있어 그런 것이리라.

한라산 영기가 나무와 풀을 감싸기 때문일까. 실제로 한라산과 오름, 그리고 해안의 들판은 물론이고 조간대 염생식물에 이르기까지, 영이한 신기로 그득 차 있다. 황칠목, 종가시나무, 비자나무, 산유자 등의 열매와 목재는 약재나 향료, 혹은 재목으로 중앙에 진상품으로 바쳐진 공물이자 민간 유용작물이었다. 비자는 목재로서도 훌륭할 뿐더러 열매는 구충제, 강장제, 치질, 기침 감기·황달의 약재, 식용유, 등불기름, 머릿기름 등 용도가 넓었다. 일제강점기에는 전량 일본으로 유출되는 등 국가권력에 의해 철저하게 관리 되었다. 식물에 대한 국가의 개입이 정밀했음은 그만큼 그 식물의 이득과 효용성이 높았다는 역설적 증거다.

귀한 풀과 나무들이 사라지고 있다. 제주도에는 희귀할 뿐더러 이른바 매니아들에 의해 고가로 거래됨으로써 사라지고 있는 한란과 나도풍란, 파초일엽이 있다. 솔잎란, 박달목서, 만년콩, 갯대추, 죽절초, 지네발란, 모데미풀은 서식지

구좌읍 종달리의 갯가에 자연석을 이용해 만들어진 생게납돈지당. 생게납은 지명이며 돈지당은 선주와 어부들이 다니는 신당을 일컫는다.

자체가 제한적이다. 삼백초, 흑오미자, 시로미, 섬오갈피도 약용·식용으로 사라지고 있다.

생게납돈지당의 생명력

제주도 식물의 강인한 생명력을 생각할 때마다 종달리의 생게납돈지당을 떠올리곤 한다. 돈지할망과 돈지하르방이 좌정해 배 부리는 사람을 보호해 준다. 돈지당은 온통 바위로 이루어진 돌밭인데 신비롭게도 엽록상록수 신목이 사철 푸르름을 자랑하며 뿌리를 드리운다. 소금기와 바람이란 악조건에도 불구하고 생명의 나무가 과연 어떤 것인가 하는 전범을 연출하는 중이다. 당목에는 오색 물색이 걸려 녹색의 아름다움과 묘한 조화를 이루며, 바위색과 바닷물색까지 어우러져 살아 있는 식물이 뿜어내는 오묘한 신비로 압도한다. 이보다 영이한 생명의 비밀이 또 있으랴!

7

좀녀의 섬

해녀 한명이 사라지면
박물관 하나가 사라진다

고기 그물에 걸려있는 친구를 발견했다. 정신 없이 친구를 업고 뭍까지 헤엄쳐와서 물을 토하게 한 후 도로로 올라가 차를 세워서 구급차를 불러달라고 부탁했다.... 잠수에게 생활의 터전을 제공하는 바다는 그녀들의 목숨을 위협하는 비정한 바다이기도 하다. 어제까지 같이 웃고 같이 일하던 친구를 한 순간에 빼앗아가 버리는 것이다.
-《바다를 건넌 조선의 해녀들》

본디는 해녀가 아니라 좀녀·좀수

하도리 해녀박물관을 들어서면 벽면에 해녀를 둘러싼 속담들을 써놓았다. 속담을 찬찬히 읽어보면 해녀들의 강인한 생활력과 투혼이 엿보인다.

좀녀 아기 나둰 사을이민 물에 든다(잠녀는 아기 낳고 사흘이면 물에 들어간다)
애기 짐광 메역 짐은 베여도 안 내분다(아기 짐과 미역 짐은 무거워도 안 내버린다)
물 우이 삼년 물 아래 삼 년(물 위에 삼년, 물 아래 삼 년)

해녀는 언제부터 시작되었을까. 고려 문종33년(1079)에 큰 진주 2개를 바치는 기사가 《고려사》에 등장한다. 진주를 캔 사람이 해남인지, 해녀인지는 불분명하나 아마도 남성이었을 것이다. 조선시대로 접어들어 《탐라순력도》의 〈병담범주(屛潭泛舟)〉를 보면, 용두암에서 물질하는 해녀가 그려져 있고 잠녀란 표기가 눈길을 끈다. 둥근 테왁 망사리와 함께 소중이(해녀들 특유의 잠업용 팬티) 차림의 예닐곱 해녀가 사실적으로 묘사되었다. 물질이 확고부동하게 여성 전유물로 자리잡았음을 보여준다. 《탐라순력도》에는 분명히 잠녀라 명기했으며, 해녀라는 표현은 쓰지 않았다.

잠녀 명칭의 공식 기록은 1630년 무렵에 제주도를 다녀간 이건(李健)의 《제주풍토기》가 처음이다. '바다에서 미역을 캐는 여자'이면서 '부수적으로 생복을 잡아서 관아에 바치는 역을 담당하는 자'로 묘사했다. 문헌에는 나잠(裸潛)도 보인다. 나잠은 남녀를 포함한다. 해녀 명칭은 장흥 방촌마을에 거주하던 실학자 위

1702년 이형상 목사가 남긴 《탐라순력도》 중 〈병담범주〉의 해녀들(부분).

백규의 〈금당도선유기(金塘島船遊記)〉에서 처음 확인된다(《존재전서(存齋全書)》, 1791). 위백규는 순풍이 불자 배를 띄워 평이도(平伊島)에 당도하며, 거기서 제주 출가해녀를 목격한다.

포구에서 해녀들이 전복 따는 것을 구경했는데 벌거벗은 알몸을 바가지 하나에 의지한 채 거꾸로 몸을 세워 깊은 바다 속으로 들어가니 개구리가 물속에 들어가는 듯했다.

그는 '쌓인 눈이 크게 얼어도 관리들은 전복 캐오기를 독려하니 회초리로써 피를 흘리게 하는 자들이 아닌가?"하고 뼈아픈 질문을 던졌다. 위백규가 해녀라고 언급한 것은 분명한 사실이나, 해녀가 널리 쓰기 시작한 시기는 일제강점기다.

그리하여 오늘날 일본에서 건너온 해녀라는 용어가 지배적으로 사용되지만 역사민속적으로는 잠녀(潛女), 혹은 잠수(潛嫂)가 맞다. 전복 따는 사람을 낮잡아 부를 때는 비어(卑語) 비바리도 썼다. 해녀와 더불어 잠수·잠녀라는 말은 앞으로도 계속 병기되어야 마땅하다. 역사적으로 해남(海男)이 엄연히 존재하는 이상 해녀가 모든 잠수의 대표 명칭이 될 수 없기 때문이다. 이 책에서도 오늘의 시대 흐름에 따른 대세를 따라 해녀를 쓰고 있으나(교과서에도 오로지 해녀만이 나온다) 잠녀와 잠수 호칭을 잊지 말아야 한다.

이즈미 세이치(泉靖一)는 《동국여지승람》에 미역·소라·전복 같은 해산물이 전남과 충청, 황해도에 등장하는데 이를 잡는 사람이 누군가 하는 의문을 제시했다. 제주 잠녀의 육지 진출이 1900년대부터 시작되었으므로 《동국여지승람》 시대(15세기)에는 필경 일본의 백수랑(白水郞: 고기잡이를 업으로 삼는 사람) 같은 남자 잠수꾼이 아닌가 하는 의견을 내놓았다(《제주도》, 1972). 제주 두무악은 후대에 육지로 진출한 것으로 보이기 때문에 육지에도 전복·소라를 채취하는 잠수꾼이 독자적으로 존재했을 가능성이 높다.

17세기 전반만 해도 전복을 따서 관아에 바치는 것은 여자들만의 의무가 아니었다. 《제주풍토기》에 '남녀가 서로 섞여 있다(相雜)'라는 대목에서 알 수 있듯이 남녀가 함께 하던 물질(물일의 제주 방언)이 어느 순간 남자는 빠지고 여성들만의 물질로 전화되었다.

해물 진상하는 역을 맡았던 남자로 포작(鮑作, 浦作)이 있었다. 해양 유랑인을 연구한 이영권 박사에 의하면, 포작(鮑作)은 보재기의 한자어다. 보재기는 바닷물에 들어가서 전복·조개·미역 등 해산물을 채취하던 사람인 보자기의 제주 방언이다. 포작이 줄어들자 여성들에게 그 의무가 전가된다. 관아의 엄청난 수탈을 견디다 못한 제주 남자들이 육지로 도망쳐서 바다를 떠돌았으니 육지사람들은 그네들을 기괴스럽게 여겨서 두무악(頭無惡)이라 불렀다. 잠녀라는 여성 직업인의 명칭 안에는 이같은 수탈의 역사가 숨어 있다.

전복죽 한 그릇에 눈물 한 그릇

신광수(申光洙)는 《석북집》(石北集)에서 잠수 광경을, '일시에 긴 파람으로 숨을 토해내니, 그 소리 비장하게 움직여서 수궁 깊이 스민다. 인생에 일을 하되 하필이면 이 일인가'라고 되물었다. 조선 전기 제주목사 기건(奇虔)은 눈보라가 하늬바람에 얽혀 매섭게 휘몰아 치던 날, 순력(巡歷)에 나섰다. 엄동설한에 발가벗은 여인들이 무리지어 바다로 뛰어드는 것이 아닌가. 목사는 질려버렸고, 그 뒤로는 염치지심(廉恥之心)이 용납하지 않아 전복이나 소라 따위를 일절 먹지 않았다 한다.

전복과 빗창

조선 후기 순조 25년 11월에 우의정 심상규는 다음과 같은 글을 올렸다.

> 한 겨울에 전복을 캐고 미역을 채취하느라 남자와 부녀자가 발가벗고 바다 밑으로 들어가 떨면서 물결에 휩싸여 죽지 않는 것만도 요행이며, 해안에 불을 피워놓고 바다에서 나오면 몸을 구워 피부가 터지고 주름져서 귀신처럼 추한데 겨우 몇 개의 전복을 따고 어렵게 몇 줌의 미역을 따지만 그 값으로는 입에 풀칠을 하면서 살아갈 수가 없다.
>
> -《순조실록》27권

《남사록》에서도, '잠녀를 시켜 물에 들어가게 하니 맨 몸을 던져 깊은 바다로 들어가는데 흡사 뭇 개구리가 물에 떠다니는 모양이 되었다. 한참 오래 있다가 나오는데 생복, 소라, 해삼 등 해산물을 따와서 드린다. 이들이 입고 먹기 위해 죽을 곳을 평평한 육지처럼 밟고 다니는 게 어찌 그들의 본심이겠는가'라고 하면서, '기건 목사가 전복을 먹지 않았으니 마땅하다'고 했다. 이학규(李學逵)는 김해로 유배되었을 때 지은 시 '전복 따는 여인'에서, "아아, 전복 따는 여인이여 생사를 찰나에 붙였구나"라고 했다(《낙하생집(洛下生集)》). 이예연(李禮延)은, '위태롭구나 저기 전복 따는 아낙, 바다에 벗은 몸을 던지니 괴로운 생애가 애처롭구나. 어진 사람은 차마 먹을 수 없네'라고 했다(《탐라팔영(耽羅八詠)》).

어촌의 삶이 피폐해져서 유리걸식 상태가 되어가자 물질하는 이들의 고통은 더욱 극심했다. 수탈을 하면서도 정작 '잠녀·잡녀·보재기'라 경멸하는 풍조가 만연했던 당대에 이른바 '뼈대 있는' 양반들은 중산간에 살면서 해촌 해녀를 업신여겼다. 잠녀잡녀(潛女雜女)라 경멸했던 전근대 풍조는 오늘날도 일부 남아 있으며, 반가(班家)를 표방하는 이들은 전통적으로 물질을 피했다. 해녀 및 어민을

가파도의 해녀벽화.

업신여기는 조건에서 어찌 수산 발달을 도모할 수 있었을까?

　물질은 만만한 작업이 아니다. 물질에는 위험이 따르기 마련이다. 메밀꽃이 필 무렵인 초가을에는 남양 쪽에서 상어가 떼를 지어 몰려든다. 번직귀라는 놈이다. 그래서 흰옷을 입고 흰수건을 3척5촌으로 늘어뜨려 상어를 피했다. 일본 호타(保田)지방으로 출가한 해녀 중에는 거대한 그물에 걸려서 물고기처럼 죽어간 경우도 많았다.

> 고기 잡는 그물에 걸려 있는 친구를 발견했다. 정신없이 친구를 업고 뭍까지 헤엄쳐 와서 물을 토하게 한 후 도로로 올라가 차를 세워서 구급차를 불러달라고 부탁했다...... 잠수들에게 생활의 터전을 제공하는 바다는 목숨을 위협하는 비정한 바다이기도 하다. 어제까지 같이 웃고 같이 일하던 친구를 한 순간에 빼앗아 버리는 것이다.
>
> - 《바다를 건넌 조선의 해녀들》

　해녀의 잠수굿에서는 반드시 사람을 일일이 호칭하는 '열명'을 행한다. 굿하는 도중에 이름을 불러줌으로써 호명된 사람이 물질에서 불의의 사고를 당하지 않게끔 신에게 기원한다. 김녕리 잠수굿을 연구한 강소전에 의하면, '열명이야말로 잠수굿을 주최하는 주민들이 누구인가를 극명하게 보여주는 장치'라고 했다.

　추위도 문제다. 지금이야 보온이 되는 고무잠수복을 입지만 예전에는 그 추운 바다에 소중이만 걸친 반나체로 뛰어들었다. 평상복도 제대로 마련하지 못하는 실정에서 바닷물에 빨리 손상되는 물옷을 따로 마련할 생활 여유가 없었다. 보통 고생이 아니었을 것이다. 현기영은 소설 《변방에 우짖는 새》에서 수탈의 역사를 이렇게 고발했다.

　해촌의 포작 진상은 수량이 월등히 많아 일 년 열두 달 바다 속 열명길을 들락날락 자맥질해야 했다. 노적가리만큼 큼직큼직한 진상꾸러미를 만들어 전복·미역·청각·우뭇가사리·산호·대모 외에 해중 귀물인 진주와 앵무조개 진상은 나중에 면제되었지만 그 대신 전복의 수량이 엄청 불어났으니 포작인의 고역은 말이 아니었다. 남정네 근력만으로는 도저히 감당할 수 없어서 마누라와 딸자식까지 벌거벗겨 물질을 시키건만……

　해녀들은 물질뿐 아니라 잡일에도 시달려야 했다. 이형상은 《남환박물》에서 해녀에 대한 노동 착취를 이렇게 묘사했다.

　관에 잠녀안(潛女案)이 있는데 진상하는 미역, 전복은 모두 여기에 책임을 지운다. 정의·대정에서 시비(寺婢)로써 목비(牧婢)를 정하기까지 한다. 마을에서는 물 떠오는 일, 곡식 장만하는 일, 땔감해 오는 일, 전복 따는 일 등 무릇 모든 힘든 일은 전부 여인으로 하여금 떠맡게 한다.

배에서 낳은 배선이, 길에서 낳은 길동이

빛바랜 이 한 장의 사진이 던져주는 복합적 의미를 생각해보자. 오늘날 독도 선착장으로 짐작되는 자갈밭에 일본인 사내들이 쭉 늘어서 있고 여인 4명이 보인다. 여인들은 갈옷을 입었다. 해녀들이 분명하다. 돈벌이를 위해 제주도에서 독

독도로 간 제주 해녀들. 일본인 어부들과 함께 갈옷을 입은 제주 해녀들이 함께 사진을 찍었다.(1930년대)

도까지 출가한 것이다. 행동반경이 제주 바다에만 국한된 것은 아니었음을 알 수 있다. 원정 물질, 이 역시 세계 해양사에서 유례가 없다.

부산, 울릉도, 독도, 흑산도 등지로 나가는 이가 많았고, 심지어는 중국이나 러시아, 일본 등 동북아시아 전역으로까지 출가했다. 봄이면 객지로 떠나 반 년여 물질만 하다가 가을이면 돌아오는 원정 잠수도 있었다. 동경, 오사카, 쓰시마, 심지어 중국 칭다오(青島)나 다롄(大連), 러시아 블라디보스토크까지 진출했다.

물질에는 헤엄쳐 나가서 하는 갓물질, 15~20명이 함께 배를 타고 나가서 치르는 뱃물질이 있다. 가까운 앞바르를 벗어나 외국까지 가서 오로지 배에서 먹고 자면서 떠도는 난바르도 있었다. '바다가 집이요, 배 밑창이 칠성판'이란 노래가 실감난다. 그렇게 억척같이 돈을 모아 살림을 키웠으니 위대한 어머니, 장한 딸이다. 그러나 조심해야 할 것은, 그 위대함을 예찬하면서 해녀 노동에 대한 일상적 착취를 감추려들어서는 안 된다는 점이다.

현지에서 해녀 착취가 비일비재했다. '부산 영도 일대에서 짓밟혔다'는 식의 일제강점기 신문기사가 그것이다. 선금을 제대로 못 갚으면 현지에서 볼모로 잡혀 불귀의 객이 되었다. 출가해녀의 문제를 다룬, 제주도 어업조합연합회 이사장 및 제주·한림서귀포성산포·추자어업조합 이사 공동명의의 〈경북출가 잠수 및 어민 각위께 알리는 말씀〉(1961.3.10)이란 유인물을 훑어보면, '총 수입 중 8할이라는 엄청난 숫자가 우리 잠수들 이익에서 수탈당하고 있는 빈다한 폐해'라고 밝히고 있다. 1960년대까지 해녀에게 국가적·민간적인 다면적 착취가 전근대적으로 자행되었다. 어장주에서 팔려서 인신노예 노동을 강요당하는 경우까지 있었다.

이들은 한 끼 밥값이라도 아끼기 위해 좁쌀 따위의 양곡을 갖고 다녔으며, 근검절약으로 돈을 모았다. 일본에 진출한 해녀들도 근검절약하기는 마찬가지였다. 아래 기사는 1983년 와다우라(和田浦)에서의 기록이다.

> 도시락에는 하얀 쌀밥과 간장에 절인 깻잎만이 들어 있었다. 노령에 어울리지 않는 그녀들의 격한 노동을 보고서 놀랐는데, 중노동 이후에 먹는 빈약한 도시락을 보면서 내심 충격을 받았다. 우유와 드링크제를 바다로 가지고 가서 일하는 틈틈이 마신다고 하지만, 해녀 탈의실에서 먹는 이 늦은 점심식사가 곧 저녁식사까지 겸한다는 사실을 알고 걱정이 되었다. 그러나 어머니들은 당연한 듯 도시락 뚜껑을 닫자마자 각자의 집으로 돌아갔다. 아무도 기다리지 않는 방에서 피곤한 몸을 뒤척일 뿐이었다.
> ―《바다를 건넌 조선의 해녀들》

아기 엄마들은 아이를 품에 안고 젖을 물리면서 물질을 다녔다. 우도의 신화적 잠녀였던 조완아는 황해도 물질 나갔다가 뱃전에서 아기를 낳았다. 배에서 낳은 배선이, 항에서 낳은 축항동이, 길에서 낳은 길동이 등 자녀 이름을 보면 만삭 해녀들이 출산 직전까지 물질을 했음을 알 수 있다. 그 애환을 지금의 우리가 어찌 다 알 것인가.

해녀들 제국을 불사르다

구좌읍 하도리 해녀박물관 앞에는 제주해녀 항일운동기념탑이 서 있다. 탑 측면에 야학에서 공부하는 해녀들이 부조로 장엄되어 있다. 마을 청년들의 의식화를 통해 해녀들이 민족적·계급적 이해에 도달했음을 보여준다. 다음은 주동자였던 김옥련의 증언이다.

　이러는 중에 내 생애에 커다란 전환점이 되는 좋은 기회를 맞게 된다. 마을에 야간학습소가 생기고 저녁을 이용하여 부모님 반대를 무릅쓰고 야학공부를 시작하게 되고...... 야학소는 한편으로는 일본 식민시기에 독립운동의 일환으로 의식 있는 젊은 남성 지식인을 중심으로 교육을 하게 되고 다른 한편으로는 여성에게 공부 기회를 마련해준 계기가 된다.

-《제주해녀항일투쟁실록》

　이러한 의식화의 기반에서 어업조합과 충돌이 빚어지기 시작했다. 해녀의 권익옹호라는 미명 아래 어업조합이 발족되면서 많은 문제를 야기했다. 조합장을 도사(島司)가 겸임한 탓에 제주도 내에서 해녀의 권익은 애당초 고려되지 않았다. 1931년, 구좌면 일대 해녀들이 9개 조항의 진정서를 도사에게 제출했으나 아무런 반응이 없었다. 그러자 1932년 1월 24일, 하도리 부춘화(당시 22세)의 지휘 하에 천여 명이 세화리 주재소 앞에 모여든다. 당시 인구로 볼 때 천여 명은 대단한 숫자다.

　세화리·오조리·성산리 등 제주 북동부권은 해녀가 많이 살았다. 마침 도사가 이곳을 지나간다는 소식을 듣고 양손에 비창, 호미 등을 들고, 머리에 흰 물수건을 동여맨 채 행진가를 높이 부르면서 거리에 운집했다. 도로를 가로막고 항의를 시작했으나 도사는 아무런 해결책도 제시하지 않고 자리를 피하려 했다. 당시에 불려졌던 〈해녀의 노래〉는 다음과 같다.

　우리는 제주도의 가이업는 해녀들

제주시 구좌읍 세화리 해녀박물관 입구에 세워진 해녀항일기념탑. 항쟁탑의 좌우에 새겨진 부조작품.

비참한 살람살이 세상이 아랴
추운 날 더운 날 비가오는 날에도
저 바다의 물결에 시달리는 몸

아침 일찍 집을 떠나 밤이 되면 돌아와
우는 아이 젖먹이며 저녁밥 진다.
하루 종일 해봤으나 버는 것은 기막혀
살자 하니 한숨으로 잠못 이룬다.

분노의 불길이 높아져 급기야 관용차를 대파했으며 긴급 출동한 경찰과 충돌하기에 이른다. 그 장거는 지금까지 해녀의 역사로 남았다. 해녀 항쟁은 세계에 유래 없는 것으로 세계해양사 및 여성운동사, 사회운동사 등의 서술에서 일맥을 당당하게 차지해야 한다.

해녀들의 휴게소, 불턱

해안도로를 지나가다 보면 간혹 불턱이 눈에 띈다. 불턱은 해녀문화가 남긴 오래된 해양유산이다. 물질은 불턱에서 시작해서 불턱에서 끝난다. 물질 나가기 전에 옷을 갈아입고 불턱에 모여 불을 쬔다. 찬물에 뛰어든 해녀들은 뭍으로 올라와 잠시 휴식을 취한다. 일이 끝나면 마지막으로 언몸을 녹이고 집으로 돌아간다.

조천 북촌리에는 고지불턱이 있다. 할망의 할망 때부터 사용했다고 한다. 물적삼도 안 입던 옛날에는 물에 들면 추워서 대여섯 번을 나왔다 들어갔다 했다.

성산리의 일본군 진지동굴을 활용한 해녀불턱.(사진: 《사진으로 보는 제주역사1》)

추워서 불턱에서 불을 쬐다보면 열로 다리가 벌겋게 되고, '저 다리 꽃 잘 피난 물질도 잘 헴저'라고 한바탕 웃었다. 물질 올 때는 땔나무를 등에 져서 오고, 구워먹을 감자나 고구마도 가져온다.

비자나무숲으로 유명한 평대리 도께동산의 불턱은 바람막이가 되는 낮은 쪽에 자리잡았다. 평대리 불턱은 단순히 몸을 녹이는 공간만이 아니다. 애기해녀가 첫 물질을 어른들에게 신고하는 장소요, 기량 뛰어난 상군해녀로부터 경험을 한 수 배우는 곳이다. 동네를 떠돌아다니는 미심쩍었던 소문의 진위가 확인되는 곳이며 심보가 고약한지 아름다운지도 여지없이 들통나버리는 곳이기도 하다.

성산읍 신풍리의 큰개포구 앞에는 검은데기불턱이 작지만 다부진 맵시로 서 있다. 자연바위 위에 돌을 쌓아올려 해녀들이 몸을 녹이고 곧바로 앞바다로 들어가게끔 위치 선정에 유의했다. 검은데기불턱에 들어서서 구멍을 들여다보니 해녀가 물질하는 바당이 한 눈에 들어온다. 물질이 불턱에서 시작하여 불턱에서 끝난다는 속언이 실감된다.

불턱은 제주여성을 강하게 만들어내는 교육장이다. 한 마을의 여성들이 집단으로 몰려다니면서 험한 물질을 하고, 휴식시간에는 불턱에 모여 수다도 떨면서 온갖 세상의 소문을 수집·평가하는 공개 포럼이 일상적으로 열렸다. 한 두해도 아니고 일생을 함께 하면서 불턱에서 쌓아올린 여성만의 공동체적 의식이야말로 제주 여성이 길러지는 기반이다.

해녀는 살아있는 해양문화박물관

예전에는 16~17세가 되면 물질에 나섰다. 꼬마들은 연습 삼아서 얕은 갓(물가)

일제강점기 제주 해녀들의 미역 해경.(사진: 《사진으로 보는 제주역사1》)

일제강점기의 해녀(1914년 국립중앙박물관 유리원판).

에서 보말을 잡거나 우뭇가사리를 뜯었다. 같이 배운 물질이지만 능력이 같을 수는 없다. 헤엄 잘 치고, 채취 잘 하고, 신체 건장한 여자를 상군, 그 밑으로 중군과 하군이 층을 이룬다. 상군과 하군의 격차가 커서 '내려갈 땐 한빗, 올라올 땐 천칭만칭 구만칭'이란 속담까지 생겨났다. 능력에 따라 일하고, 능력에 따라 소유물을 갖되, 공동체성을 유지하는 사례다.

사람이 물고기가 아닌 다음에야 숨쉬기가 가장 어렵다. 숨 죽이고 잠수하는 시간을 물숨이라 부른다. 물속에서의 숨이란 얼마나 숨막히는 것인가. 잠깐 해면으로 올라왔을 때 참았던 숨이 터지면서 '호잇--'소리가 저절로 나오니 숨비기소리(숨비소리). 검푸른 바다에서 숨비가소리가 낮게 울려퍼짐은 생명의 합창 그 자체인 셈이다. 해녀들은 늘 혼백상자를 등에다 지고 들어간다. 혼백상자란 글자 그대로 죽은 사람의 영혼을 모시는 상으로 육지에서는 상식이라 부른다. 혼백상을 지고서 물 속으로 뛰어듬은 죽음을 안고서 뛰어든다는 말이기도 하다.

해녀들이 보유한 민속지식(folk Knowlege)은 그 자체 문화 종다양성의 전형이다. 유엔은 생물종다양성을 보장하는 중요 통로로 전통지식과 전통기술, 그리고 관습에 관한 중요성을 강조한다. 해녀 어업기술사는 지극히 생태적이다. 잠수굿을 포함하여, 해녀의 굿이랄 수 있는 영등제는 노동요를 포함한 다양한 문화적 기재가 새롭게 평가받고 있다. 숨비소리를 비롯하여 인체를 수중세계에 적용시켜 나가는 신체적 노력도 민속과학으로 인정된다. 스킨스쿠버에 의한 남획이나 머구리에 의한 무자비한 자연 학대와 달리 신체가 허락하는 범위에서 자연생태어법으로 채취하던 전통지식이기 때문이다.

힐러리 스튜어트(Hilary Stewart)가 평생에 걸친 연구《인디언 고기잡이(INDIAN FISHING)》에서 언급했듯이, 고기잡이에도 일정한 정신적 영역이 존재한다. 수산

제주 해녀(보목리).

물 획득이 산업화되면서 정신적 영역이 사라지고 오로지 산업기술 측면만 강조되는 것에 반하여, 해녀들은 정신적 영역을 여전히 간직한다. 그리하여 해녀는 민속학·문화인류학, 나아가 경제학·생리학·의학·해양과학·구전문학 및 민족음악학·법학·사회학·언어학·여성학 등 종합적 학제 연구가 가능하다. 다양한 직업군 중에 이만한 복합 연구대상이 또 있을까. 이는 해녀들이 문화종다양성의 보고란 분명한 증거다.

세계해양사의 독보적 존재

그렇다면, 세계 해양사에서 해녀는 독보적일까. 정답은? 그렇기도 하고, 그렇지 않기도 하다. 제주해녀가 독보적이기는 해도, 세계 유일의 전통다이버는 아니기 때문이다. 인도네시아, 호주, 스리랑카와 남인도는 진주조개잡이 다이빙이 유명하다. 지중해와 카리브해의 해면잡이 다이빙도 잘 알려져 있다. 산호를 잡기 위한 다이빙 역시 유명하다. 지중해에서는 붉은 산호를 채취했으며, 로마시대의 다이버가 벽화로도 남아있다. 홍해와 태평양(하와이)에서는 검은빛 산호, 그리고 대만 해협의 페스카도르 섬에서는 붉고 흰빛이 도는 산호를 다이빙으로 잡는다. 다이버 없이는 산호를 잡을 수 없다. 세계수산업을 두루 섭렵한 권위자 브란트(Andres von Brandt)의 발품을 판 연구이니 100% 믿을만하다.

산호 이외에 다른 해산물도 열대나 아열대 바다의 다이버에 의해 수확된다. 이러한 해산물에는 홍합, 전복, 조개, 해삼과 여러 종류의 갑각류(특히 가재와 가시가재), 거북이도 다이버에게 잡힌다. 팔라우제도를 직접 조사해보니 장식품이나 그릇에 절대적으로 긴요한 거북 등껍질을 채취하기 위해 지금도 잠수 조업이

로마시대의 잠수 벽화(나폴리 근역), 남자 잠수다.

이루어진다. 캘리포니아 북서부 해안의 원주민은 다이빙을 하면서 때로 산란으로 인해 약해진 철갑상어를 잡거나 둑으로 유인했다. 열대에서는 다이버가 헤엄을 쳐서 고기 잡는 장치가 작동되도록 하는 고기잡이 방법이 많이 사용되고 있다. 인도에서는 다이버가 바닷가재를 잡기 위해 독과 같은 고기잡이 장치를 설치한다.

세계적으로 다이버는 대부분 남성이다. 그런 점에서 제주 해녀는 일본의 아마(ama)와 더불어 여성이 주도하는, 세계해양사에서 독보적인 직업군이다. 여타 지역에서도 여성 잠수가 없지는 않지만, 잠수에서 남성 우위가 어느 정도 확고하게 이루어져서 여성 잠수는 이례적이다. 오래 전 제주도에도 해남(海男)이 많았다. 해방 당시까지만 해도 황해도의 순위도, 기린도, 어화도 등지에 해남이 산재했다.

제주 해녀와 일본 아마는 여러 점에서 같기도 하고 다르기도 하다. 결정적 차이는 일본 아마들이 기간 어업의 보조 수단으로 존재하는 반면, 제주 해녀는 화산섬이란 특수한 조건, 즉 테우 따위의 배를 제외하고는 보편적으로 배를 대기 어려운 조건에서 해녀 물질의 부가가치가 높아 주업이 되었다. 제주 해녀는 직업적 전업성에서, 공동체의 집단성과 기술 전승의 전통성에서, 더 나아가 가계 수입에서 차지하는 독보적 위상을 포함하여 세계해양사에서 독보적인 존재다.

제주도 해녀는 사회 변동의 추이를 정확히 읽어내고 대응하는 측면에서 충분히 선진적이다. 세계여성운동사에서, 사회운동사에서, 또한 어민의 역사 동력에서 해녀가 차지하는 독보적 위상이 해녀항쟁에서 입증된 바 있다. 이는 해녀의 일상적 삶의 조건과 근거에서 비롯된 것이니, 제주해녀의 해양사적 위상은 아무리 강조해도 지나침이 없을 것 같다.

사라지는 해녀들, 사라지는 장인들

해녀가 사라지고 있다. 노령화도 큰 이유겠지만 물질이 힘들기 때문에 젊은층이 뛰어들려고 하지 않는다. 해녀학교까지 만들어져 남자에 외국인까지 해녀 일을 배우겠다고 찾아오지만 실제 해녀로 활동하는 사람은 손에 꼽을 정도다. 해녀학교를 수료해도 노년층 해녀가 소득원이 줄어들 것을 우려하여 젊은층의 진출을 거부하여 세대 교체를 막는다.

갯녹음 현상으로 바다가 사막화되면서 어족자원이 사라지고 전복·오분작 따위는 양식만이 존재할 뿐 자연산은 거의 사라졌다. 해녀 물질이 높은 소득을 가져다주기는 하지만 힘한 노동에 비해 월등한 행복을 가져다주는 것도 아니다. '어부 한 사람이 사라지면 박물관 하나가 사라진다'는 말이 있다. 해녀는 문화다양성을 간직한 민속지식의 장인이기 때문에 노련한 해녀 한명의 역사적 퇴장은 박물관 하나가 사라지는 결과를 빚을 것이다. 장인을 찬양하는 구절로 가장 오래된 것 중의 하나는 이들의 주신 헤파이토스(Hephaestus)를 노래한 〈호메로스 찬가(Homeric hymn)〉가 있다. 제주해녀에게도 우리식의 '바다의 서사시'를 헌정할 필요가 있지 않을까. 그녀들이야말로 인류문화사에 남을 '바다의 장인', '자연의 장인'이기 때문이다.

8

흑조의 섬

쿠로시오가 가져온
자연과 문명의 선물들

옛 사람이 생각한 바다 개념은 더 넓은 의미에서 여전히 우리 주위에 남아있다. 바다는 우리 모두를 둘러싸고 있기 때문이다. 모든 육지 간의 무역은 반드시 바다를 건너야만 가능하다. 육지 위로 부는 바람 조차도 그 넓은 바다 위에서 자라났고, 다시 그곳으로 돌아가려고 한다…… 신비스러운 과거에 바다는 모든 생명의 희미한 기원을 포함하고 있었고, 결국에는 많은 변환 끝에 같은 생명의 죽은 껍질을 받아 들인다. 모든 것은 영원히 흐르는 시간의 강처럼 결국에는 바다, 즉 대양의 강인 오케아노스로 돌아가기 때문이다."

— 레이첼 카슨(Rachel Carson), 《우리를 둘러싼 바다》

제주를 둘러싼 바다

마르크 블로흐가 '기원의 우상숭배'라는 말을 썼다. 제주도가 본토보다 후진적이고 오로지 본토로부터 선진문물을 받아들였다는 사실을 강조하는 것도 '기원의 우상숭배'에 해당된다. 모든 기원은 오로지 북쪽의 본토에서 비롯된 것일까. 혹시나 남쪽에서 들어온 것은 없을까. 남쪽에서 흘러오는 해류를 포함한 해양사적 관점에서 본다면, 기원의 우상숭배에서 벗어나야 하지 않을까. 문화는 쌍방통행이지 일방통행은 없기 때문이다.

수년 전, 마라도의 억새 우거진 들판에 누워서 몇 시간이고 상념에 젖어본 적이 있다. 바다와 하늘이 두 눈 가득히 들어왔다. 이처럼 누구나 마라도에서 수평의 질서를 배울 수 있다. 섬과 바다는 늘 일정한 평행선을 유지한다. 망망대해를 오가면서 배를 기다리다 보면 사람의 시선은 물마루에 모인다. '물마루의 철학'을 이해하는 일, 제주바다 이해의 첩경이다. 육지 사람이 산이 부여하는 수직 질서에 함몰되어 있다면, 바다사람은 수평 질서에 함몰되어 있다. 바다 사람의 희망은 물론이고 절망마저도 바다에서 오기 때문이다.

제주도 물마루는 잠자는 수평선이 아니다. 거대한 파도를 일구며 쿠로시오 해류가 치고 올라오는 용트림 치는 바다이기도 하다. 쿠로시오는 흑조(黑潮)를 뜻하며, 흑조문명권을 형성한다. 이어도 해양과학기지에서 지켜보노라면 겨울에도 뜨거운 열기를 품은 해류가 남방바다에서 올라오는 풍경을 만날 수 있다. 타이완과 큐슈, 오키나와, 그리고 멀리 필리핀까지 강력한 쿠로시오 해류로 이어지고 있음을 이해할 일이다.

제주도는 두말할 나위 없이 섬이다. 바다를 통하지 않고는 성립되지 않는 공간이다. 제주를 둘러싼 바다에는 당연히 해류가 흐른다. 바람은 물론이고 해류를 생각하지 않고 원거리 대이동을 생각할 수 없다. 이쯤에서 레이첼 카슨 (Rachel Carson)의 《우리를 둘러싼 바다》에서 '제주를 둘러싼 바다'의 의미망을 생각해본다.

옛 사람이 생각한 바다 개념은 더 넓은 의미에서 여전히 우리 주위에 남아 있다. 바다는 우리 모두를 둘러싸고 있기 때문이다. 모든 육지 간의 무역은 반드시 바다를 건너야만 가능하다. 육지 위로 부는 바람 조차도 그 넓은 바다 위에서 자라났고, 다시 그곳으로 돌아가려고 한다……. 신비스러운 과거에 바다는 모든 생명의 희미한 기원을 포함하고 있었고, 결국에는 많은 변환 끝에 같은 생명의 죽은 껍질을 받아들인다. 모든 것은 영원히 흐르는 시간의 강처럼 결국에는 바다, 즉 대양의 강인 오케아노스로 돌아가기 때문이다.

폰페이 무태장어에서 천지연 무태장어까지

태평양민족지 《적도의 침묵》(2007)을 펴낸 적이 있다. 조사를 위해 미크로네시아 폰페이섬(Ponpei)에 머물렀는데 거기서 서귀포 천지연에 살고 있는 무태장어와 똑같이 생긴 놈을 만났다.

폰페이는 화산섬이기 때문에 산이 높고 계곡이 깊다. 담수와 해수가 만나는 하구에는 으레 장어가 살고 있다. 원주민은 뱀장어를 먹지 않는다.

자신들 조상이 뱀장어로부터 왔다는 신화 때문이다. 아이가 태어나면 어릴 적부터 뱀장어 한 마리를 지킴이로 정해주고 보살피게 한다. 아이가 먹이를 던지면 뱀장어는 흡사 강아지가 따르듯 물가로 나타나 말벗을 하듯 같이 살아간다. 몸주신이라고 할까. 훗날 아이의 운명이 다할 때 뱀장어도 자신의 운명을 다한다.

뱀장어를 먹는다거나 행여 뱀장어가 사람을 두려워해 도망친다거나, 그런 일은 벌어질 수 없다. 프란체스코 성자의 몸에 새가 앉는 일이 일상적이었다면, 뱀장어는 폰페이의 아이들에게 일상적 친구인 셈이다.

서귀포 천지연에 서식하는 무태장어는 적도 뱀장어와 같은 열대성 물고기다. 서귀포는 일본 나가사키와 함께 무태장어가 살 수 있는 북방한계선이다. 난류 따라 북상해 오기 때문에 천지연에 웅크린 무태장어가 서해나 동해로 올라오는 경우는 없다. 적도에서 만난 똑같은 무태장어를 제주도까지 밀어붙인 힘은 두말할 것 없이 쿠로시오의 힘이다.

쿠로시오 난류니 대마 난류니 하는 학술용어는 모두 일본이 국제학회에 보고하여 인정받은 명칭이다. 학술명칭으로 전 세계가 쓰나미를 씀과 같은 이치다. 쿠로시오 원류는 북적도(北赤道) 해류다. 타이완 동측에서 오키나와 열도, 아마미(奄美) 제도로 북상하여 가고시마(鹿兒島) 아래에서 동한난류와 갈라진다. 아랫 가닥은 동측으로 향하여 시코쿠(四國)로 향하며, 윗 가닥은 제주도와 남해안은 물론이고 서해·동해에도 영향을 미친다. 동아시아 앞바다의 대륙붕을 따라 북쪽으로 휘어져 올라간 쿠로시오 해류는 오호츠크해와 베링해로 쏟아져 나오는 거대한 오야시오 한류와 만나 대륙에서 멀어진다. 난류인 멕시코만류(Gulf Strea)와 한류인 래브라도(Labrador) 해류가 만나는 북대서양에 자욱한 안개가 끼듯이, 난류인 쿠로시오 해류와 한류인 오야시오(쿠릴해류라고도 함) 해류도 안개와 폭풍이 몰이치는 북태평양에서 만난다. 동아시아 변방에 위치하고 북서태평양 북서단에 자리잡아 변변한 해류가 존재하지 않는 한반도에서 쿠로시오 해류의 영향력은 강력할 수 밖에 없다.

오래 전의 일이다. 다네가시마(種子島)에서 가만히 지켜보니 도도한 물줄기가 빠른 속도로 움직이고 있었다. 여름에는 고온다습하고 겨울은 건조한 아열대성 바람을 몰고 오고 태풍을 심하게 동반한다. 그 태풍에 밀려서 이른바 남만선(南蠻船)이 다네가시마 남단의 가도쿠라곶에 당도한다. 거기서 철포가 전래했고 도요토미 히데요시가 그 철포로 전국을 제압했고, 훗날 임진왜란에 조총이 등장하게 된다. 남만선도 쿠로시오 해류를 타고 올라온 것이다.

다네가시마 바닷가 모래밭에서 문주란을 만났다. 동일한 문주란이 제주도까지 흘러와서 뿌리를 내렸다. 해류는 이처럼 조총 같은 문명이나 문주란 같은 생물체를 부지런히 실어보낸 것이다. 온난하며 습기를 머금은 이들 쿠로시오야 말로 남방으로부터의 문명교류 루트이자 배를 떠밀어 내는 동력의 근원이었다. 바람이 대양 횡단의 동력이라면, 해류는 또다른 동력이었다.

쿠로시오는 멀리서보면 남홍색(藍紅色)이고 가까이서 보면 맑은 초록빛이다. 물이 맑기 때문에 태양빛을 반사하지 않아 멀리서는 검게 보일 뿐이다. 열대지방으로부터 쿠로시오를 거쳐 일본에 이르는 맑고 아름다운 바다가 펼쳐진다. 난류에 사는 산호초의 북방한계선도 쿠로시오 권역과 일치하며, 한반도 남단 서귀포의 문섬이나 섶섬에서 절정을 이룬다. 대마도 근해, 심지어 태안반도 근해에도 산호초가 일부 발견되거니와 이 역시 쿠로시오 영향이다. 제주도 바닷물에 몸을 담그고 있노라면 저 멀리 오키나와에서 보낸 편지들을 건져낼 것만 같다.

쿠로시오가 흘러 흘러 만들어낸 바닷길

세상에는 길도 많다. 길은 육지에만 존재하지 않는다. 선사 고대에는 바닷길이

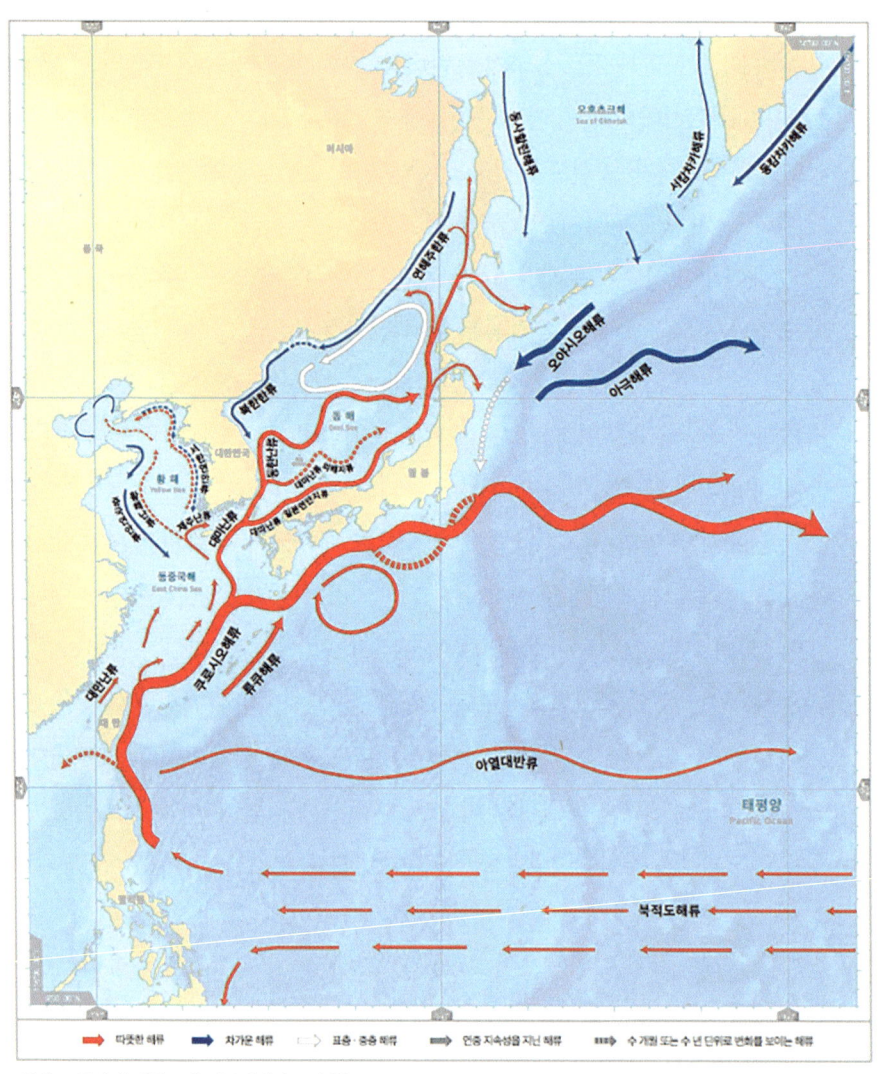

한반도 주변의 해류모식도(국립해양조사원).

중요했다. 고대 바닷길은 두말할 것도 없이 바람이 뒷받침 되어야 했다. 그러나 바다에서 인간만이 이동하는 것은 아니다. 해류를 따라 이동하는 동물과 식물, 그러한 이동이 가져온 문명의 영향을 주목할 일이다. 제주도에 막중한 영향을 미친 쿠로시오가 가져온 자연과 문명의 선물을 '쿠로시오 로드'라 명명해 본다.

로드1. 문주란과 선인장

제주도 곳곳에서 드러나는 쿠로시오 흔적 중의 하나가 문주란이다. 바닷가에 차를 세우고 물이 빠질 때면 그대로 걸어갈 수 있는 북제주 하도리의 토끼섬. 바위로 이루어진 자그마한 여에 문주란이 그득 꽃피운다. 겨울에는 누렇게 떠서 볼품이 없지만 여름에는 화사하기 이를 데 없다. 아열대식물이 언제 토끼섬에 정착했는지는 아무도 모른다. 오로지 토끼섬에만 자생하고 있어 눈길을 끈다. 먼 남쪽바다에서 해류에 밀려 이곳에 정착했으리라. 생명을 전파시키는 자연의 위대한 힘에 경외감을 느낀다. 문주란은 당연히 자생식물이 아니다. 해류를 따라서 북상한 씨앗이 제주도에 정착해 집단적으로 개체수를 늘려온 것으로 여겨지며, 제주도는 문주란 북방한계선이라는 측면에서도 그 가치가 높다.

꽃이 아름다워 관상적 가치가 뛰어나며 화훼용으로 널리 보급되었다. 민간요법의 약재로도 많이 쓴다. 잎이 진통·해독·소종 등에 효능이 있다. 자생지 토끼섬의 지명도 문주란이 여름에 꽃을 피우면 하얀 토끼같다고 하여 붙여졌다. 간조 시에는 걸어서 건너갈 수 있지만, 만조가 되면 섬 주위 백사장까지 물이 차 올라 섬이 된다. 겨울에 말랐던 잎이 봄을 맞으며 파랗게 새 잎이 돋아나고 7월 말부터 백설 같은 꽃을 연달아 피워 9월까지 온 섬을 하얗게 물들인다. 은은한 향기 또한 뛰어나서 바람결에 묻어온 꽃내음에 취하곤한다.

왜 남쪽에서 올라온 문주란이 남쪽 서귀포가 아니라 북제주 하도리에 정착했을까. 토끼섬이 모래섬이라 씨앗이 뿌리를 내리기에 적합하다는 서식 조건이 크게 작용했을 것이다. 보다 중요한 것은 해류가 남쪽에서 올라와 제주도를 둥그렇게 싸고 돌면서 북쪽으로 올라가기 때문이다. 가령 표선에서 물에 빠진 시신은 돌고 돌아 북제주에서 발견되는 식이다. 해류의 힘이 강하게 작동하고 있다는 반증이다. 선인장 대규모 군락지가 남쪽에 위치한 대정읍이나 한경면보다 북쪽인 애월에 위치한 것도 같은 이치다.

애월읍 월령리나 마라도에서는 '백년에 한번 꽃을 피운다'는 선인장 백년초 군락을 만날 수 있다. 넓적한 선인장인데 육지에서는 '손바닥선인장'이라고 불렀다. 선인장이 해류에 밀려와 해변에 정착하여 이제는 어엿한 자생식물이 되었다. 어렸을 적, 심하게 삐면 손바닥 선인장의 가시를 빼내고 섬유질을 으깨어서 다친 부위에 대고 붕대를 감으면 효험이 있던 그 선인장이다. 쿠로시오 해류를 타고 올라온 이들 선인장은 해류를 타고 올라가 서해 태안반도나 북한의 섬에도 정착해 군락을 이룬다. 당연히 세상 모든 선인장의 출생지는 멕시코다.

로드2. 방어와 고래, 거북이, 각저귀

모슬포는 방어로 유명하다. 해마다 12월이면 모슬포항에서는 방어축제가 한창이다. 쿠로시오를 따라서 올라온 방어가 한 달여 동안 엄청나게 잡히기 때문이다. 방어는 봄부터 여름까지는 북쪽으로, 가을에서 겨울에는 남쪽으로 남북회유를 거듭한다. 여름밤에 울릉도 사동포구에 나가보면 갯바위 방어낚시를 즐기는 이들을 심심찮게 만난다. 방어는 함경도까지도 진출한다. 5월부터 세력을 확장한 난류는 12월 정도에 세력이 약해진다. 방어는 그 난류에 묻혀 들어왔다가 12월이 지나면 일본 쪽으로 빠져서 태평양으로 나가버린다. 이때쯤 모슬포에 방

다네가시마의 문주란과 제주의 문주란.

쿠로시오 해류를 따라 올라오는 거북이(제주 중문에서의 방류행사).

어가 얼굴을 들이미는데 기름기가 올라 맛이 절정에 오를 때다. 남해안은 물론이고 동해안으로도 쿠로시오 난류가 치고 올라오기 때문에 남방어류 방어가 출몰하는 중이다. 그런데 온난화 영향으로 이 모든 일정과 노선이 뒤흔들리는 중이다.

방어만 그러한가. 오키나와로부터 제주도 근해, 한반도 서해안과 동해안이 모두 고래의 본거지였다. 귀신고래같이 오호츠크에서 내려오는 북방고래도 있지만 수많은 고래가 한반도 본토와 제주도, 일본 사이의 물목에서 잡혔다. 큐슈의 생월도(生月島)나 야마구치(山口) 청해도(靑海島)에 본거지를 둔 서일본의 고래잡이 선단이 엄청난 양을 잡아들였다. 쿠로시오 해류는 태평양의 고래가 올라오는 길목이기 때문이다.

보르네오 해안이나 오키나와 북쪽의 야쿠시마 같은 섬은 거북이 산란지로 유명하다. 이들 산란지에서 쿠로시오를 타면 손쉽게 거북이가 제주도와 우리나라 본토로 올라올 수 있다. 어쩌다 거북이가 그물에 걸리면 어부들은 용왕의 자식이라고 해 막걸리까지 먹여서 되돌려 보낸다. 한국인에게 거북이는 신이적 존재이기 때문이다. 그만큼 거북이가 귀하다는 증거다. 거북이의 본향이 남방이며, 쿠로시오를 타고 올라오다가 어쩌다 길을 잃은 한 두 마리가 한반도 연안에서 체포되곤 하는 것이다.

고등어와 삼치 등 등푸른 생선류의 상당수도 쿠로시오를 타고 올라온다. 일본인이 아지란 명칭으로 선호하는 전갱어를 제주도에서는 각저귀라 부르며 횟감으로 즐겨먹는데 이 역시 남방어류다. 바다가 뜨거워진 요즘에는 제주 남방에서 쿠로시오 어류의 상징이기도 한 날치가 잡히곤 한다. 한반도 남동해안이 한류와 난류가 만나는 곳인지라 어종이 풍부하다는 식으로 교과서에서 배운 상식의 밑바탕에 쿠로시오 난류가 있음을 생각해 볼 일이다.

로드3. 돼지와 검정쉐

돼지고기도 남방문화다. 혹자는 순대를 예로 들어 몽골지배기에 몽골문화에서 왔다고도 하는데 동의하기 어렵다. 인도네시아 발리의 오래된 도시 우붓(Ubud)에서 돼지창자에 돼지피를 버무려 넣은 순대를 먹어본 적이 있다. 오키나와의 돼지고기를 얹어주는 국수와 제주도 국수, 나아가 돼지국물에 모자반을 넣고 끓인 몸국, 똥돼지로 지칭되는 돗통시문화 전체가 남방문화의 소산이다.

태평양 일원에서는 돼지가 중요하다. 소와 말과 양은 태평양 섬에 본디 없던 동물이다. 서구인의 손으로 전파된 소·말·양고기는 원주민에게 인기가 덜하거나 거의 먹지 않았다. 《적도의 침묵》을 쓰면서 태평양 일원을 조사해 보니, 북마리아나 제도는 물론이고 오키나와 제도가 모두 돼지고기 문화권이다. 일본 본토에서는 근대 축산업자를 제외하고는 가정에서 돼지 사육 관습이 거의 없었다. 이에 비해 오키나와에서는 돼지 사육이 일반화되어 있으며, 예로부터 기호성이 높았다. 제주도도 돼지고기 문화권이다. 제주사람이 즐겨 먹는 돔베국수와 오키나와 국수에 똑같이 돼지고기가 올라간다. 미크로네시아에서 부터 북마리아나 제도, 오키나와 제도, 그리고 제주도에 이르는 광대한 태평양문화권이 돼지고기문화권이다. 환태평양에 드넓게 퍼져있던 돼지고기문화의 강력한 보루 중의 하나가 제주도인 것이다. 돼지와 더불어 검정쉐(흑우)도 중요하다. 검정쉐가 사라져서 종축장의 번식용만 정책적으로 사육되고 있으나 예전에는 검정쉐가 제주도에서 상당수 있었다. 검정쉐는 국가적 제사에 쓰던 의례용이기도 했다. 검정쉐는 두말할 것 없이 남방의 소다. 쿠로시오 난류의 지류인 대마난류의 영향권인 일본 서부 오키(隱岐) 제도에도 흑우가 특산물이다. 이 역시 쿠로시오 문화의 한 가닥이다.

오키나와의 돗통시.

로드4. 해녀

제주문화를 상징하는 해녀도 원래 쿠로시오 문화다. 중국 고대사에 월인 또는 백월(百越)이란 이름으로 등장하는 고대 민족이 오늘날의 베트남이나 타이족의 먼 조상임은 의심의 여지가 없다. 그 월인이 고대 중국의 장강 하구 평야와 민(閩,지금의 푸젠성) 땅에서 벼농사를 중심으로 하는 고대문화를 이룩하다. 그들은 잠수어법을 가지고 있었다. 잠수어법은 월인만의 문화가 아니다. 필리핀을 포함한 남아시아 해역에서 일반적으로 시행되고 있었고, 지금도 일부에서 행해진다. 인도네시아 술라웨시와 말레이시아 보르네오 등에서 살아가는 '바다의 노마드' 바자우(Bajau) 족도 잠수어업을 일상으로 행한다. 쿠로시오 해류권인 오키나와 남부의 이토만(系滿), 제주도, 큐슈, 일본 내해인 세토나이카이에 이르기까지 잠수어업이 퍼져 있다. 동중국해 연안에서는 야광주가 상징하듯이 진주잡이 잠수인이 다수 존속했다.

시바 료타로(司馬遼太郎)는 《탐라기행》에서 '고대에는 고대의 다이너미즘이 있었다'고 명료하게 정리했다. 일본 극우주의자의 칭송을 받는 국민작가인지라 불편하기는 하지만, 그의 이 지적은 경청할만하다고 본다. 제주 해녀가 일본 해녀에게 잠수어법을 가르쳤다는 식의 문화전파론적·우월적 발언보다, 아시아인 상호 간에 고대적 마음의 넓이를 좀 더 많이 가질 수 없는 것일까라는, 저자의 질문법에 동의한다.

로드5. 뱀신앙

제주도 뱀신앙도 남쪽에서 왔다. 제주에서는 뱀을 조상신, 당신, 일반신으로 두루 모신다. 뱀신은 안칠성, 밧칠성 등으로 모셔진다. 김정은 이런 기록을 남겼다.

일본의 아마와 제주 해녀의 잠수 작업

> 제주인은 풍속으로 뱀을 아주 꺼리며 받들어 모심으로써 신으로 섬긴다. 사람들은 뱀을 보면 즉시 빌거나 술을 바치지 감히 죽이지 않는다. 우리(육지인)는 멀리서 보아도 그것을 반드시 죽인다. 이곳 사람들은 처음에는 육지인이 뱀을 죽이는 것을 보고 크게 놀랐다. 뱀을 응당 죽여야함을 깨닫지 못했다. 심히 가소로운 일이다.
>
> – 《풍토록》

뱀신은 육지에도 많다. 장대서낭, 긴서낭 등은 대체로 구렁이를 상징한다. 집안을 지켜주는 업구렁이는 재물수호신을 상징한다. 그렇지만 제주도만큼 뱀신앙이 풍부하고 강력한 곳도 드물다. 제주도 토산당의 뱀신앙이 나주의 금성산에 관련이 있기 때문에 제주 뱀신앙이 북쪽 본토에서 전파된 것으로 보기도 한다. 나주 금성산과 관련이 있는 것은 분명하다. 그러나 전체적으로 볼때 뱀신앙은 대체로 남방에서 전파되었다. 발리의 힌두사원에서 무수하게 뱀사원을 만난다. 필리핀에서도 뱀사원을 만난다. 뱀을 수호신으로 모시는 문화는 분명 북방 시베리아의 샤마니즘 전통은 아니다.

쿠로시오 로드에 하나 더 추가할 것은 인종의 전파다. 두말할 것 없이 제주도민은 북방계열로 알려진다. 그러나 남방으로부터 오지 않았으리란 보장도 없다. 한국인 DNA 분석에서 북방계, 남방계가 혼재된 것으로 확인되었기 때문이다. 일본을 보자. 원일본인이 그대로 현재의 일본인이 된 것은 아니다. 원일본인에 가까운 조몬진(繩文人)은 대륙계의 야요이진(彌生人)으로 교체된다. 오키나와에서 죠몬식과 야요이식 토기가 다 발견된 점으로 미루어 죠몬진과 야요이진의 혼합·교체가 있었을 것이다. 큐슈의 야요이 유적에서 아마미(奄美) 제도 남쪽의 조개류 팔찌가 발견되는 점으로 미루어 양쪽의 교류가 짐작된다.

뱀신이 모셔졌던 다네가시마의 신사. 그 앞으로 쿠로시오가 흐른다.

고토열도의 원담. 제주의 원담과 같다.

문화형성을 오로지 문화전파의 결과물로만 보는 해석에 반대하는 입장이지만, 그렇다고 하여 해류를 통한 문화전파의 가능성을 차단하는 편협된 시각은 더욱 반대하는 입장이다. 해양교류라는 것도 어느 일방, 즉 한반도 본토에서 제주도로, 일본에서 오키나와로의 일방통행이 아니었다. 2005년 국립제주박물관에서 한국-오키나와의 조개제품을 통한 〈선사시대 문화의 재발견〉 기획전시가 이루어졌다. 한반도와 일본 본토, 제주와 일본 본토, 한반도와 오키나와, 제주와 오키나와 간의 다면 네트워크가 확인되었다. 시각을 타이완과 필리핀으로 넓힌다면 해양교류의 네트워크는 한결 넓어질 것이다.

쿠로시오 권역의 대만, 오끼나와·아마미제도에서 북큐슈에 이르는 광범한 지역은 해상을 통한 문명이 상당했다. 해류가 창조하는 인류 문명의 동력에는 전쟁·표류·무역 등 온갖 변수가 포함되며, 동식물 이동도 포함한다. 쿠로시오 로드에 대한 우리의 일천한 시각과 연구 축적이 하루 빨리 이루어져야 한다.

북방 사고와 남방 사고를 결합한다면

제주도를 보다 넓은 시각, 태평양 관점에서 바라볼 것을 권해본다. 제주도를 육지 중심 사고에서 보면 변방의 섬이 맞는 말이다. 동북아 중심 사고로 바라보는 것 역시 틀린 것은 아니다. 당연히 한반도의 일원이고 타이완·오키나와와 더불어 동북아 유수의 섬이기 때문이다. 그러나 제주도를 태평양의 일원으로 넓게 바라보려는 시각은 일천하다. 제주도는 '중앙 - 변방' 관점보다는 오히려 큰 차원의 환태평양 관점에서 자리매김함이 합당하다.

한국인의 지역 및 역사 인식은 주로 북방 사고의 틀에 종속되어 있다. 같은

제주도도 쿠로시오 해류권의 동백섬이다(남원).

일본만 해도 류쿠국을 포함한 남방 요소가 존재하며, 중국도 남중국을 중심으로 남방 요소가 존재한다. 더군다나 타이완과 오키나와를 예로 든다면, 이들 섬은 쿠로시오 해류권의 아열대성 해양문화를 공통분모로 갖고 있다. 제주도 역시 이들 쿠로시오 해류의 영향권이다. 쿠로시오 해류권역이라 했을 때, 이는 국민국가 차원이 아니라 타이완, 남중국, 오키나와, 일본 남서부는 물론이고 필리핀 등 서태평양 일원의 해류권역을 포괄한다.

제주도는 쿠로시오 문화권의 북방한계선이다. 제주문화는 전통적으로 한반도 본토의 북방문화, 남쪽 오키나와와 일본의 아마미오시마 등에서 올라오는 남방문화가 결합된 상태다. 우리들 북방적 사고에 남방의 사고를 결합한다면, 제주도가 전혀 새롭게 보이지 않을까.

한반도와 류큐의 교류를 생각해보자. 류큐는 14세기 후반부터 동아시아 역사 무대에 등장하면서 15, 6세기에는 명·조선·일본·동남아시아를 연결하는 중개무역을 통해 번영을 누렸던 해상왕국이었다. 류큐는 명 중심의 동아시아 국제질서 속에 능동적으로 참여했으며, 조선과도 활발한 교류를 지속했다. 류큐 사절단이 우리나라에 최초로 온 것은 고려 말인 1389년이다. 고려왕에게 사자를 파견했다. 조선왕조에 들어와도 류큐는 50회의 사절단을 보낼 정도로 적극적이었다. 류큐의 영역에 종종 조선사람이 표류했는데 그때마다 후하게 환대하고 돌려보내 주었다.

구차하게 지구 온난화와 해양 기후의 중요성, 쿠로시오 해류권의 중요성 등을 되뇌일 필요는 없을 것이다. 태평양의 지구(地球) 아닌 해구(海球)로서의 재인식이 요구된다. '육지에 딸린 섬'이 아닌 '태평양으로 한 걸음 나아간 섬'으로 제주도 이해 방식을 바꾼다면? 그런 점에서 쿠로시오 해류를 통한 흑조(黑潮)문화권의 재발견이 요청되는 순간이다.

9

돌챙이의 섬

제주의 혼이 깃든
미학의 압권은 돌문화

옹중석(翁仲石)은 제주읍의 성 동서남(東西南) 삼문(三門) 밖에 있었고, 영조 30년에 목사 김 몽규(金夢奎)가 창건했으나, 삼문이 헐림으로 인해, 2좌는 관덕정 앞에, 2좌는 삼성사 (三姓祠) 입구로 옮겼다

— 담수계(淡水契), 《증보탐라지(增補耽羅誌)》

바람처럼 갈 수밖에 없는 인간의 표징 동자석

육지에 석수쟁이가 있다면 제주에는 돌챙이다. 흔한 돌멩이라도 돌챙이의 손이 닿으면 생활예술품으로 바뀐다. 돌챙이는 돌하르방을 비롯해 보리를 가는 말방애, 물허벅에 이르기까지 온갖 생활도구를 만들었다. 제주생활사에서 돌 도구나 조각품을 빼놓으면 설명할 것이 없어진다. 돌챙이문화는 제주문화 그 자체이기 때문이다. 제주도 돌문화는 폭이 넓고 깊으며, 각종 도구와 석상에서 생활예술적 가치가 빛난다.

식생활도구로 솥을 앉힐 수 있도록 세운 솟덕, 돌 화로인 돌화리, 육지의 맷돌에 해당하는 ᄀ레, 잡곡 찧는 방아, 부식물 찧는 돌혹, 물방아로 보리를 찧기 전에 수분을 적셔주는 보리통, 육지 연자매에 해당하는 물방아, 소주를 만드는 소줏돌, 기름 뽑아내는 기름틀 등 돌이 쓰여지지 않는 곳이 없다. 주생활도구로는 집안에 사람이 있고 없음을 표시하는 정낭의 주먹돌, 난방에 쓰는 굴묵, 마루 가운데에 놓아 온도를 높여주던 화로인 봉덕, 조명용구인 등경돌, 물을 길어 나르는 허벅을 얹어놓는 물팡돌, 돼지를 키우는 통시(또는 돗통) 등……

박물관에는 돌챙이들의 손길이 널려있다. 제주도 돌챙이 명품을 찾는 일은 곧바로 제주문화사의 명품을 찾는 지름길이며, 제주생활사의 핵심을 이해하는 길이다. 육지에는 없는 돌문화공원이 만들어지고 수많은 돌문화가 집적되어 그 자체로 거대한 문화사적 궤적을 연출하고 있다. 그만큼 제주에서는 돌문화가 문화적 핵심이라는 뜻이다.

문화에서 서열 가르기처럼 바보짓이 없겠지만, 제주 돌문화의 으뜸을 꼽으라면 사람들은 대체로 동자석을 내세운다. 그만큼 아름답기 때문이다. 오름의 산담 입구에 서 있는 외로운 동자석은 슬프다고 할까, 의연하다고 할까, 처절한

아름다운 지물을 손에 쥔 동자석.

동자석(강정효 사진).

잔혹의 미라고 해야 할까, 죽음이 부여하는 복잡한 중량감을 선사하면서도 단아한 자태에서 바람처럼 왔다가 바람처럼 갈 수 밖에 없는 인간의 표징을 동자석으로 함축한다.

　삼십 여년 전 일이다. 샛별오름에 오르니 동자석이 가슴과 배 위에 손을 얹고 있었다. 시신은 이장해도 동자석은 그대로 둔다. 우리의 무속신앙에서 동자는 생명의 상징이었다. 육지의 무덤에 문인과 군인권력을 상징하는 문관과 무관을 세워놓고 살아생전의 권력을 죽어서도 재현하는 풍경과 달리 제주도 무덤은 동자가 지킨다. 제주도 동자석은 제주의 혼이 깃든 돌 미학의 압권이다.

　동자석은 동자상, 지신, 무석, 자석 등으로도 불렸으나 일반적으로 동자석으로 통용된다. 망자의 영혼을 위무하는 형상으로 손에 지물을 쥐고 있다. 홀, 창, 밥주걱, 숟가락, 붓, 부채, 술병, 술잔, 꽃, 새, 다이아몬드 형태, 창과 뱀 등 다양한 종류의 지물이다. 지물이 연출하는 조각의 풍부하고 다양한 조형미는 그 자체로 환상적이기도 하고 예술 그 자체다.

비승비속의 마을로 간 돌미륵

제주도 미륵은 땅에서 솟구친 육지의 미륵과 달리 한결 같이 바다에서 솟구쳤다. 미륵을 말하자면 제주읍성 동·서문 밖에 1기씩 남아 있는 미륵을 빼놓을 수 없다. 제주시 동편 건입동과 용담동 한두기(大甕浦口)가 그곳이다. 이 미륵을 일러 미륵돌 미륵, 미륵 부처, 혹은 동자복(東資福)과 서자복(西資福) 미륵으로 부른다. 지금은 민가에 둘러싸여 있지만 한두기 포구와 제주항이 굽어보이는 건입동에 위치해 제주 바다를 지키는 중이다.

해륜사(海輪寺). 일명 서자복사라 부르며, 서쪽 독포(獨浦) 어구에 있다.

만수사(萬壽寺). 일명 동자복사라고 부르며, 건입포(巾入浦) 동쪽 언덕에 있다

-《신증동국여지승람》

미륵은 보개(寶蓋)를 덮어쓰고 눈, 코, 입이 분명한 넉넉한 표정인데 귀가 큼지막하다. 전형적 미륵상이다. 양손을 가운데로 모아 읍하고 투실한 몸체에 걸친 옷자락이 선명하다. 용암으로 만든데다가 표정마저 돌하르방과 비슷하다. 오래전 펴낸《마을로 간 미륵》에서, '제주민의 전통생활에서 다양한 석상 양식이 이어지다가 어느날 절터에 거대 미륵불을 연상케하는 동자복·서자복 미륵을 세웠을 것이다'라는 의견을 내놓은 바 있다. 미륵불이 세워지고서 후대에 돌하르방이 세워졌을 가능성이 짙다.

동자복, 서자복 미륵은 일단 그 크기가 압도적이다. 여타 제주미륵은 자그마하다. 제주시 동광양에는 은진미륵보살로 불려 오던 미럭당. 속칭 물할망당이 한라산에서 내려오는 샘물가에 있었다. 샘이름은 외새미(牛女泉)라 부르며, 맑은 물이 솟구쳐서 물할망당에 갈 때는 택일해 새벽에 가서 물을 떠서 바쳤다. 미륵이면서 수신(水神)이다. 애를 낳게 해주는 탁월한 기능을 가졌다. 동자석에 가까운

일제강점기 일인 학자가 촬영한 동자복상과 서자복상(서울대 은판사진).

형상이며 용암바위로 빚은 전형적 민중 조각품이다. 김녕, 화북, 신촌, 함덕의 영감신이 대개 바다에서 주워온 돌미륵이라면 동광양 물항망은 동자석에 가깝다. 마을미륵의 전형이다. 통념상의 사찰이 없는 제주도에는 비승비속(非僧非俗)의 미륵불이 곳곳에 자리 잡고 있다. 그 조형미에서 세련미보다는 투박한 제주민의 얼굴을 닮게 된 사연이 여기에 있다.

돌하르방은 조선시대 신(新)전통

제주도 마스코트와 홍보책자 겉옷도 으레 돌하르방이 점령하기 마련이다. 고르바쵸프가 제주도에서 30억 달러 원조 약속을 거머쥐고 모스크바로 되돌아 갈 때, 비행기에 동승한 주인공도 돌하르방이었다. 이래저래 국제 명물이 되었다. 제주에서는 꿀단지조차도 돌하르방 모양새다.

하르방은 할아버지라는 뜻이므로 돌하르방은 '돌 할아버지'다. 조선시대, 아니면 고려시대, 그것도 아니면 삼국시대에 만들어졌을까. 정답은 일반상식을 뒤엎는다. 돌하르방의 공식화는 불과 수 십년 안짝. 해방 이전만 해도 돌하르방이란 말은 없었다. 1971년 8월 20일, 제주도 문화재위원회에서 민속자료 제2호로 지정할 때 '돌하르방'을 갑론을박 끝에 문화재 공식명칭으로 쓰면서부터다.

돌하르방 기원 문제는 남방기원설, 몽골기원설, 제주자생설 등 백가쟁명이다. 몽골학계 일각에서 제기되는 몽골영향설은 검토하고 넘어가야 할 것이다. 몽고지배기에 몽고 석인상 영향으로 돌하르방이 이루어졌다는 견해다. 울란바이타르 대학교 바이에르 교수의 〈칭기스칸의 혈통을 이어받은 칸·귀족들의 돌

제주성 동문의 'S'자형 옹성부에 세워졌던 돌하르방.

초상-13·14C)에 의하면, 몽골 각지에 약 500여 기의 석인상이 흩어져 있다. 훈촐로로 불리는 석인상은 고대 유목민족의 습관이나 신앙 및 사회제도 등을 밝힐 수 있는 중요 자료다. 훈촐로에는 돌하르방과 외형이 너무도 비슷한 것이 있고, 한때 몽골의 지배기도 있어 몽골과 제주의 친연성이 그럴 듯하게 제기된다. 몽고의 훈촐로가 탐라까지 왔다는 주장이다. 그러나, '결코 그렇지 않다'고 생각한다. 이즈미 세이치(泉靖一)도 방사탑, 미륵, 돌하르방 등 석상 모두가 몽골 영향이라고 했으나 이는 무리한 주장이다(《제주도》, 1972).

몽고 석인상은 돌궐 · 위그르 · 몽골제국 등 시대에 따라서 각기 다른 종류가 존재한다. 생김새에서 일부 친연성이 있다고 해 몽고영향설을 주장함은 무리수다. 인근 알타이 지방에는 투르카이 양식의 석인상이 전해진다. 이처럼 중앙아시아 곳곳에 전해지는 석인상이 시기와 지역을 달리하며 차이가 나타남을 어떻게 설명할 것인가. 일부 외형에서 비슷한 것이 있다고 해 돌하르방 몽골기원설을 주장할 필요는 없다고 본다. 필자의 《우리문화의 수수께끼》에서 그 단서를 이렇게 제시한 적이 있다.

어느 날 남도의 벅수가 배를 타고서 남해바다를 건넜다. 좀 더 정확하게 말해, 제주도 돌챙이 한 명이 남도를 갔다가 잘 생긴 조선후기 돌벅수를 만났다. 돌챙이의 고향은 정의현, 지금의 성읍 민속마을이다. 돌챙이는 돌아와서 입상을 만들었다. 물론 그는 손에 익히고 있던 탐라식의 조각형식을 기반으로 하면서, 새롭게 들어온 양식을 결합해 돌하르방을 창조했다.

돌하르방과 벅수연관설은 분명하다. 육지부 벅수와 돌하르방을 관련짓는 이들이 의외로 드물었다. 정의고을에서는 돌하르방을 지금껏 벅수머리로 불러왔다. 벅수가 전남·경남 일대에 많이 산재하므로 돌하르방도 남해를 건너온 전승물로 비정된다. 제주도 옛고을에서 벅수머리라고 부른다는 사실을 무슨 근거로 예사로 넘길 것인가. 문헌자료가 하나 있기는 하다. 제주목사 이원진은 이렇게 적고 있다.

> 옹중석(翁仲石)은 제주읍의 성 동서남(東西南) 삼문(三門) 밖에 있었고, 영조 30년에 목사 김몽규(金夢奎)가 창건했으나, 삼문이 헐림으로 인해, 2좌는 관덕정 앞에, 2좌는 삼성사(三姓祠) 입구로 옮겼다.
>
> - 담수계(淡水契), 《증보탐라지(增補耽羅誌)》

옹중석이란 한문투는 《탐라지》에만 기록되어 있을 뿐, 제주민들 누구도 쓰지 않는다. 18세기 중엽에 만들어졌다는 것인 바, 육지의 벅수를 염두에 두고 수호신으로 세웠을 혐의가 짙다. 18세기 중엽은 한창 민중의식이 성장하고 있었고, 당대 민중조각의 꽃이라고도 할 만한 뛰어난 석상물이 세워지던 때다. 나주 운흥사지 장승이 1719년, 남원 실상사 장승군이 각각 1725년·1731년에 순차적으로 세워졌다. 영조대에 만들어진 실상사 것보다 23년 뒤에 돌하르방이 세워졌다는 계산이 나온다. 현존 민간석상 중에서 뛰어난 명품이 대개 이 시기에 만들어진 것들이니, 돌하르방과 육지부 벅수의 친연성은 그 생김새에서도 쉽게 찾아진다. 주먹코, 왕방울눈, 파격적 해학성, 푸짐한 표정…… 닮은 게 하나 둘이 아니다. 각각의 민중적 조형물은 나름의 풍토 속에서 자라왔기에 약간의 차이가 있을 뿐, 기본 성격은 하나로 여겨진다.

돌하르방의 전체 숫자는 분명히 확인된다. 제주목(제주시) 21기, 대정고을 12기, 정의고을 12기, 경복궁 국립민속박물관 2기, 모두 합해서 47기. 원래는

48기였는데 1기는 소실되었다. 제주 3읍이었던 제주목·정의현·대정현에 집중 분포되어 있고 마을에는 없는 것으로 보아 읍성수호신이었다. 정낭을 걸쳐놓았던 구멍이 있는 경우로 미루어 보아 수문장 역할도 겸했다. 돌하르방 위치에는 많은 변화가 있었다. 제주대, 제주시청, KBS제주총국 등지로 옮겨진 것이다. 심지어 관덕정과 삼성혈 입구의 돌하르방도 옛 위치 그대로가 아니다.

제주도에는 돌하르방 친인척도 함께 살고 있다. 제주대 박물관에 있는 조천석(朝天石)은 건입동 농사신이다. 조천은 '천제를 우러러 뵙는다'는 뜻으로 홍수를 막기 위한 뜻을 담아 하늘에 제사를 올린 전통에서 비롯되었다. 산지천에서 발견되었는데, 후면에 '경자춘(庚子春)'이라 했으니 1780년 봄이다. 김영수 목사가 산지천의 물난리를 막기 위해 산지천에 성을 축조했다는 것에서 비정된다. 보를 쌓고 산지천 위 아래로 두 문을 세운 후 제사를 지내고 조천석을 세웠다. 높이는 87㎝에 지나지 않는다. 조천석은 형태상으로 돌하르방과 다르다. 그러나 돌하르방 말고도 다양한 석상 전통이 있었음을 보여주는 소중한 증거물의 하나다.

문화적 풍향계인 마을상징물 돌탑

제주도로 신혼여행 갔을 때, 지금은 사라진 아라동 목석원에서 무수한 돌탑과 그 돌탑 위에 올려둔 머릿돌을 본적이 있으리라. 돌탑은 오늘날 제주도 명소마다 수문장처럼 서있어 외지인을 접대한다. 돌하르방 만큼이나 흔하다. 본디 돌탑은 촌락수호신 성격을 지닌 방사탑이다. 마을 입출구에 놓여서 허한 곳을 막아주는 방사탑은 육지부 탑문화와 일맥상통한다. 비보풍수(裨補風水) 차원에서 마을지킴이 역할을 한다. 방사탑은 다양한 크기와 높이로 쌓으며, 그 자체로 예술

한경면 용수리의 거욱대.

1960년대 촬영된 제주시 이호리의 거욱대들.

대정읍 인성리의 거욱대.

적 가치를 지닌다.

　제주도에서는 돌무더기탑을 탑·거욱대·가마귀·하르방·격대·방사탑이라 부른다. 방사탑이란 말을 많이 쓰는데 식자연하는 한문투다. 방사탑은 학술적 조어일 뿐 제주사람들은 본디 쓰지 않던 말이다. 육지의 솟대 같이 긴 장대의 새, 사람 형태로 만든 돌 등 다양한 생김새를 돌탑에 올린다. 거욱대는 원뿔형과 사다리꼴형, 그 밖에 불규칙한 형태가 있다. 탑은 답단이, 탑단이, 답대, 탑대, 답동산, 탑동산, 거욱은 거욱대, 격대, 극대 등으로 호칭한다.

　거욱대는 돌로 사람 형상을 만들어 세운 것이다. 제주시 영평동의 하동 거욱대를 찾아가니 냇가의 잡목 우거진 넝쿨 속에 자리 잡고 있었다. 하동은 풍수상으로 남북이 허하다. 그래서 '남대북탑'이라고 하여 남에는 '거욱대', 북에는 방사탑을 세웠다. 돌하르방이 읍성 경계와 수호신이라면, 돌탑은 마을을 지킨다. 마을공동체 문화의 전형으로 육지부 석장승과 기능이 비슷하다. 거욱대는 동서남북의 방위, 남녀음양의 대비, 북에서 오는 서북풍의 바람길과 남쪽의 태풍, 조류 등 풍수적 조건과 조류의 흐름을 조절하는 문화적 풍향계 역할을 하는 신앙적 상징물이다.

　단산을 벗어나면 사람 형상을 다듬어 세운 인성리 거욱대가 보인다. 인성리는 대정성지 동남편 자연마을이다. 마을 남쪽으로 단산과 모슬봉이 있으며, 두 산 사이에 알뱅디, 개죽은 물로 불리는 평탄한 지대가 있는데 마을민은 이곳이 허하다고 믿는다. 나쁜 곳을 막기 위해 동서 돌탑을 쌓고 거욱대를 세웠다. 원래 4기였는데 2기는 훼손되어 2기만 남았다. 동쪽 돌탑은 약식화 된 털벙거지와 흡사한 모자를 쓰고 눈과 코가 유난히 크다. 서쪽 돌탑은 사람 형상이라기보다는 긴 돌에 얼굴 형태만 다듬은 수준이다.

　돌탑은 공동체의 공동노동으로 조성한다. 인성리 돌탑도 마을공동체가 합심해서 쌓았다. 나쁜 지기(地氣)를 막기 위해 돌탑 안에 돼지·무쇠솥·볏 따위를 묻기도 하며, 하늘의 재앙은 자연적인 형상돌, 인공 까마귀, 석상 등으로 막는다. 석상은 거욱이·하르방·영등하르방·포수 등을 올린다. 새는 까마귀나 새, 지키는 것 등으로 불려지며 육지의 솟대와 달리 까마귀가 인상적이다.

 이들 조형물은 바다나 오름, 들판을 향한다. 제주시 몰래물동네 돌탑, 내도동 돌탑, 북제주군 한경면 용수리 돌탑, 우도면 돌탑은 바다를 향한다. 대정읍 인성리 것은 들을 향한다. 그 밖에 마주보는 돌탑이나 제주시 영평동 같은 남대북탑도 있다. 구좌읍 시흥리 방사탑에는 돌하르방보다 작은 크기의 영등하르방이 바닷가를 향한다. 제주도 탑문화가 단순 돌탑으로서 끝나는 것이 아니라 주민들의 생존의 필요에서 비롯되었음을 말해준다.

 돌탑은 제주도만의 독특한 문화는 아니다. 본토에도 널리 퍼져있고 기능도 비슷하며, 마을의 허한 곳을 비보하는 풍수신앙적 면모를 보여준다. 제주도 돌탑도 한반도 돌탑신앙의 한 자락임을 알 수 있다. 그러나 인성리의 사람 형상에서 보듯, 풍부하고 다듬기 쉬운 용암석을 이용한 다양한 석상전통이 큰 물줄기를 형성하면서 제주도만의 톡특한 돌챙이문화를 낳았다. 재질이 다르면 조각도 달라지는 법. 육지부의 단단한 화강암, 제주도의 독특한 용암, 장인의 손끝이 어찌 같을 수 있겠는가.

색이 다르고 질감이 다르면 돌챙이의 손맛도 다르다

제주도 돌챙이문화는 여기서 끝나지 않는다. 육지에만 탑이 있는 것이 아니다. 불교유적으로 수정사지 다층석탑, 원당사지 5층석탑(보물 제1187호) 등 육지와

화산암으로 빚어진 제주 돌탑은 육지의 화강암탑과 느낌이 다르다.

다른 느낌과 정감의 불탑이 존재한다. 원당사지 오층석탑은 일설에는 몽골에 공녀로 끌려갔다가 황후자리까지 오른 기씨(奇氏)가 세웠다고 한다. 기황후가 태자가 없어 고민하던 중 북두칠성의 명맥이 비치는 삼첩칠봉(三疊七峰)에 절을 세워 불공을 드려야 한다는 승려의 비법을 받았다. 천하를 두루 살피다가 원당봉을 적지로 보고 이곳에서 빌어서 황태자를 얻은 후, 원당사를 창건토록 했다는 것이다. 이 전설은 확실치는 않으나, 다만 그 시기가 몽골의 제주 지배기였고 창건 주도집단이 몽골족이었다.

법화사지는 13세기 중엽부터 14세기 말까지 원의 후원을 받아 제주에서 가장 화려한 사찰건물로 자리잡았다. 사세는 탐라총관부와 관련된 것으로 비정된다. 법화사는 수정사와 더불어 한라산 남과 북을 대표하는 비보사찰이다. 태종 8년(1408) 이전에 사찰 노비가 각각 280명, 130명에 이를 정도로 큰 절이었다. 법화사 명문기와는 창건년대가 원 지배기 이전임을 알려준다. 다만 원의 제주 간섭과 더불어 원에 의해 법화사가 대대적으로 중창되었던 것으로 확인된다. 법화사 중창은 1269년에 시작해 1279년에 마무리되었다. 이 시기 원은 대제국 건설을 위해 일본과 남송 정벌을 모색하고 있었다. 법화사는 원이 제주를 남송 및 일본 정벌의 전초기지로 활용하기 시작한 1296년 이전, 언제인가 창건되어 있다가 제주에 원의 힘이 미치면서 법화사도 중창했다고 추정된다.

조형미의 깊이는 역시 재료가 판가름한다. 브론즈와 화강암 조각이 같을 수 없다. 육지의 화감암 조각과 제주의 화산암 조각이 같은 수 없다. 색이 다르고 질감이 다르고 돌챙이의 손맛이 다르다. 수정사지와 원당사지 탑이 육지의 화강암 석탑과 그 느낌과 깊이가 다를 수 밖에 없는 이유가 여기에 있다.

판에 박은 가짜문화에서 전통의 법고창신으로

폴리네시아 원주민문화를 잘 보존하고 있다는 하와이 폴리네시안문화센터(Polynesian Cultural Center : PCC)에는 피지·하와이·사모아·타히티·통가·뉴질랜드·마르케사스 섬이 한 자리에 모여 있다. 카누, 훌라춤, 나무 기어 오르기로부터 전통 옷 입기에 이르기까지 관광객에서 원주민의 삶이 '전시'된다. 기본 강조점은 물질문화(가옥·카누·공예품)와 공연예술(노래와 춤)이다. 폴리네시안의 무형적 이데올로기나 사회조직, 세계관은 결여되어 있다. 폴리네시안 생활의 비물질적 측면에 대해서는 약간의 일반적 암시를 던질 뿐이니, PCC 같은 모형 창출을 통한 가짜문화(fake culture)로서는 당연한 귀결이다.

제주민속촌도 이 같은 모형문화의 복사판이다. 테마파크는 공통적으로 야외박물관 형식의 모형문화(model culture), 무대화된 허위 민속문화(staged phony-folk culture), 관광무대(tourist stage), 전시지역(front region)의 개념을 도입한다. 20세기에 촉발된 이런 형식의 테마파크는 역사와 문화를 재현하고 사라진 시간을 붙들어 매어 오늘의 현실로 가져다주는데 탁월한 기능을 발휘한다. 그런데 정지된 시간은 붙들어 맬 수 있어도 원주민의 역동적 삶의 역사, 삶의 변화는 붙들어 맬 수 없다. 오늘의 제주도 돌챙이문화는 어떠한가?

오키나와에서 배움을 청해본다. 오키나와에서 문화적 상징인 돌사자 시사를 보게된다. 시사를 다양한 형태로 재창조하고, 심지어 오끼나와 예술대학의 공식 전공과목으로 채택해 창조적 시사를 만들어낸다. 마땅히 제주도의 미술대학이나 미술가들도 돌챙이문화를 계승발전시킬 의무가 있다. 그러나 돌챙이 장인과 예술가의 조각이 분리되어 있다. 이 틈을 비집고 창의력 없이 판에 박은 모형문화가 득세한다. 돌문화에서도 예외가 아니다.

돌하르방의 법고창신. 북촌리 돌하르방 공원의 다양한 돌하르방들.

장공의 돌하르방 명장도 새로운 돌조각들을 선보이고 있다.

돌문화의 신(新)전통을 만들어내고 있는 젊은 예술가들을 주목한다. 종이찰흙을 이용해 동자석을 재연하거나 생활예술품으로 누구나 간직할 수 있게 하려는 법고창신(法古創新)이 그것이다. 신전통은 그런 점에서 겨자씨지만 장대하게 될 것이다. 전통적 돌챙이문화를 벗어나려는 돌챙이의 작품도 더러 나타난다. 이러한 변화와 모험 속에 돌챙이의 새 미래가 있다. 정지된 시간으로는 제주민의 삶과 유리된 가짜문화만이 남기 때문이다.

더이상 동자석을 무덤가에서 보기 어렵게 되었다. 돌하르방과 달리 몸집이 작고 사람들 눈에 덜 띄는 산담을 지키고 있기 때문에 일찍부터 장물애비의 손으로 넘어갔다. 무덤을 지키고 있어야 할 석상이 부잣집 정원을 장식한다거나 호사가의 아파트 베란다에서 여생을 마치는 중이다. 손길을 피해 살아남은 동자석을 만날 때 마다 가슴이 찡할 수 밖에 없다.

10

테우리의 섬

조랑말은 아무나 키우는 게 아니다

목호들은 말을 대단히 소중하게 여겼으며 심지어 말의 걸음걸이나 식사까지도 조절하면서 다루었다. 목호들은 양마법에 익숙할 뿐만 아니라 몽골말의 순종을 보존하기 위해 과하마와의 상란(相亂)을 금지했다. 원나라가 물러난 뒤에 제주도의 말은 모두 왜소해지기 시작했다. 이는 양마법을 잘 몰랐기 때문이며, 괜찮은 말이라면 모두 육지로 공출해갔으며, 심지어 과하마와 상란한 결과에서 초래된 일이다.

— 이익, 《성호사설》

한라산 목동 테우리

양친을 여읜 소녀 하이디는 알프스의 목장에서 혼자 사는 할아버지에게 맡겨진다. 성격이 밝은 하이디는 고루한 노인의 마음을 점차 누그러뜨린다. 어느날 병이 난 클라라의 놀이 상대로 프랑크푸르트에 가게 된다. 천진난만한 하이디는 도회지 생활을 견디지 못하고, 몽유병에 걸려 다시 산으로 돌아온다. 그리고 할아버지의 마음을 편안하게 해주고, 눈먼 할머니에게 살아갈 희망을 불어넣는다.

어릴 적 읽고 또 읽었던 《알프스 소녀 하이디》. 동화책에는 알프스 목동들이 계절에 따라 산을 오르내리는 풍경이 그려져 있었다. 그런데 제주도에도 산을 오르내리는 목동들이 있었다. 이름하여 테우리. 여름철 방목기에 마소는 낮은 곳으로부터 풀과 나뭇잎이 싹트는 행로를 따라서 올라가다가 가을이 오면 식물이 시들기 시작하는 행로를 따라서 하산하기 시작한다. 이렇듯 방목을 하자면 전문적 목축 기술자인 테우리가 반드시 필요했다.

테우리는 바령팟(糞田)을 경영해 농삿일에도 힘썼다. 제주도에서는 화산토 농경을 위해 반드시 휴경을 해야했다. 경지를 거름지게 할 양으로 마소를 몰아넣어 분뇨를 받는 일을 바령, 그 밭은 바령팟이라 한다. 바령팟에서는 음력 7월 15일 백중고사도 지낸다. 백중고사는 바령팟에서 계원 전원이 일시에 모여서 지내는 것이다.

제주도에서 칠월 백중에 하는 마불림제도 백중제라고 부르는 곳이 많으며, 모두 우마 증식제다. 백중날에는 테우리들이 떡과 밥, 술 등 제물을 갖추어 자기 소와 말을 기르는 목장의 망을 보는 테우리 동산에 가서 고수레를 하면서 목축이 잘 되길 기원하는 테우리고사를 지낸다. 보름날에는 마소 먹이는 일반 농가에서도 백중제를 지낸다. 전일에 미리 우마를 거두어 넓은 밭에 가두어 놓고 백중제를 지

칠월 백중의 테우리 고사(송당마을).

제주의 '알프스 소녀' 테우리.

제주 여성의 섬세한 손길이 들어가는 망건짜기.

내며, 관에서도 마조단(馬祖壇)에 우마의 무병과 번식을 기원하는 제사를 지낸다. 테우리는 화산토를 밟아주기 위해 말떼를 부리며 구성지게 노래를 하는데 이를 '밧 볼리는 소리'라 한다. 풀어 놓아 기르던 마소를 밧줄로 걸어 묶어 잡아들이는 특수한 기량도 필요했는데 미국식으로 따지면 카우보이 역할이었다.

카우보이모자와 정동벌립

테우리는 사라졌으나 전통적인 목축문화는 말총과 정동벌립이라는 두 개의 뛰어난 공예품을 남겼다. 말총 공예는 말의 갈기와 꼬리털인 말총으로 총모자와 망건, 탕건, 정자관을 만드는 수공업으로 주로 여성이 그 일을 담당했다. 탕건 명산지는 제주도를 비롯해서 평안도 정주, 안주, 호남의 논산, 김제 등을 손꼽는데 말총의 대부분은 제주도에서 생산되었다. 조선시대 말에는 제주도에서만 수만 개의 탕건이 제작되었다.

사진을 보면 가르마를 반듯하게 탄 소녀들이 담벼락 앞 멍석 위에 앉아 망건을 겯고 있다. 바늘로 한 땀 한 땀 마름모꼴로 엮어나가는 섬세하고도 지루한 노동이다. 갓일은 주로 제주시 동서쪽에서 성했다. 도두와 이호·외도동은 총모자, 조천·신흥·함덕에서는 망건, 삼양·화북·신촌에서는 양태, 화북·삼양·도련에서는 양태를 주로 겯었다.

정동벌립은 댕댕이덩굴로 겯은 차양이 있는 모자다. 댕댕이덩굴은 '정동줄', '정당'이라고 하고, 벌립은 차양이 있는 모자다. 재료가 털이면 털벌립이고, 재료가 정동이면 정동벌립이다. 중산간지대의 초원지대나 목장지대에 자생하는 댕댕이덩굴을 가을에 채취해서 잘 말렸다가 사용한다. 정동벌립은 햇빛과 빗물을 막

제주의 명품 문화유산 정동벌립.

아주는 최고의 모자다. 중산간지대에서 가시덤불을 헤치며 마소를 돌보는 사람들에게는 최고의 보호 장비가 아닐 수 없다. 빗물이 한 방울도 스며들지 않도록 촘촘히 결었기 때문에 비 오는 날 야외 생활을 해야 하는 테우리들에게는 최고의 우비다. 마소를 몰고 야생의 들판에서 며칠이고 지내는 테우리들의 필수장비 중에서도 가장 중요한 것이 정동벌립이다. 카우보이모자가 전 세계에 퍼졌듯이 테우리의 정동벌립을 최소한 제주도에서라도 애용할 필요가 있지 않을까.

육식파와 미식파의 대결

제주시청 벽면에 오곡의 씨앗과 송아지 등 가축을 가지고 도래한 삼공주와 가축을 형상화한 삼성신화가 그려져 있다. 수렵의 시대가 가고 목축의 시대가 도래했음을 뜻한다. 삼성신화에 송아지·망아지가 이미 등장하는 것으로 보아, 또한 온난한 기후와 광활한 초원, 맹수가 없는 섬이란 점을 고려한다면 몽골 지배 이전에도 제주는 우마 번식의 최적지였다.

    제주 풍경을 오롯하게 박아둔 홍정표 선생의 사진첩에 가죽옷 입은 하르방 사진이 한 장 들어있다. 사냥하면서 화전 일구고 살아가던 전형적인 한라산 산사람이다. 지금은 사라졌으나 20세기 전반만해도 중산간마을에 산사람들이 사냥을 하고 화전을 일구며 살아갔다. 사냥의 역사는 목축 이전 단계의 제주 선대 역사를 알려주는 제주도 최초의 기술사이기도 하다. 일찍이 《영주지》(瀛州誌)는 이렇게 전한다.

    땅에서 출현한 삼신인은 짐승 가죽으로 옷을 만들어 입고 고기를 먹으며 항

제주 전래의 가죽옷

상 수렵으로 일을 삼으니 가업이 이루어지지 않았다.

탐라개국신화에 가죽옷과 육식이 등장함은 목축 이전에 수렵이 일상 수단이었음을 암시한다. 일제강점기에 제주도를 현지조사한 동경대 이즈미 세이치(泉靖一)도 가죽옷을 언급한다.

제주도 풍속의 하나로 누구나 빠뜨리지 않고 거론하는 가죽옷은 개·너구리·노루 가죽으로 만든다. 그 당시(1900년경)도 섬 전체에서 널리 볼 수 있었던 수렵은 대부분은 겨울 농한기를 이용한 사냥으로, 고기를 얻기보다 가죽옷을 만들기 위한 가죽을 얻을 목적으로 행해졌다.

제주에는 노루가 많다. 천적이 없는 조건에서 노루가 좋아하는 한라개승마, 제주황기, 사철나무, 송악, 마삭줄, 동백나무가 지천이라 노루에게는 천국이다. 산짐승 사냥은 민간만의 일은 아니었다. 관아에서도 주기적으로 대규모 인원을 동원해 잡아들였다. 산짐승은 노루·사슴·돼지·지달·오소리, 날짐승은 꿩·까마귀·솔개·참새 등이었다.

《탐라순력도》에 〈교래대렵(橋來大獵)〉그림이 있다. 진상을 위한 날짐승과 산짐승을 사냥하는 풍경이다. 당일 사냥에 삼읍 수령과 마군 200명, 몰이꾼 400명, 포수 120명 등 대규모 인원이 동원되었다. 하루에 사슴 177마리, 돼지 11마리, 노루 101마리, 꿩 22수를 잡았다. 실제로 교래리의 드넓은 곶자왈에 들어가보니 오늘날에도 노루가 숲을 뛰어다니고 있다.

사냥 풍습이 사라진 조건에서도 사냥 흔적은 생활 곳곳에 남았다. 중산간 마을에 좌정한 산신과 산신당본풀이가 그 징표다. 산신당본풀이는 한라산을 사냥

《탐라순력도》 중 〈교래대렵〉. 조천읍 교래리 지경에서 벌어진 노루사냥 장면을 묘사한 그림이다.

하며 좌정할 곳을 찾아 떠돌다가 마을 조건을 갖춘 곳에 정착하는 과정을 보여준다. 본풀이의 산신놀이(사농놀이)에는 당신(조상)이 사냥하던 광경이 굿판에서 재현된다. 산신놀이는 사냥감의 풍성한 수확을 기원하는 유감주술이며 하나의 연극이다. 사냥하며 살던 조상들의 사냥법, 분육법 등을 굿판에서 모의적으로 재현함으로써 우마번성을 기원한다. 한라산을 지켜주는 하로산또는 하늘과 땅 사이의 기후와 바람을 관장하는 신이지만 수렵 목축의 신이기 때문이다. 하로산또는 사농바치(사냥꾼)를 상징한다. 사농바치라는 한라산신계 수렵목축신은 '삼천병마 일만 초깃발'을 날리며 달리는 장수신으로 표현된다. 궤네깃당 본풀이를 보자.

> 소천국과 백주또가 결혼해 아이들을 낳은 후, 백주또는 사냥만으로는 살기 힘드니 농사를 짓자고 소천국에게 제안한다. 소천국은 국과 밥을 아홉 동이씩 가지고 밭에 나가 일하게 되는데 중이 와서 밥을 청하기에 권했더니 모두 먹어 버린다. 그래서 소천국은 밭을 가는 소를 잡아먹는데. 이 때문에 백주또는 화가 나 부부가 헤어지게 된다. 그 후 소천국은 예전처럼 사냥해 노루·사슴·돼지를 잡아먹고 살았다.

소천국과 백주또의 갈등은 미식파와 육식파의 갈등이다. 남녀신이 식성이 달랐기에 제물도 별도로 차렸다. 제주시 월평동과 영평동 본향당인 다라쿳당은 남신인 산신, 여신인 은기선생 놋기선생이 좌정한다. 남신은 고기를 먹었기 때문에 바람 아래 좌정한 수렵·목축의 부정한 신이며, 여신은 강남 천자국에서 온 외래신으로 농경·산육신으로 바람 위에 좌정한 깨끗한 신이다. 신화학자 허남춘(제주대)은 육식·농경신의 분화를 통해 수렵문화에서 농경문화로 이행해간

문화사적 발전과정을 볼 수 있다고 보았다. 미식파와 육식파의 갈등, 대단히 흥미로운 관점이다. 오늘날은 어떠한가. 한때 육식파가 이기다가 다시금 미식파에게 열광하는 시대가 아닐까.

제주에 남은 몽골의 흔적

탐라에서 백제에 헌상한 말을 다시 당나라에 헌상했다는 기록으로 볼 때, 이미 탐라에는 토착 향마(鄕馬)가 존재하며 방목되고 있었고, 토착 검은쉐(흑우)도 존재했을 것이다. 그러나 제주도에서 본격적인 목축은 몽골 지배기에 강력하게 추진되었다. 유라시아대륙을 가로지르는 광대한 초원에서 일어나 끝내 초원으로 사라진 몽골제국이 탐라에도 발을 들여놓았다. 초원의 바다에서 바다라는 망망대해의 초원으로 말발굽을 옮긴 것이다. 이로써 제주도 목축의 커다란 줄기가 시작되었다.

　원 탐라총관부는 사실상 목장 경영을 위한 식민부서였다. 몽골제국의 세계 경영 차원에서 본다면 탐라의 훌륭한 초지가 눈에 들어온 것은 당연지사다. 맹수 없는 초원인데다가 격리된 섬이라 가축이 도망치지 못하니 이만한 목장터가 아시아에 또 있을까. 르네 그루쎄(Rene' Grousset)는 《유라시아 유목제국사》에서 유목민의 이동을 이렇게 설명하고 있다.

　　초원 내부의 역사는 최상의 초지를 확보하기 위해 경쟁을 벌이던 여러 투르크-몽골 집단들의 역사이자 가축을 방목하기 위해 한 목지에서 다른 목지로 끊임없이 옮겨 다닌 그들의 이동의 역사이기도 했다. 이리저리 오가는 그들의 이동은 너무도 광범위한 지역에 걸쳐 이루어졌기 때문에 때로는 몇 세기가 지난 뒤에야 완결되는 경우도 있었는데, 그동안 그들은 신체적 외형이나 생활방식조차 서서히 새로운 지역에 적응해 갔다.

몽골의 탐라 지배가 위와 같았다. 대륙의 초지에서 섬의 초지로 옮겨졌다는 차이가 있을 뿐이다. 탐라는 《원사》〈외이전(外夷傳)〉에 고려와 별도의 나라인 탐라로 소개되어 있고, 또 〈마정(馬政)〉 조에 대원제국의 주요 목마장의 하나로 거론될 만큼 몽골과 관계가 깊다. 제주도 역사를 대몽골(원) 제국의 세계정책과 연관시켜 해석해야만 실체를 파악할 수 있다는 뜻이다. 즉 탐라의 역사와 문화는 고려사가 아닌 세계사의 축약이라는 관점에서 접근해야만 쉽게 실체에 다가갈 수 있다는 박원길 같은 몽골전문가의 주장도 있다.

원은 고려인의 손을 빌리지 않고 스스로 목호를 파견해 자체적으로 종마를 선택했다. 심지어 고려인의 목장 접근을 금했다. 몽골의 목축 기술 노하우는 당대의 '비밀스러운 하이테크노'였기 때문이다. 원의 목호는 풍부한 양마 기술로 순종의 몽골종 말을 길러내어 군용 혹은 교통용으로 제공했다.

너무도 먼 곳에서 독립적으로 몽골의 지배가 이루어졌기 때문에 파견된 몽골인은 서서히 탐라 사람과 결합했다. 제국 경영을 위해 파견된 목축 전문가 목호는 아예 눌러앉아 제주 여인과 결혼해 애 낳고 살면서 대를 이어 말을 키웠다. 그들의 후손은 훗날 이른바 원성(元姓)이 되었다. 최영 장군이 목호를 토벌할 때, 최후까지 저항한 목호가 3,000여 명에 이르렀음은 순수 몽골인뿐 아니라 몽골의 피를 받은 제주사람도 섞여 있었다는 결정적 증거다. 목호 토벌은 목축의 하이테크놀로지가 일시에 사라지는 결과를 빚었다. 제주 말이 왜소해지기 시작한 것은 당연한 결과였다.

몽골인은 목축의 흔적을 곳곳에 남겨두었다. 그 무엇보다 말 관련 용어에 몽골어 잔재가 많다. 가라몰(털빛이 까만 말), 고라몰(털빛이 누런 말), 구렁몰(털빛이 밤색인 말), 부루몰(털빛이 하얀 말), 적다몰(털빛이 붉은 말), 수룩(떼, 무리), 가달석(고삐줄), 우룩(친인척), 녹대쉬엄(구렛나룻)……

제국은 사라졌어도 목축의 흔적은 이렇게 오래도록 남아 있다. 제주도의 지명에도 당시 몽골어의 흔적이 많이 남아 있다. 제주어를 유네스코 무형유산에 등록하자는 움직임도 있거니와, 비교언어학적으로도 제주어에 남아 있는 몽골어는 국제적 연구 주제다.

대몽골제국의 말은 제주도에만 남아

우리나라 재래마는 제주도 조랑말을 뜻한다. 조랑말은 'tarpan' 말에서 유래되는 향마가 오랜 세월 여러 혈통, 특히 몽고마나 아랍계의 대완마(大宛馬)의 영향을 받아 교잡이 이루어진 품종이다. 몽골인이 목장을 경영하면서 몽골말의 순혈주의를 고집하다가 그네들이 물러선 뒤에 교잡이 다양한 방식으로 이루어졌을 것이다. 조랑말은 본디 체구가 작은 말을 가르키는 말로 고서에는 과하마(果下馬), 또는 토마(土馬)로 기록되어 있다. 과하마란 '몸집이 작아서 과수나무 밑을 갈 수 있는 말'이란 뜻이다.

1993년 여름, 시베리아 사하공화국을 찾아갔을 때의 일이다. 그때에 두 가지 말을 볼 수 있었다. 하나는 일종의 경주마에 쓰일 만한 늘씬한 말들, 짐작컨대 페르시아나 아랍계 말로 여겨지는 준마들이었다. 다른 하나는 털북숭이에다가 키는 작지만 몸이 다부져서 무거운 짐도 거뜬히 싣는 조랑말들이었다. 그 조

방목 중인 제주 조랑말.

랑말이 시베리아의 향마였다. 문득 그 향마의 체취에서 신라 토우에 등장하는 과하마를 탄 전사가 떠올랐다. 토우의 과하마와 시베리아 향마, 그리고 제주도 조랑말은 동북아 마문화의 전통적 유기성을 간직하고 있다.

제주마의 명칭은 탐라마, 제마, 토마, 국마, 조랑말 등 다양하다. 털색이 다양하고 체격이 작지만 부위가 균형이 잡혀 있고 외모가 경쾌하며 얼굴이 넓다. 체질이 건강해 병에 대한 저항력과 생존력이 강하다. 성질이 온순하며 사람을 잘 따른다. 털색은 밤색이 가장 많고 적갈색, 회색, 흑색도 있다. 두 바퀴 마차에 210Kg의 짐을 싣고 4시간에 16km를 걸을 수 있는 괴력을 지녔다. 매일 32km씩 22일간 연일 행군해도 견딜만큼 굽이 치밀하고 견고하다. 1901년 독일인 지그프리트 겐테(S. Genthe)는 제주마의 지구력을 높게 평가했다.

난쟁이처럼 작고 튼튼한 야생마들이 풀을 뜯고 있었다. 육지에서 제주도는 야생마의 원산지로 유명하다. 덥수룩한 겨울털에 싸인 말은 산악지대의 혹독한 추위에도 끄떡없는 것 같았다.

제주마는 한반도의 타지방에서 산출된 말과 그 형태와 성질에서 단연 차이가 났으며 태종조에 제주마를 명나라에 진공하자 천마(天馬) 호칭까지 들었다. 시바 료타료는 《탐라기행》에서 이런 글을 남겼다.

몽고말은 아랍이나 중국 서역의 말같이 몸체가 크지 않다. 몸체가 작은 깜냥에는 머리가 크고, 다리가 짧고 굵어서 어딘지 균형이 안 맞는 듯하지만, 장거리 행군에 적합하고 내구력이 참으로 좋다. 칭기즈 칸과 그 자손들은 이 작은 말 위에 올라앉아 멀리 유럽까지 갔던 것이다. 오늘날 몽골 고원의 말은 혼혈이 되어 역사적 몽고말과는 사뭇 다르다. 12세기 대몽골제국의 말은 제주도에만 남아 있다 해도 좋으리라.

몽골제국의 말이 제주도에만 남아 있다? 신뢰해도 좋은 말이다. 스텝에서 온 갖 민족과 말들이 오가면서 끊임없이 교잡이 이루어질 수 밖에 없던 몽골말과 다르게 동북아에 외롭게 떨어진 섬이라는 조건이 만들어낸 격리의 결과물이기 때문이다.

제주마의 전통과 원형에 관한 무수한 논쟁을 해결해 줄만한 사진 한 장이 있다. 싸스마번이 지배하던 다네가시마(種子島)는 섬은 작아도 일본 최초로 철포가 전래된 유서 깊은 역사를 지닌다. 철포박물관 로비에 이곳 토종말로 소개되는 말 사진이 하나 걸려있는데 섬 특유의 토종말이다. 조선에서 들여온 '우시우마' 란 말이란 설명이 붙어 있다. 1683년, 조선에서 전래된 것으로 알려지며 털이 거의 없는 소같이 생긴 놈이다. 1830년에 도주의 명령으로 5필을 목축해 수십 마리까지 증식시켰다고 한다. 국가적으로 보호하기 위해 종자 번식이 이루어졌으나 불행하게도 1951년에 멸종했으며 현재는 사진으로만 남아 있다. 조선에서 말이 왔다는 말은 17세기 후반에 어떤 직거래가 있었음을 암시한다. 말의 크기가 아담한 것이 제주도 조랑말 계통이 아닌가 싶은데 목의 갈기에 털이 거의 없는 것이 차이가 난다.

열심히 키웠으면 내놓아라

원이 물러가자 마필은 고려에 귀속된다. 연이어 고려가 망하자 마필은 그대로

《탐라순력도》중 〈공마봉진〉의 부분도. 테우리들이 각자 몇 필의 말고삐를 쥐고 서 있다.

조선조에 인계되었다. 1601년에 제주에 온 김상헌은 수산(水山)에서 허물어진 몽골 목장의 성을 시로 읊었다. 수산 들판은 충렬왕 때 원의 타라치(塔羅赤)가 말을 방목했던 곳이다. 조선시대만 해도 몽골 목장 흔적이 곳곳에 남아 있었다. 이익이 《성호사설》에 쓴 다음 기록을 주목해보자.

목호들은 말을 대단히 소중하게 여겼으며 심지어 말의 걸음걸이나 식사까지도 조절하면서 다루었다. 목호는 양마법에 익숙할 뿐만 아니라 몽골말의 순종을 보존하기 위해 과하마와의 상란(相亂)을 금지했다. 원이 물러난 뒤에 제주도의 말은 모두 왜소해지기 시작했다. 양마법을 잘 몰랐기 때문이며, 괜찮은 말이라면 모두 육지로 공출해 갔으며, 심지어 과하마와 상란한 결과에서 초래된 일이다.

유목 민족의 말 다루기와 우리 기술을 비교함은 무리일 것이다. 그러나 조선시대 내내 보다 더 문제가 되는 것은 육지로의 과도한 공출이었다. 국영 목장의 존재 이유는 말의 무한 공출이었고 그 최적지로 제주도가 손꼽혔다. 한라산 해발 200-600m 지대를 10개 권역으로 나누어 10소장을 두고 말을 공출했다. 전쟁에 대비하고 의식에 필요한 수요를 충당하기 위해 제주도를 비롯한 해도에 목장을 경영한 것이다.

《탐라순력도》에 〈공마봉진(貢馬封進)〉 그림이 있다. 진상마를 각 목장에서 징발해 제주목사가 최종적으로 확인하는 광경이다. 말들이 일렬 종대로 검열을 기다리는데 테우리로 보이는 사람들이 저마다 말고삐를 쥐고 서 있다. 자신들이 할당 받은 말을 애써 키워 관아까지 끌고 와 점고를 받아야 했던 처량한 신세가 엿보인다. 임금이 탈 어승마(御乘馬), 매년 정기적으로 공납하는 연례마(年例馬), 특별 용도로 쓰기 위해 마련하는 차비마(差備馬), 임금의 생일을 축하하는 탄일마(誕日馬), 동짓달에 중국으로 사신을 보내면서 함께 바치는 동지마(冬至馬), 정월 초하룻날을 맞이해 바치는 정조마(正祖馬), 연말에 각 목장에서 바치는 세공마(歲貢馬), 흉변이 있을 때 사역하는 흉구마(凶咎馬), 짐 싣는 노태마(駑□馬) 등 명목과 건수도 가지가지였다.

말을 일정 장소로 모아서 마필 수를 확인하는 〈산장구마(山場驅馬)〉 그림도 있다. 그림에는 제주판관, 감목관, 정의현감이 참여한 가운데 결책군(말을 가두는 목책을 만드는 군인) 2,602명, 말을 모는 임무를 맡은 구마군, 말을 관리하는 목자와 보인 214명 등이 대규모로 동원되었다. 성판악 남쪽에서 벌어진 구마인데 남북 40리, 동서 60~70리의 넓이를 차지하고 있어 상당한 규모였다.

우도 목장의 말을 점검하는 〈우도점마(牛島點馬)〉그림을 보면 민가가 그려져있지 않다. 우도에 사람이 살고 있지 않았다. 이원조 목사가 장계를 올려 우도 목장의 개간을 허락받아 사람이 살게된 것은 불과 1843년부터의 일이다. 그 전에는 전적으로 목장으로 쓰였다.

제주목과 정의현, 대정현에 마둔(馬屯)이 여러 곳 설치되었다. 중앙정부는 마소를 효과적으로 관리하기 위해 마소의 호적인 우마적(牛馬籍)을 작성했다. 나이, 털의 색깔, 주인 이름 등을 기록한 우마적을 5통 작성해 제주목사, 감목관, 전라도 관찰사, 사복시, 병조가 각각 1통씩 가지고 관리·통제했다. 목자는 수많은 말을 제대로 관리하고 키워야했으며 봄·가을로 풀이 자라면 베어내서 먹이로 삼았다. 풀이 말라서 말이 굶주려 죽으면 말가죽을 처리해서 관청에 내야 했다. 감목관은 온갖 수단으로 살아 있는 말의 숫자를 채우려고 목자에게 책임을 씌웠다. 목자는 자신의 재산을 모두 팔아야 할 때도 있었으며, 본인이 비용을 물지 못하면 일족에게까지 피해를 주었다. 목자 중에는 깊은 골짜기에 들어가 자살하거나 말을 살해해 역을 피하려는 자도 있었을 정도였다. 목자는 양인이었지만 실제로는 천역으로 간주되었으며 한번 맡겨지면 숙명처럼 벗어날 수 없는 고역이었다. 감목감과 목자의 전통은 대를 이어 계승되었다. 김석익은 《탐라기년》에 이렇게 썼다.

김만일은 정의 의귀촌 사람으로 돈 버는 기술과 가축번식에 통달했다. 임금에게 말 오백 마리를 바치고 집안 대대로 감목관 벼슬을 세습받게 된다. 세습이 삼백 년 동안 이어져 부귀하고 번성해 섬 안에 가득했으니, 실로 제주의 큰 부자였다.

이러한 이야기는 국영 목장 못지않게 개인 목장이 강했다는 증거다. 조선조 목장이 폐지된 뒤에도 제주도에는 마을공동체의 마을 목장이 번성했다. 개인 목장과 마을 목장의 전통은 국영 목장과 다른 맥락이다. 마을 목장이 대거 사라지고 난 다음에 자본에 의한, 진정한 의미에서의 개인 목장들이 등장하면서 그로부터 목장과 제주민의 사실혼 관계는 끝난다. 마을 목장이 사라지자 목장은 제주사람들의 실생활에서 멀어지게 된다. 다만 마을 공동 소유로 개인 목장이 일부 '부동산'으로 남아 있다.

되살려야할 검은쉐

제주 신화에서 검은 암쉐는 생산력과 주술력이 뛰어난 소로 간주된다. 부모의 미움을 받아 쫓겨나지만 행하는 일마다 부와 행운을 누리는 가문장아기가 집을 떠날 때 데리고 떠나는 것도 검은 암소다. 제주도의 사라진 목축 풍습 중의 하나

제주 흑우(김민수 사진)

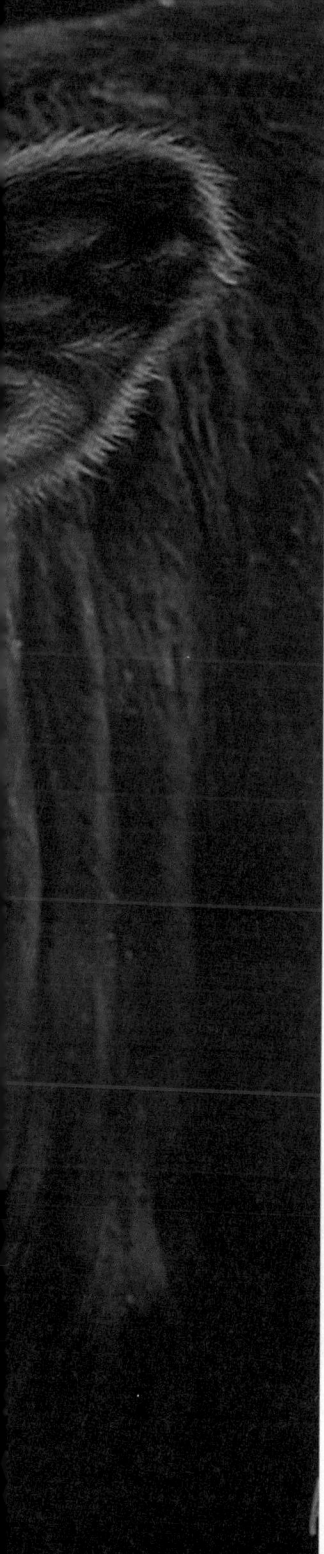

가 검은쉐(검은 소)다. 이원진은 《탐라지》에서, '제주도 소는 검정이·누렁이·알록이 등 여러 종류가 있다'고 했다. 《중종실록》에 '민간에는 흑우가 적으나 황우는 쉽게 구할 수 있다'고 했다. 검은쉐는 나라에서 제사에 쓸 용도로 공납을 받았다. 《승정원일기》 인조 5년(1627) 기사에, '10월 납형대제에 쓰일 제주흑우가 부족해 충청감사에게 흑우를 올려보내라'는 기사가 보인다.

제향용으로 매년 전생서(典牲署)에 진상하기 위해 황태장, 천미당, 모동장, 가파도 별둔장에서 검은쉐를 길렀다. 황태장은 1소장 내에 설치되었으며, 진상 흑우를 많이 길러 흑우둔이라 불렀다. 정조 때는 우감 2인, 반직감 2인, 군두·목자 40명을 배치해 530수의 흑우를 길렀다.

《정조실록》에 '천신하는 황과와 제향에 쓰이는 검은 소는 더없이 제사에 중요한 물건'(권18, 정조 8년)이라고 했다. 영조대까지만 해도 20두를 진상했으나 순조 연간에 40여 두로 불어났다. 공납마에 비하면 많지 않은 숫자지만 귀했기에 부담이 엄청났다. 진상하는데 합당한 검은쉐가 부족해 부득이 백성들의 소 중에서 골라서 수량을 채워 보내고 대신 민간에게는 잡색 소를 주었다. 민간에도 널리 검은쉐가 있었다는 뜻이기도 하다.

한편 테우리들은 말뿐 아니라 소도 다루었다. 테우리는 일정 보수를 받고 우마를 키워주며 마을 공동목장에 고용되기도 했다. 봄 또는 조 파종이 끝난 여름에는

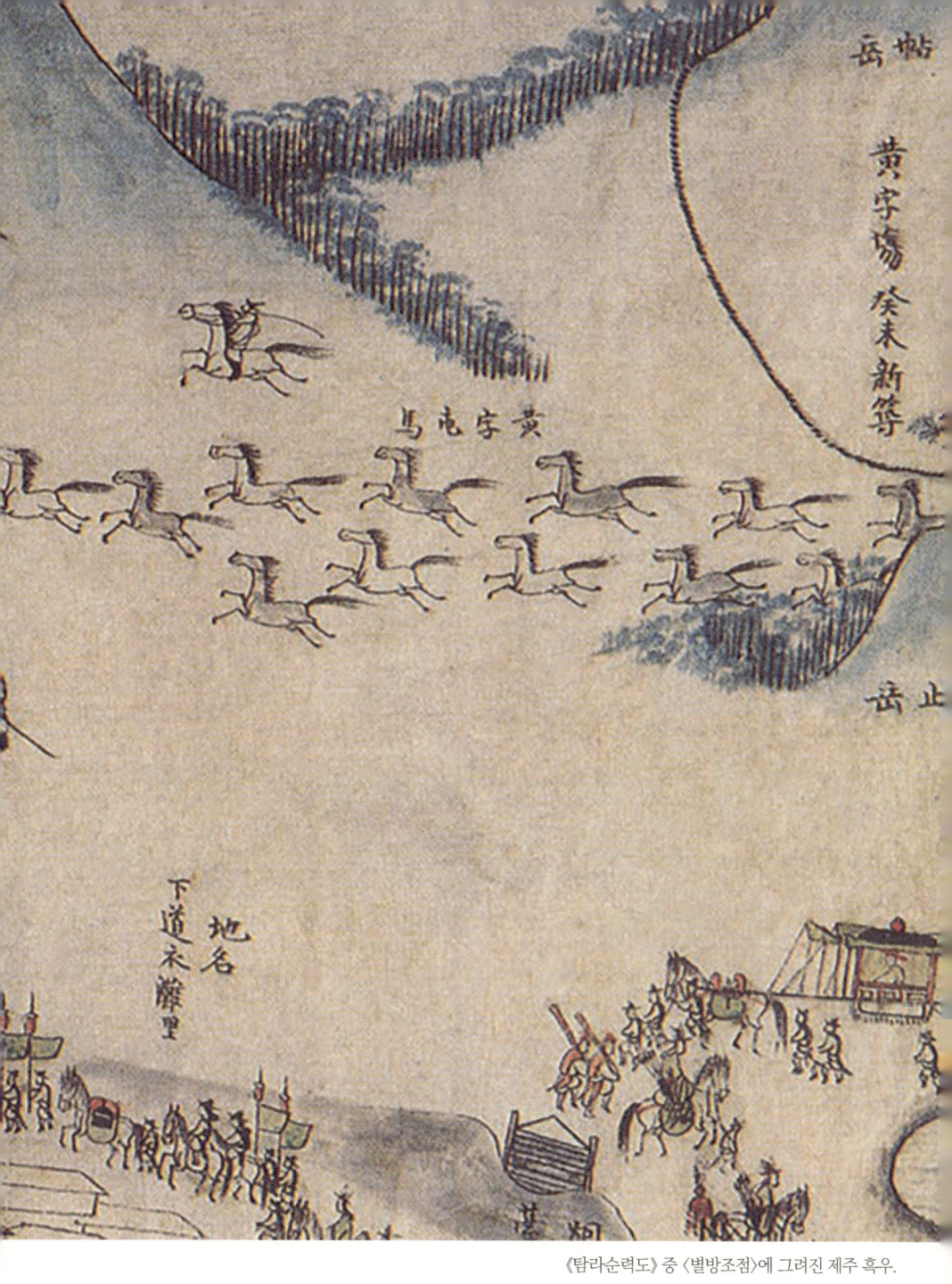

《탐라순력도》 중 〈별방조점〉에 그려진 제주 흑우.

우마 사역이 필요 없기 때문에 우마를 목야에 방목하게 된다. 우마를 이웃끼리 한데 모아 소관 목야지에 방목하는데, 그 임자들이 순번제로 이를 감시하는 것을 번쉐(혹은 番牛)라 한다. 번쉐의 번은 순번을 가리키는 말이며, 쉐는 소의 제주어다.

우마 방목기에 이르러 이웃끼리 합의해 순번을 정해서 번쉐를 시행한다. 조볼리기(조갈기)가 끝나면 이웃끼리 10~20여 호가 합의해 번쉐를 했다. 당번이 된 사람이 높은 곳에 올라가 '쉐덜 둡서!'하고 외치면 각 가호에서는 소를 풀어 바깥에 내놓는다. 하루 종일 풀밭에서 소를 먹이다가 소떼를 몰고 마을로 돌아와 '쉐 맵서~!'하면서 각 집의 외양간으로 돌려준다. 공동 관리로 이웃집 소를 전부 알게 되고 자기 소처럼 아끼고 키우게 된다.

이처럼 방목에 내놓은 말을 곶물, 소를 곶쉐라 부른다. 한 마을에서 마소를 한데 모아 떼를 짓고 테우리들이 번걸아가면서 하는 방목을 둔쉐, 또는 쉐접이라 불렀다. 매어 기르는 소는 멤쉐, 일을 시키는 소는 부림쉐라 불렀다. 멤쉐는 다소 경제적 여유가 있는 집에서 소가 없는 집에 암소를 사서 반작하게 하는 제도다. 소 없는 집에서는 그 암소를 이용해 밭을 갈고 짐을 실어 나르고 하여 농사를 너끈히 지을 수가 있다. 그러다가 그 암소가 새끼를 낳으면 첫 번째 낳은 새끼는 그 소를 기르는 사람이 가지고 다음 새끼는 암소를 사준 주인에게 돌려주는 제도다. 소가 귀했던 시절에 테우리들이 행하던 일들이다.

공동체성의 전범인 돗추렴과 몸국

제주 사람에게 가장 중요한 가축은 사실 도새기(돼지)다. 제주도 잔치에서 돼지고기가 빠진다? 그런 일은 생각할 수도 없다. 일찍이 이원진의 《탐라지》에 이렇게 썼다.

> 구혼하는 사람은 반드시 술과 안주를 준비한다. 납채자도 또한 그렇게 한다. 저녁에 사위는 주육(酒肉)을 갖추어 색시의 부모를 뵙고 취한 후에 방에 든다.

주육은 두말할 것 없이 돼지고기. 검은도새기가 유명한 곳이니만큼 돼지요리가 발달한 곳이 제주도다. 동물에 관한 인간의 신념과 상징체계가 가장 잘 드러나는 국면은 역시 신앙이 아닐까. 제주도 유교의례인 포제는 통돼지 한 마리를 턱하니 올려둔다. 제주도 신당 중에서 '돈지당'은 돼지를 바치는 신당이다. 사냥시대부터 멧돼지는 노루와 더불어 중요한 사냥감이었다. 신화시대부터 돼지고기를 신에게 바치고, 이 신이 왜 이 돼지고기를 받게 되었고 사람들이 왜 이 신을 음식으로 받드는가 하는 문제는 단순하지 않다.

구좌읍 김녕리는 본향당인 큰당, 궤네깃당, 성세깃당, 느므릿당, 서당, 해신당 등이 있다. 궤네깃당에서 모시는 돗제는 돼지를 본향당신이나 돗고기를 먹는 신에게 바치고 사람들이 나누어 먹는 의례다. 돗(豚)이라는 말과 제라는 말이 합쳐져서 돗제가 되었다. 돗제는 돼지를 온 마리로 바치는 특별한 제의다. 익힌 돼지고기와 날 것을 동시에 바친다. 공동체적 제의에 돼지가 등장해 공식(共食)과 헌식(獻食)의 의미망을 강화시켜 준다.

공동체적 돼지고기문화에는 돗추렴 전통도 있다. 1970년대 전후만해도 시골에서는 동리 사람들이 모여서 대동으로 돼지를 잡았다. 돼지를 잡아 털을 뽑고 그을린 뒤 전체를 14분해 갹출 금액에 따라 배분한 뒤 각자 집으로 가져간다. 돗추렴은 사실 제주도만의 문화는 아니다. 《적도의 침묵》을 쓰면서 미크로네시

정동벌립을 쓴 테우리가 검은 쉐를 돌보고 있다(홍정표 사진).

아 폰페이섬을 조사한 적이 있다. 그네들도 우리식 돗추렴을 즐기고 있었다. 제주식으로 따지면 '돼지 잡는 날'이 바로 축제의 날인 셈이다.

돼지는 원주민들이 피크(pwihk)라 부르는데 초기 기록에 등장하며, 폰페이에서 가장 존중받는 동물이다. 돼지는 전통축제에서 신분적 상징이자 경제적 지표다. 생일이나 결혼식, 장례식, 그리고 전통적 지도자에게 바쳐지는 카마딮(kamadipw) 축제에서 돼지를 잡지 않고는 모임이 성립되지 않는다.

공동체성이 강하게 드러나는 음식도 있다. 몸(몸)국은 공식(公食) 그 자체다. 큰일에 돼지를 잡아 추렴할 때 다 함께 먹는 몸국은 돼지모자반탕이다. 단순하게 조리하는 국물이 아니라 오래 끓이는 탕국이다. 돼지를 잡아 고기를 만드는 과정에서 생긴 국물에 모자반을 넣고 끓이다가 메밀가루를 풀어 걸쭉하게 만든다. 잔치집에서 가문잔치 전날, 상례 집에서는 일포 전날에 여러 사람이 모여서 돼지를 잡고 다음날 돼지를 삶았던 가마솥에서 만든다. 몸은 봄에 채취해 말려두었다가 식용한다. 돗 국물은 진한 맛이 우러나와야 제격이다. 육지와 달리 제주의 일상 음식에는 진한 탕류나 찌개가 없으나 큰일에는 몸국이 필수다. 몸국 먹는 큰일에 참여하지 않거나 초대에 응하지 않음은 사회적 관계의 단절이다. 모자반은 점질성 섬유질을 비롯한 각종 무기질과 항산화성 생리활성물질이 풍부하다. 오키나와 사람들이 돼지고기를 먹을 때 해조류를 함께 먹기 때문에 장수한다는 설도 있다. 몸국과 더불어 고사리를 넣고 끓인 고사리국, 혹은 고사리육계장도 기억해둘 일이다. 제주도가 장수의 섬임을 기억하라!

돼지 문화는 순대도 창조해냈다. 제주에서는 직화 구이 요리가 드물고 주로 삶아 먹는다. 잔치음식에서 빠질 수 없는 돼지요리가 순대다. 순대를 돗수웨(돗

마조제에 올리는 돼지고기 산적. 모든 경조사는 돼지를 잡는 '돗추렴'에서 시작된다.

= 돼지수웨 = 순대)라고 한다. 양의 내장과 피를 이용한 몽골순대 게데스는 양의 피에 메밀가루, 부추, 야생마늘과 소금을 혼합해 만드는데 제주 순대와 비슷하다. 제주순대도 메일밀가루를 사용한다는 점에서 몽골 것과 유사하다. 그래서 제주의 돗수웨문화를 몽골족이 고려 말엽에 들어와 전파시킨 것으로 보는 견해도 있다. 그러나 나는 이 견해에 반대한다. 몽골순대는 돼지가 아니라 양이며, 돼지라는 동물 자체가 남방 소산이기 때문이다. 발리의 고풍스런 도시 우붓에 가면 순대 전문점이 있는데 제주 순대와 너무도 같다. 돼지 자체가 남방에 더 퍼져 있으므로 순대 역시 단순하게 몽골의 영향으로 보는 견해는 단견이다.

환경 리사이클링의 전범인 돗통시

제주도 돼지문화의 으뜸은 역시 돗통시(똥돼지)다. 통시(변소)에 보리짚을 깔고 돼지가 똥을 누면 그 짚은 썩혀서 화산재 날리는 보리밭에 뿌렸다. 사람이 음식을 먹고, 그 음식으로 생성된 변을 돼지가 먹고, 거름으로 변한 보리짚은 보리밭에 뿌리고, 다시금 사람이 그 보리를 먹는 생태순환이 이루어졌다. 현대인은 똥을 지저분한 것으로만 여긴다. 청결주의로 무장하고 수세식 변기를 무기로 삼아 똥을 모독하고 무시했다. 똥의 실체에 대해 문화인류학적으로 조명한 책으로 뒷날 프로이트가 그 서문을 붙인 《신성한 똥》에서 존 그레고리 버크(John Gregory Bourke)는 조로아스터교의 성전 《카르타 아베스타(Kharda Avesta)》의 한 구절을 인용했다.

똥을 정화제로 사용하는 신화에 관해서는 여러 설명이 가능하다. 자고로 달

마을의 장정들은 돗추렴하는 일이 곧 부조다. 수릿대잎을 깔고 갓 잡은 돼지의 여러 부위를 나누는 추렴 장면(《제주도의 전통혼례와 가문잔치》 사진).

여자들은 돗수웨((순대)를 담고 몸국을 끓이는데 한몫한다. 순대 담기(위), 아래 돼지 내장과 고기를 삶은 국물을 끓이는 무쇠솥에 몸을 넣고 있는 모습(아래)

(月)은 새벽 오로라와 마찬가지로 암브로시아 혹은 신성한 물을 만들어낸다. 이 물은 달빛과 오로라에서 생겨난 암브로시오가 밤새 어둠이 유린하고 지나간 하늘의 길을 정화하는 것과 마찬가지로, 그것을 마시는 자를 정화한다. 그런데 이와 똑같은 효험이 소의 똥에도 그대로 적용된다. 소똥은 달과 오로라가 내뿜는 암브로시오와 마찬가지로 땅을 비옥하게 한다. 그 똥은 화사한 빛을 머금고 달과 오로라가 가지는 정화기능을 발휘한다. 번제(燔祭)를 올린 소의 유해는 그냥 평범한 재가 아니라 금가루이며, 똥과 섞으면 영웅에게 행운을 가져다준다.

제주사람의 똥 사랑도 유별났다. 똥은 농사 짓는 황금 그 자체였다. 사람 똥, 소 똥, 돼지 똥, 닭 똥 가릴 것 없이 각각의 용도에 맞게 퇴비를 만들어 논밭에 뿌렸다. 몸에서 나온 폐기물을 똥장군에 실어서 논밭으로 내가고, 논밭에서 거두어들인 식물을 먹고, 다시금 폐기물을 자연으로 되돌리는 자연계 순환. 그것이 과거의 방식이었다. 아예 보리씨와 돼지거름을 섞어서 밭에 뿌려 화산토에서 씨앗이 날아가지 못하게 했다. 결국 똥 처리, 사료 조달, 비료 공급이라는 일거삼득, 일석삼조의 효과였다.

똥돼지라고 해서 똥만 먹은 것은 아니다. 고구마 찌꺼기, 보리, 조 등 잡곡을 씻은 물, 부엌에서 나오는 구정물과 곡식껍질을 섞은 것 등이 모두 돼지의 먹을거리였다. 사람 먹을 것도 부족하던 시절에 음식물 찌꺼기의 양은 한계가 있었다. 그렇기 때문에 각종 음식물 찌꺼기를 잘 모으는 것은 여성들의 중요한 임무였다. 음식연구가 강수경(제주대 한국학과)에 의하면, 제주에서는 돼지가 크고 지방이 많으면 이를 담당한 여성이 집안 살림을 잘 하는 것으로 인식했다고 한다.

오늘날 생태환경의 문제가 나날이 새로워지면서 리싸이클링(Resycling)의 중요성이 주목받고 있다. 그런 점에서 돗통시는 완벽한 리싸이클링 모델이라 할 만하다. 미국 농림부 토양관리국장으로서 1909년 중국과 한국, 일본을 여행하면서 일찍이 유기농업을 주목했던 프랭클린 히람 킹(Franklin Hiram King)이 남긴 말을 떠올려본다.

> 동아시아에서 땅은 먹을거리와 연료, 옷감을 생산하는 데 남김없이 쓰인다. 먹을 수 있는 모든 것은 사람과 가축의 입으로 들어간다. 먹거나 입을 수 없는 모든 것은 연료로 쓰인다. 사람의 몸과 연료, 옷감에서 나온 배설물과 쓰레기는 모두 땅으로 되돌아간다.
>
> — 《4천 년의 농부》

구제역에서 인드라망을 생각하며

이제 제주도에서 전통적인 테우리는 사라졌다. 그들은 가축에 관한 한 최고의 전문가이며 제주 들녘에서 생존법을 체득한 야성성의 상징이었다. 풀과 물을 찾아 이동하기 때문에 우마 이동로와 주변 정보를 정확히 알고 있으며, 바람막이 오름과 물 먹이는 용천수, 기름진 풀이 자라는 곳 등을 본능적으로 알았다. 목장 전문가 강만익의 이야기다.

제주 들녘 전반에 걸쳐 그들의 머리 속에는 정확한 지도가 입력되어 있었다. 이 야생방목의 지혜가 현대에 이르러 단절된다는 것은 선조들의 지혜를

사람의 변을 돼지가 먹고 돼지의 변을 밭에 뿌려 농작물을 키우고 다시 사람이 먹는 완벽한 환경 리사이클링이 이루어졌다.

잃어버리는 것과 같다. 테우리들이 지녔던 지식은 단순히 마소의 관리에 그치는 것이 아니다. 악조건의 야생에서 살아남는 생존법 또한 그들이 지닌 자산이고 제주의 자산이다.

구제역 파동으로 수많은 소와 돼지를 산채로 구덩이에 쓸어 넣는다. 공장식 축산이 불러온 문명사적 패배다. 불가의 연기론을 생각하고 인드라망(網)을 생각한다면, 우리는 우리 자신을 구덩이에 쓸어 넣는 만행에 나서는 중이다. 자연을 벗삼아 뛰놀며 마소를 돌보던 옛 테우리를 생각하면서, 21세기형 테우리정신을 정립해야할 순간이 아닐까.

11

표류의 섬

조선시대에 베트남에 간 사연은

일기 청명하고 서풍이 솔솔 불어오면 순루로 돛을 달아 1일 내에도 가겠삽고, 중류에서 불행하여 초풍을 만나오면 안남·면뎐 표박하여 구미에 가기도 쉽사오며, 만일 다시 불행하면 쪽박 없는 물도 먹고 고기 배에 이사도 하나다.

— 판소리 《배비장전》

표류기는 살아남은 자의 기록일 뿐

어릴 적 〈로빈슨 표류기〉나 〈15소년 표류기〉 같은 표류문학을 읽어보지 않은 사람이 있을까. 그만큼 표류기는 좌절과 모험, 인내와 도전으로 마음을 뒤흔든다. 이들 표류기는 당대를 풍미했으며 오늘날에도 흥미롭게 읽히고 있다. 구사일생으로 살아온 사람들이 쏟아내는 듣도 보도 못한 이야기는 외부 세계에 대한 관심을 충족시켜주었다. 표류는 고통스럽고 목숨을 건 사건임에 분명하지만 생환 과정을 통해 생생한 이국 풍정을 보여주는 드라마틱한 다큐멘터리이기 때문이다.

우리는 표류문학이 독립 장르를 형성할 정도로 성장하지는 못했다. 배가 뻔질나게 움직여야 표류도 많을 터인데 해금령으로 배를 묶어두었기에 표류 빈도수도 그만큼 적었다. 그러나 배 없이는 내왕 자체가 불가능한 제주도에서는 표류사건도 잦았다. 그리하여 우리나라에서 가장 흥미진진한 표류기는 대체로 제주도를 거점으로 탄생했다. 오늘날의 제주시 애월읍 바닷가에서 태어난 장한철의 《표해록》은 제주도가 표류기의 본향임을 알려준다. 유럽의 표류문학에 비할 바는 아니지만, 우리에게도 사실과 실화를 바탕으로 한 다큐멘터리식 표류문학이 존재했던 것이다.

역사는 '살아남은 자의 기록'이란 말이 있다. 표류기도 살아남은 자의 기록일 뿐이다. 그것도 표류민 중에서 기록을 남긴 자의 역사일 뿐이다. 확률상으로 표류자보다 죽은 사람이 더 많았을 것이다. 귀환사례를 보면 대체로 여러 명이 집단적으로 표류한 경우가 많다. 한두 사람만이 살아남아 표착한 경우, 한반도에 정착한 네덜란드인 벨테브르처럼 돌아오지 못한 경우가 더 많았을 것이다. 여하간 표류의 역사는 살아남은 자의 기록일 뿐이라는 사실을 전제로 논의를 전개해야 한다.

이상할 정도로 제주도에서 여송국(呂宋國, 필리핀)으로 표류한 사람들의 기록이 드물다. 여송국으로의 표류가 전혀 없었다는 뜻이 아니라 그쪽으로 간 사람들은 대체로 돌아오지 못했거나 기록을 남기지 못했기 때문이다. 이처럼 제주도에서 무수한 사람들이 표류했으며 동아시아의 너른 대양에서 이름 없이 죽어갔다. 오죽하면 《남명소승》에서 이렇게 기록했을까.

> 배가 가라앉고 돌아오지 못하는 제주남자가 일 년이면 백여 명 이하가 아니어서 그 땅에 여자는 많고 남자가 적다. 시골 여자는 짝 있는 자가 드물어 매해 3월이면 군을 자원하러 방수(防戍)하러 들어오는데, 여자들이 화장을 짙게 하고 술을 가지고 와서 별도포(別刀浦) 위에서 기다리고 있다가 배가 포구에 들어오면 서로 친근하게 술을 권하며 자기 집으로 맞아들인다. 8월에 방수를 마치고 가게 되면 눈물을 흘리며 쫓아와 보내게 된다. 그러기에 바로 영송곡(迎送曲)을 지었는데 또한 풍속으로 변해서 흘러온 것이다.

풍선은 바람에 의지해 나아가지만 역으로 바람에 취약했다. 숙종 13년(1687) 고상영의 경우가 이를 잘 설명해준다. 고상영이 탄 배는 날이 이미 저물었는데 겨우 추자도 앞바다에 도착했다. 바람이 동북풍으로 변하더니 비가 함께 크게 내렸다. 파도가 하늘에 닿을 듯 높이 솟고 지척을 분변할 수 없었다. 북쪽 육지를 향해서 가려고 해도 바람이 거꾸로 불어 제어하기 어려웠고, 제주로 돌아가려고 해도 배가 점점 서쪽으로 표류해 두 가지 노력을 마음대로 할 수 없었다. 어찌할 바를 알 수 없던 중에 돛대가 기울어지고 키가 꺾여 배가 뒤집혀 가라앉을 듯 급박한 순간에 놓였다. 표류란 이렇듯 순식간에 벌어지는 것이다.

前路遠近者俗忌卽然不可不知也已而火下燉谷
芬饋每人說余謂沙工曰時當風高浪海掀危
斥茫然何不泊舟于燉子島歇站候風轉向西天
直路而迤向楸子浪費時日也言未已忽看西天
雲烟之氣起自波間雲影日彩明滅相盪俄而
平空雲下若有物突兀而高起依俙若層城重
良久日隱重雲樓閣之形寖成萬堞層城傾月櫓
時而廓開兆所覩矣沙工謂人余曰此所謂之海至

험난하기만 한 제주도 물목

추자도와 제주도 사이에 배를 댈 만한 곳이 없었으므로 강풍이 불면 표류가 다반사였다. 세계 항해사 측면에서 볼 때 남해안은 좁은 물목에 불과했으나 조금 '한심한' 항해술에 의지해야 했던 당대 사람들은 늘 두려움을 갖고 모든 가능성에 대비하며 항해했다. 이원진의 《탐라지》에 이런 글이 나온다.

> 왕래할 때, 태풍을 만나거나 암초에 부딪쳐 빠져 죽는 사람이 많아 측은하고 딱하여 뱃사람에게 미리 구조선을 준비하게 하여 침몰사고에 대비하고 사람은 혼탈피를 가지고 있거나 표주박을 몸에 묶어 놓고 밀랍으로 만든 떡으로 요기하면 간혹 목숨을 부지해 살아남는 사람이 있다.

《탐라순력도》에도 벼슬아치들이 묵으면서 바람이 바꾸어지길 기다리던 환풍정(喚風亭)·화풍대(和風臺)·후풍관(候風館) 등이 《화북진성도》에 그려져있다. 화북 금돈지 포구에는 해신당이 바다를 향해 서 있다. 순조 20년(1820) 목사 한상묵이 해상 교통의 안전을 기원하기 위해 사당을 짓고 매년 정월 보름에 해신제를 지냈다(《탐라지초본(耽羅誌草本)》). 김상헌의 《남사록》과 최부의 《표해록》에는 제주와 본토 사이의 험한 바닷길을 잘 묘사해두었다.

> 추자에서 제주에 이르는데 화탈(관탈섬)은 반쯤에 있다. 서쪽으로 화탈의 동에서 동으로 동여서 일대에 이르기까지 물마루(水宗)라고 말하는데, 그 사이의 바다빛은 깊고 푸르며, 깊고 멀리 이는 파문은 매우 드넓으며 높은 물결은 보통이 아니어서 이국배가 표류하다가 이곳에 이르러 충분히 순풍을 만나지

태풍이 몰아치는 제주바다.

못하면 2, 3일을 소용돌이 속에서 빙빙 돌며 떠나지 못한다.

제주 바닷길은 아주 험해 무릇 왕래하는 사람이 모두 여러 달 동안 바람을 기다립니다. 전임 경차관 같은 분은 조천관에 있기도 하고, 수정사에 있기도 하면서 모두 계산하면 무릇 석 달 동안 바람을 기다린 뒤에야 뱃길을 나섰습니다. 이번 이 길은 비바람이 안정되지 않은 때를 맞아 날씨를 하루도 점쳐보지 않아고서 이런 극단 지경에 이르렀으니 모두 스스로 받는 것입니다.

부임하는 제주목사가 해남에서 출발하며 사공에게 몇 시간만에 제주에 당도할 수 있느냐고 묻자 사공이 이렇게 답한다.

일기 청명하고 서풍이 솔솔 불어오면 순로로 돛을 달아 1일 내에도 가겠삽고, 중류에서 불행하여 초풍을 만나오면 안남·면뎐 표박하여 구미에 가기도 쉽사오며, 만일 다시 불행하면 쪽박없는 물도 먹고 고기 배에 이사도 하나다.

— 판소리 《배비장전》

안남·미얀마까지 표류하거나 물고기 밥 되기 십상이란 표현이니 그만큼 제주 바닷길이 험하다는 뜻이다. 19세기 말 서양인의 시각에도 제주바다는 위험했다. 독일인 겐테는 자신의 여행기에서 제주도와 본토가 아니라 제주도와 일본 사이의 거친 물목을 설명했다.

사실 해상의 모험지대로 중국, 일본, 조선의 경계를 이루는 이곳보다 위험한 바다는 없을 것이다. 태풍이 최악의 역할을 하고, 육지와 일본 열도 사이의

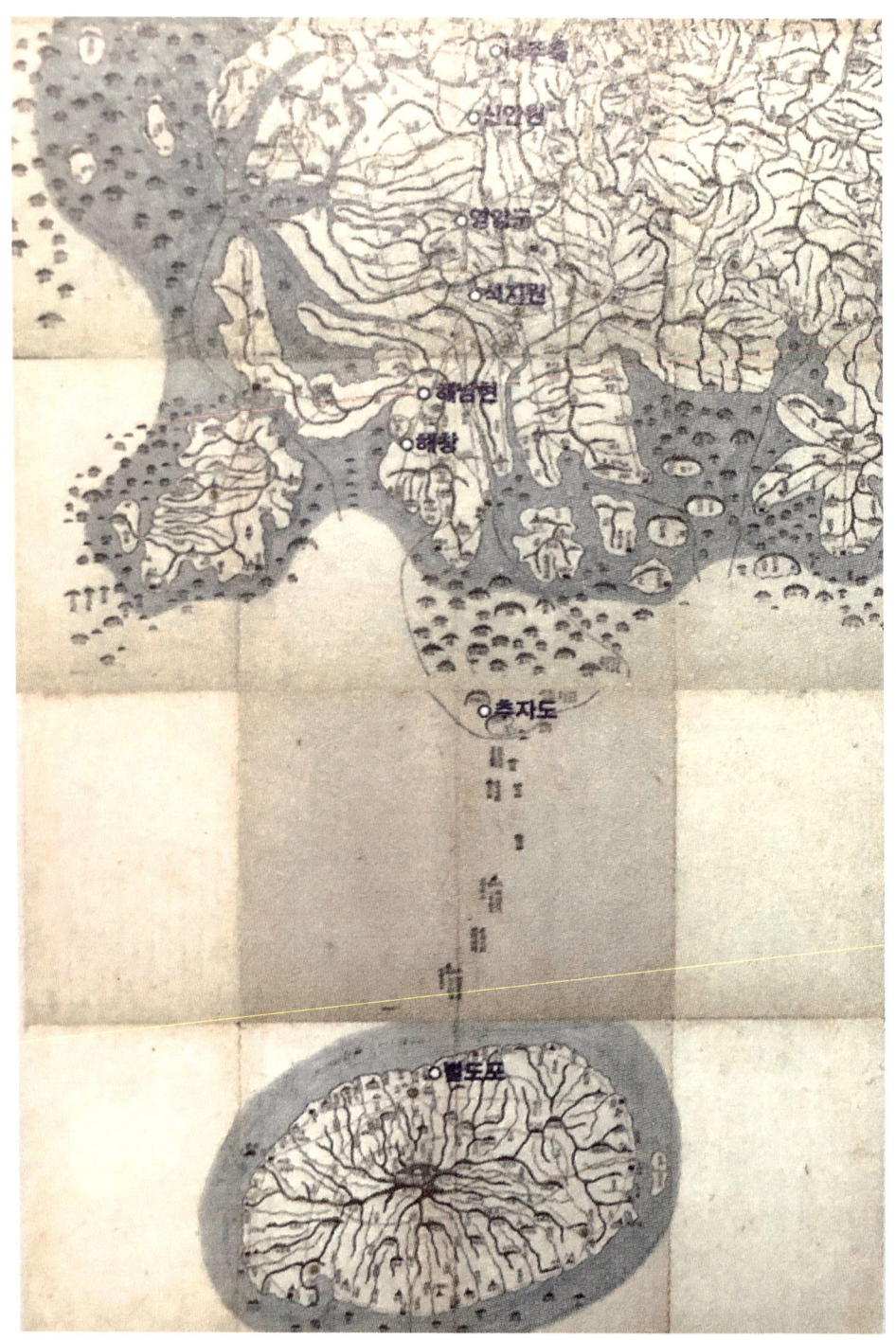

조선 후기의 육지에서 제주 교통로(대동여지도 부분).

좁은 항로에는 삼변의 바다와 두 개의 서로 다른 조류가 교차하면서 비롯되는 기온 변화가 크기 때문이다. 해안에 항구가 없는 제주도는 늘 주요 표적이었다. 말레이반도에서 폴란드와 독일 국경지대까지 전 세계를 정복하고 일본마저 속국으로 만들려했던 몽골의 위대한 정복자 쿠빌라이칸도 이미 악명 높은 폭풍우를 경험해야 했다.

육지와 제주도 사이의 해상 교통만이 전부는 아니다. 제주도 섬 내에서도 중요 물자는 대부분 배로 움직이다 보니 안전이 늘 문제였다. 김정호의 《대동여지도》에는 제주 해안을 따라 도로가 그려져있고 10리마다 점으로 표시되어 있으나 일주도로나 관통도로는 없었다.

브루스 커밍스(B.Cumings)도 《한국 전쟁의 기원》에서 광복 당시의 빈약한 교통로를 설명하면서, '섬을 둘러싼 좁은 도로가 있을 뿐이다. 1940년대 당시 제주시에서 섬을 횡단해 서귀포로 가는 도로는 부설되지 않았다.'고 했다. 1914년에 일주도로가 1차 완공되었으며, 자동차도로 수준으로 본격화한 것은 1961년부터다. 그래서 섬을 일주할 때도 배편으로 돌았으며, 섬 주변에서 표류하는 일이 비일비재했다. 이래저래 제주민에게 표류는 숙명이 아니었을까.

대만·중국·류큐·일본·필리핀으로

숙종 13년(1687) 고상영은 멀리 안남에 표류했다가 5년 만에 생환했고, 2년 뒤에는 김대황이 안남에 표류했다가 복주 상선편에 귀환했다. 1687년 제주 진무 김대황 등 24명은 목사가 진상하는 3필의 말을 싣고 출항했는데 추자도 앞에서 동북풍을 만나서 31일간 표류하다가 안남국 회안부에 당도한다. 관청의 보호를 받다가 안남 국왕의 허락을 받아 쌀 6백 포를 운임으로 지급할 약속을 한 후 중국 상선을 얻어타고 12월 9일에 서귀포에 상륙한다. 김대황은 운임을 지불할 능력이 없었으므로 조정에서 은전으로 환산해 지불해주고 중국 상인들을 육로로 북경으로 보내준다. 김대황은 안남에서 노루·사슴·물소·코끼리·공작도 보고 사탕수수 줄기 맛도 보았고 이에 옻칠한 사람도 목격했다. 귀환할 때 중국을 거치지 않고 안남에서 서귀포로 곧바로 돌아왔음은 베트남-제주도 국제 해상루트가 이미 개척되어 있었음을 알려주는 대단히 중요한 자료가 아닐까.

류큐 표류도 많았다. 《유구풍토기》를 쓴 김비의나 《표해록》을 남긴 장한철이 대표격이다. 김비의는 성종 8년(1477) 2월에 진상할 귤을 싣고 본토로 가다가 14일 동안 표류해 류큐국 윤이도에 표착한다. 5명 중에 2명은 죽고 3명만 살아남아 일본 상선편으로 일본을 경유해서 동년 6월에 귀환한다. 장한철은 영조 40년(1770)에 과거 응시차 상경하다가 류큐에 표류해서 1년 만에 귀환한다. 장한철은 귀환한 후에 문과 급제한 후 제주도 대정현감을 역임하기도 했다. 1450년부터 1770년까지 9번의 기록이 확인된다. 당연히 살아남은 자들만을 계산한 것이니 훨씬 많은 배들이 류큐로 표류하다가 침몰했을 것이다.

대만 표류도 많았다. 대체로 본섬보다는 펑후열도에 난파선이 걸린 경우가 많다. 박지원의 《남유록(南遊錄)》에는 정조 20년 9월 21일에 제주도 조천의 북촌 사람 이방익이 표류하여 불과 15일 만인 10월 6일에 펑후에 표착한 사실을 전한다. 아버지를 만나기 위해 다른 7명과 함께 바다를 건너다가 바람을 잘못 만나 표류했다. 이방익은 대만을 거쳤다가 하문으로 호송되며, 복건·절강·강남·산동으로 들어가며, 최종으로 북경을 거쳐서 이듬해 윤6월에 조선으로 귀환한다. 정조는 특별히 그를 불러 지나온 산천과 풍속을 묻고 박지원에게 표류 전

류큐 나하항의 무역선(18세기 오키나와 현립미술관 소장).

모를 대필하도록 명한다. 재미있는 것은 이방익의 부친으로 만경현령을 지냈던 이광빈도 나가사키에 표류했다가 돌아왔다는 점이다. 부자가 각각 일본과 남중국으로 표류한 것이다. 제주사람에게 표류가 일상사였음을 증거한다.

중국 본토로 표류한 이들은 주로 장강 이남에 당도했다.《고려사》를 보면, 송나라 소주(蘇州) 바닷가로 표류해온 고려인 30여 명이 당인과 비슷한 복장을 하고 있으나 한문을 읽지 못하여 언어 소통이 되지 않았다고 한다. 표류민들이 둔라도(屯羅島) 출신으로 기록되었는데, 둔라는 곧 탐라다. 고려 경내의 배들이 홀연 악풍을 만나 온주·복건 등으로 표류했으며, 송정부는 이들의 규율을 위해 노력했다고 한다. 성종1년(1470) 8월에는 김배회 등 7명이 제주에서 진상물을 싣고 서울까지 수송하고서 귀환하던 길에 큰 바람을 만나 표류하다가 13일 만에 중국 절강성에 도착했다. 명나라 관리는 조선인을 확인하고 윗 부서에 보고했고, 성절사 한치의가 돌아오는 편에 귀국할 수 있었다.《표해록》을 남긴 1487년 최부의 중국 표류는 너무도 유명한 이야기다. 1443년부터 1838년까지 23회에 걸쳐 최소 483명이 중국 연안에 표착했다. 중국 강남 표류도 제주민에게 일상사였다.

일본으로의 표류자는 대체로 나가사키와 대마도를 거쳐 귀환했다. 장회이는 내섬시 노비였는데 연산군 5년(1499)에 출륙했다가 대풍을 만나 일본 여도(旅島)에 표착, 1년 반만에 돌아와《일본풍토기》를 적었다. 순조15년(1815년) 정의현감 이종덕은 임기를 마치고 제주를 출발하다가 대풍을 만나 비전도에 표착했으며 이듬해 5월에 송환했다. 1443년부터 1900년까지 총 15번의 일본 표류가 확인된다.

미지의 나라로 표류한 경우도 있다. 1029년, 탐라 백성 정일 등 21명이 풍파를 만나 머나먼 동남쪽 어느 섬에 표착했다. 섬 사람들은 모두가 몸집이 장대하

역관 김계운(金繼運)이 대마도 사행갔다고 돌아오는 길에 풍랑을 만나 난파하는 급박한 풍경을 담았다(범사도(泛槎圖), 유숙劉淑

고 온 몸에 털이 났으며 언어가 전혀 통하지 않아 7개월간이나 억류되었다. 그러다가 비밀리에 작은 배를 훔쳐 타고 동북쪽으로 항해하여 나사부(那沙府, 나가사키)로 갔다가 살아 돌아왔다. 필리핀의 세부섬이나 여타 알 수 없는 미지의 섬으로 표류한 이들도 부지기수였을 것이다. 표류의 역사는 살아남은 자의 기록일 뿐이란 명제를 재삼 기억할 일이다.

한자 덕분에 목숨을 구하다

중국이나 일본, 혹은 류큐 등으로 흘러간 사람들은 표류인, 반대로 상대국에서 흘러온 사람은 표도인이라 구분하기도 한다. 중국에 표류하면 중국에 갔던 사신편에, 일본에 표류하면 일본 상선편이나 사신편에 돌아온다. 중국 표도인은 우리 사신편으로 육로로 송환하고 일본인은 대마도를 경유해 송환시킨다. 류큐의 경우는 본인의 소원에 따라 일본이나 중국을 경유하여 보냈으며 서양인은 국내에 억류하는 것으로 원칙으로 삼았다. 표류자 송환의 국제정치학이라고 할까. 표류민을 송환하는데도 당대 국제관계가 작용했다.

표류민을 융숭하게 돌려보내는 일은 중국의 오랜 전통이었다. 《원풍류고(元豊類稿)》를 보면, '명주에 표류한 탐라사람을 후하게 대접해서 돌려보내면서, '해외의 오랑캐가 환란을 당하고 표류하여 멀리 고향땅을 떠나 자신을 중국에 의탁했는데, 중국은 예의가 나오는 곳이니 마땅히 후하게 위무를 더하여 구휼함을 잃지 말아야 할 것입니다'라고 했다. 1097년에는 송나라에서 표류민 3명을 돌려 보낸다. 탐라 백성 20명이 표류하여 남국으로 들어갔다가 모두 피살 당하고 오직 3명만이 그곳을 탈출하여 송나라로 갔쪽가 돌아온 것이다. 옷 벗고 사는 나라에 표류했다고 했으므로 동남아 어느 섬으로 여겨진다. 고려 고종 16년(1229) 2월에도 송 상인이 제주도 표류민 28명을 데리고 온 기사가 《고려사》에 나온다.

송환을 둘러싼 정치적 이해관계도 엿보인다. 효종 3년(1652) 명나라 유민이 제주로 들어와 일본으로 보내줄 것을 애원했지만 청의 트집을 우려하여 청으로 보냈다. 숙종 18년(1692) 설자천은 3년 전에 안남에 표류되었던 김대황을 데려온 자였으므로 본인의 소원에 따라 배를 수리하여 돌려보낸다. 현종 8년(1667)에는 명나라 상인 임인관(林寅觀) 일행이 여래리 개깍(浦尾)에 표착한다. 명이 망하고 청이 들어선 상황이었으나 여전히 대만에는 정성공·정경의 부자가 해상을 기반으로 저항하던 상황이었다. 복건성 주민 95명이 대만에서 출항하여 일본 나카사키로 가다가 표류한 것이다. 바로 한 해 전인 1666년에는 하멜 일행 8명이 탈출을 감행하기도 했다. 임인관 일행은 본래 천주부와 장주부 사람으로 청이 득세하자 동녕(東寧, 대만)으로 피해 들어간 사람들이다. 이들의 송환을 놓고 조정은 현실론적으로 곧바로 중국으로 보내야 한다는 주장과 원하는 곳으로 보내야 한다는 주장이 맞섰다. 결국 청을 의식한 현실론이 이겨 본토로 환송시킨다.

직접 표류지에서 돌려보내는 경우도 있었다. 철종 2년(1851) 12월 1일, 불확실한 배 한 척이 서남 대양으로부터 보인다고 대정현감이 제주목사에게 보고한다. 배는 안덕면 화순리 앞바다로 다가왔으며 연대에서는 망을 보면서 계속 보고를 올린다. 통사를 인솔하고 조그만 배로 그 배에 다가가자 배에 있던 그 사람들이 입을 가리키고 배를 두드리며 배고프고 목마르다는 시늉을 나타낸다. 이에 우선 죽물을 주고 그들을 문정하기 시작한다. 강남성 소주부 사람들이며 상선에 물건을 싣고 통주 낭산항을 출발하여 산동으로 가던 중에 서북 태풍을 만나 제주도로 표류했다. 이들의 신분과 표류 경위, 실린 물건 등을 정밀하게 문의하고 파손된 배의 물건과 모자란 땔감과 식량을 주어 돌려 보낸다(《제주계록》).

최부의 경우처럼 표류와 송환 절차의 국제성을 구체적으로 보여주는 사례도 드물 것이다. 최부는 성종18년(1487)에 경차관의 명을 받고 제주에 왔다가 부친의 부고를 듣고 출발했다가 강한 북풍을 만나 영파부에 표류했다. 그해 6월에 북경을 경유하여 귀국하며, 왕명에 의하여《표해록》을 남겼다. 최부는 표류하면서 어떻게 항로를 가늠했을까.

명주는 양자강 이남의 땅이다. 서남쪽으로 항해하면 옛날 민의 땅인데 지금의 복건성 가는 길이다. 서남쪽으로 항해하면 조금 남쪽으로 가다가 서쪽으로 가면 섬라(태국)·점성(베트남 참파)·만라가(말레이반도) 등의 나라다. 곧바로 남쪽으로 항해하면 대 유구국과 소 유구국, 곧바로 남쪽으로 항해하다가 동쪽으로 가면 여인국과 일기도(日岐島)다. 곧바로 동쪽으로 가면 일본과 대마도다.

조선 지식인의 국제 지리 이해 방식을 잘 보여준다. 태국와 월남은 물론이고 말레이반도의 국제무역항 말라카까지 인식하고 있다. 최부 일행은 오랜 동안 표류하면서 갈매기가 날고 가마우지가 나르는 조짐, 구름이 뭉게뭉게 피어남을 보며 섬을 짐작한다. 일행은 상륙하자마자 조사를 받는다. 청인들은 최부 일행이 왜적인가, 조선인인가 집요하게 심문한다. 절강성 해안 지방에서 작성된 보고서는 최부의 표류에 관한 기초 자료가 되며 상급기관의 반복 확인을 거쳐서 마지막에 황제에게 전달된다. 중국 관원이 가장 신경을 썼던 부분은 최초 보고서와 나중의 내용이 불일치하는 것이었다. 동일 진술을 요구했음은 부실 조사에 따른

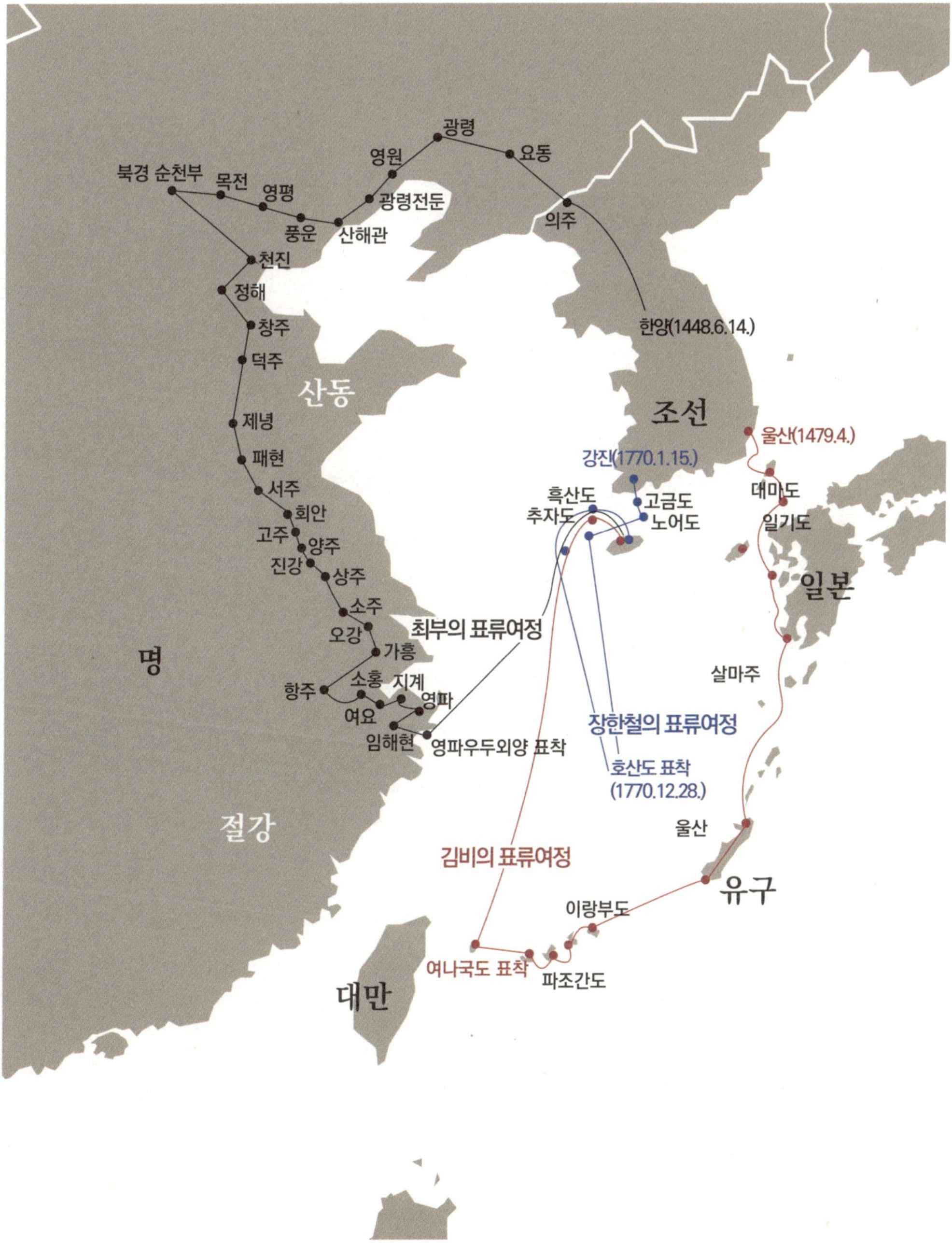

주요 표류 여정과 귀환 과정 (출처: 제주특별자치도청 웹사이트 문화역사〉민속문화〉바람문화 게재 도판 재작성)

문책을 두려워했기 때문이다. 이처럼 표류민이 당도했을 때 중국 관원은 여러 가지로 신경을 쓰지 않을 수 없는 부담이 있었다. 표류민을 담당한 관원은 여러 가지 정보를 주면서도 '내가 말한 것을 다른 사람에게 드러내어서는 안 되고 오직 혼자만 알고 있어야 합니다'라는 당부를 잊지 않았다.

최부는 말로만 듣던 강남(江南)을 제대로 견문한 조선인이었으며, 대륙의 남북을 연결하는 대운하의 전 구간을 지나가본 첫 조선인이었다. 송환 과정을 보면, 도저소 - 항주, 항주 - 북경, 북경 - 광녕, 광녕 - 의주의 네 구간이었다. 조선과 중국의 사신을 통하여 최부의 표류 사건과 생존 여부가 이미 조선 성종 임금에게도 전달되었으며, 통신 시스템에 의해 황제에게 최부 안건에 관한 직보가 이루어지고 있었다. 최부의 조선 송환은 15세기 중국과 조선 간의 표류민 송환 절차와 정보 전달 시스템을 알려주는 좋은 사례이며, 양국 간에 이루어진 신속한 정보 전달과 중국 국내 정보 유통의 실체를 보여준다. 동아시아 한자문화권의 힘이 아닐까.

대개의 표류민은 해외 정보를 수집·보고하는 역할도 했다. 일찍이 고려시대에도 제주도 사람이 바람을 만나 일본으로 표류했다가 돌아와서, '일본은 병선을 갖추어 장차 우리나라를 침범해 오려고 한다'는 정보를 가져왔다. 외국 사정에 어둡던 시절, 표류민의 체험담은 그야말로 당대의 핫뉴스였다.

제주 사람임을 속인 까닭은

제주도 표류민이 일단 외국에 표류하게 되면 자신의 출신지를 속였다는 사실은 대단히 중요하다. 제주도민임을 숨기는 일이 관례로 인식되었다. 《제주계록》을 보면, '다른 나라에 표류했을 때 제주인이라 칭함을 꺼린다는 것이 좋은 실례다. 이는 광해군 당시에 유구 왕자가 제주에 표도해오자 관리들이 사욕을 위해 재물을 빼앗고 유구 왕자를 죽여버린 데서 비롯된 것이라고 하나 확실하지 않다'고 불확실한 단서를 달아두었다. 진실은 무엇일까. 그 이유는 여러 가지로 추측할 수 있다.

먼저, 가난한 섬에서 파선한 배의 물건들을 보고 견물생심이라고 욕심을 내어 불쌍한 표착민을 죽여버린 경우다. 파렴치한 일이지만 제주도도 사람 사는 세상인지라 어쩌다 그런 못된 일을 벌이는 인간은 있기 마련이었다. 이미 고려시대부터 그런 기사가 등장한다. 1244년, 전 제주부사 노효정과 판관 이옥이 재임할 때 일본 상선이 폭풍으로 인하여 제주 연안에 파선했다. 그들은 표류민의 비단, 은, 주옥 등을 빼앗아 사복을 채운 일로 탄핵된다. '금년 5월에 귀국 상선이 탐라섬 해안에 와서 정박했는데, 탐라 사람들의 성질이 완미한 까닭으로 그 배를 사격하여 쫓았고 선원 2명을 붙잡아 송치했다'는 기사도 나온다.

인조 말년에 표류한 유구 왕자가 관리에게 살해를 당하고나서 드디어 왕래가 끊겼다고 했다. 왕자가 사형을 당할 때 지었다는 시 한 수가 《연려실기술》에 전해온다. 박지원은 《남유록》에서, 탐라인으로 외국에 표류한 자들이 거짓으로 본적을 속이게 된 것은 류큐 상선이 탐라 사람에게 해를 입었기 때문이라고 하고, 혹은 그것이 류큐가 아니라 안남이라고 했다. 이중환의 《택리지》에 '그들 류큐인의 시가 실려 있으나 이는 세상에 흘러다니는 전설이므로 그 진위를 따질 필요는 없겠다'라고 했다. 이렇듯이 류큐 왕자 피살설은 당대에도 논란이 많았다.

그렇다면 류큐 왕자 피살설의 진실은 무엇일까. 광해군 2년(1610) 7월말, 산지포구에 표류한 상선에 탄 중국, 류큐, 일본, 혹은 안남 등의 다국적 사람을 연행하려가다 충돌이 생겨 그들을 몰살하고 재화를 몰수한 사건이 있었다. 거기에 25, 6세 되는 한문을 아는 젊은이가 타고 있었는데 그가 류큐 왕자로 기록되고 있다. 그러나 조사 결과 그 선적은 불분명했다고 했다. 이듬해인 광해군 3년, 류큐 왕자가 표착했다가 못된 관원에 의해 살해된 사건이 벌어진다. 왕자는 광해군 원년에 일본 사쓰마 도주가 류큐국을 침공하여 류큐국 왕을 포로로 데려갔는데, 이때 왕자 형제가 부왕을 구하기 위해 일본으로 가는 상선에 편승했다가 풍파를 만나 표착했다. 배에는 황견사 150석과 명주 1,100여 개가 있었다. 판관 문희현이 이를 탐내고 목사 이기빈을 충돌질해 이들을 상해했다. 이 사실이 드러나자 이기빈과 문희현은 북도로 유배되었다. 어느 것은 역사적 사실이고 어느 것은 허황된 소문이 뒤섞여 류큐왕자 피살설이 증폭된 것이다.

장한철의 표류기는 안남 세자일 가능성을 주장한다. 장한철은 류큐의 호산도로 표류했다가 그곳에서 왜구를 만나 갖은 고생을 한다. 어쩌다 운 좋게 일본으로 가는 안남 상선을 만난다. 명나라 사람으로 안남국에 가 사는 화교로서 콩을 팔러 일본에 가는 중이었다. 배를 얻어 타고 일본으로 가던 중, 멀리 한라산이 보이자 흥분하여 절을 하고 난리를 핀다. 그들이 묻자, '저 동북쪽 큰 산은 탐라의 한라산이오. 우리들은 모두 탐라인으로 고향이 가까이 있기에 슬픔과 기쁨이 서로 엇갈려 이와 같이 어쩔줄 모르겠소' 라고 답했다. 그러자 무리들이 모두 성난 표정으로, ' 옛날 탐라의 왕이 안남 세자를 죽였으므로 안남사람들이 그대가 탐라 사람임을 알고 모두 손으로 배를 갈라내어 나라의 원수를 갚고자 했소. 우리들이 만방으로 타이르고 겨우 그 마음을 돌렸는데 원수와 더불어 배를 함께 타고 건널 수 없다고 하므로 그대는 응당 이제부터 길을 갈라서야 하겠소'라고 했다. 안남사람들은 그들이 제주사람임을 알고서는 표류한 원래의 배에 도로 내려놓고 떠나버렸다.

제주도 표류민이 다른 지역민을 사칭하는 또 다른 이유가 있다. 제주도는 섬 둘레가 모두 암초이고 조수의 들고 나감이 거칠어서 안전한 수로를 알지 못하는 외국 선박이 접안하려 할 때에 암초에 걸려 파선되거나 사람이 죽는 경우가 가끔 있었다. 이를 보고 일본인들은 '제주도 사람들이 표류한 사람을 죽인다'고 떠벌렸다. 실제로 일본에서는 오래 전부터 '도라(度羅, 제주)에 이르면 그곳 주민들이 모두 죽이고 잡아먹는다' 는 이야기가 전해온다. 그래서 일본 사람들이 제주도 사람을 만나기만 하면 모두 죽여버린다는 말이 오래 전부터 떠돌았다. 그 때문에 제주도 사람이 일단 일본에 표류하면 살아남기 위해 제주도 사람이라고 밝힐 수가 없었다. 한편《속일본기》보귀(寶龜) 9년(신라 혜공왕 14년, 778)에 일본인들이 탐라도에 표착했다가 섬사람에게 억류되었다가 탈출한 기사가 나온다. 이듬해에는 당나라 사신이 탐라에 납치된 기사도 등장한다. 탐라국의 만만치 않은 정황을 설명해 준다.

출신지를 사칭한 제주 표류민의 변명이 그럴듯 하지만 또 다른 이유도 있었다. 제주도민에게 내린 해금령 때문이 아닐까. 허가 없이는 섬을 떠날 수 없었던 해금령은 제주도민에게만 적용되고 그 형벌 또한 가혹했다. 많은 제주사람이 한반도 본토로, 이웃 일본으로 탈주를 감행했다. 섬을 탈출한 모든 사람이 표류한 것은 아니다. 그 몇 배, 몇십 배의 탈출자가 무사히 목적지에 도착하여 정착했다고 보는 것이 옳을 것이다. 비자나 여권이 있던 시절도 아니므로 그저 무작정 탈출한 사람들이 제법 있었을 것이다. 제주 표류민이 외국에서 강제 송환되면 국내법에 의하여 해금령 위반의 죄로 처벌되는 이중의 고통을 감내해야하므로 출신지를 속인 경우다.

고의로 바람을 만난듯이 꾸며 중국에 머무른 자가 예로부터 계속 이어졌다. 일본 고토열도를 현지조사 해보니 제주 고(高)씨 가문이 있었고 제주도 표류민의 후

바타비아는 오늘날의 자카르타 북부 해안에 네덜란드인이 건설한 식민도시다.

손이라고 했다. 인근 나가사키를 통해서 충분히 귀환이 가능했을 터인데 어찌된 이유인지 눌러 앉은 경우다. 《패관잡기》에 이르길, 1548년에 김만현 등 제주민 64인이 영파부에 표류했는데 그 가운데에 두 번째 표류되어 온 자가 대여섯 사람이었다. 김만현의 말이 걸작이다.

만약 네댓 말의 쌀과 몇 동이의 물만 있으면 비록 태풍을 만나더라도 며칠 안에 영파부에 도달할 수 있을 것이니 무슨 걱정이 있겠는가?……근세에 와서 헤아려보면 목사들이 쉽게 배를 타게하고, 사람들도 중국에 표류됨을 요행으로 여겨 순풍을 기다리지 않기 때문에 옛날보다 표류 횟수가 많아진 것이다. 표해의 폐단은 그치지 않을 것이다.

제주사람 고한록은 중국에 표류하여 많은 환대를 받고 돌아왔다. 그 후로 그는 사람들에게 표류를 권했다. 이에 몰래 마른 양식을 가지고 순풍을 기다리지 않고 닻을 끊고 키를 버리고 고의로 표류한 것이 세 차례이며, 익사한 사람도 무수히 많았다. 헌종조에 이원달 목사가 이 소문을 듣고 고한록을 체포하여 목을 베었다고 했다. 표류를 '직업적'으로 행하던 사람들이 존재했다는 뜻이다!

당신이 새라면 자유롭게 날아갈 수 있을 거요

표류의 국제성은 서양인 선박의 출현으로 보다 세계화된다. 인조 5년(1627) 9월에 네덜란드 선원 벨테부레(Weltevree, J. J)가 제주에 상륙했다. 그는 오우벨 겔크(Ouwer Kerck)호로 나카사키로 가던 도중, 물을 얻기 위해 선원 2명과 함께 종선으로 상륙했다가 관헌에게 잡혔다. 그 사이에 모선은 떠나버렸으므로 3인은 서울로 압송되었다. 훗날 한국인 부인을 얻고 정착한 박연(朴淵)이 그다. 하멜이 표류했을 때, 그는 노인의 몸으로 통역에 나선다. 만약에 박연같이 일찍 표류하여 조선말을 익힌 네덜란드인이 살고 있지 않았더라면, 하멜 일행과 조선은 전혀 대화하지 못했을 것이 분명하다. 하늘이 미리 박연을 보내준 것인가? 그래서 역사란 참으로 오묘하다. 우연과 필연이 이같이 교호하니 말이다.

무역선 스페르베르(Sperwer)호는 대만에서 1653년 7월 30일 일본 나카사키로 출항하다가 풍랑을 만나 64명 중 28명이 익사하고 36명이 제주도 해안으로 표류했다. 이들은 순천·남원·여수 등지로 분산 수용되었다가 1666년(현종 7년) 극적으로 탈출에 성공하여 일부는 잔류하고 하멜 등 8명이 일본을 경유해 1688년 7월에 네덜란드로 귀환함으로써 13년간의 억류생활을 끝낸다. 하멜이 제주 해안에 당도하여 심문을 받았을 때, 본국으로 보내달라는 표류민의 탄원을 듣고서 박연의 통역을 통해 우리의 고관이 들려준 말이 인상적이다.

당신이 새라면 그곳으로 자유롭게 날아갈 수 있을 거요. 그러나 우리는 외국인을 나라 밖으로 내보내지 않소. 그 대신 당신들을 보살펴 주고 식량과 의복도 지급해 줄 것이니, 이 나라에서 목숨이 다할 때까지 살아야 할거요.

하멜표류기 네덜란드 판본에 실린 삽화. 맨 처음 난파 당해 제주섬에 오르는 장면을 묘사했다.

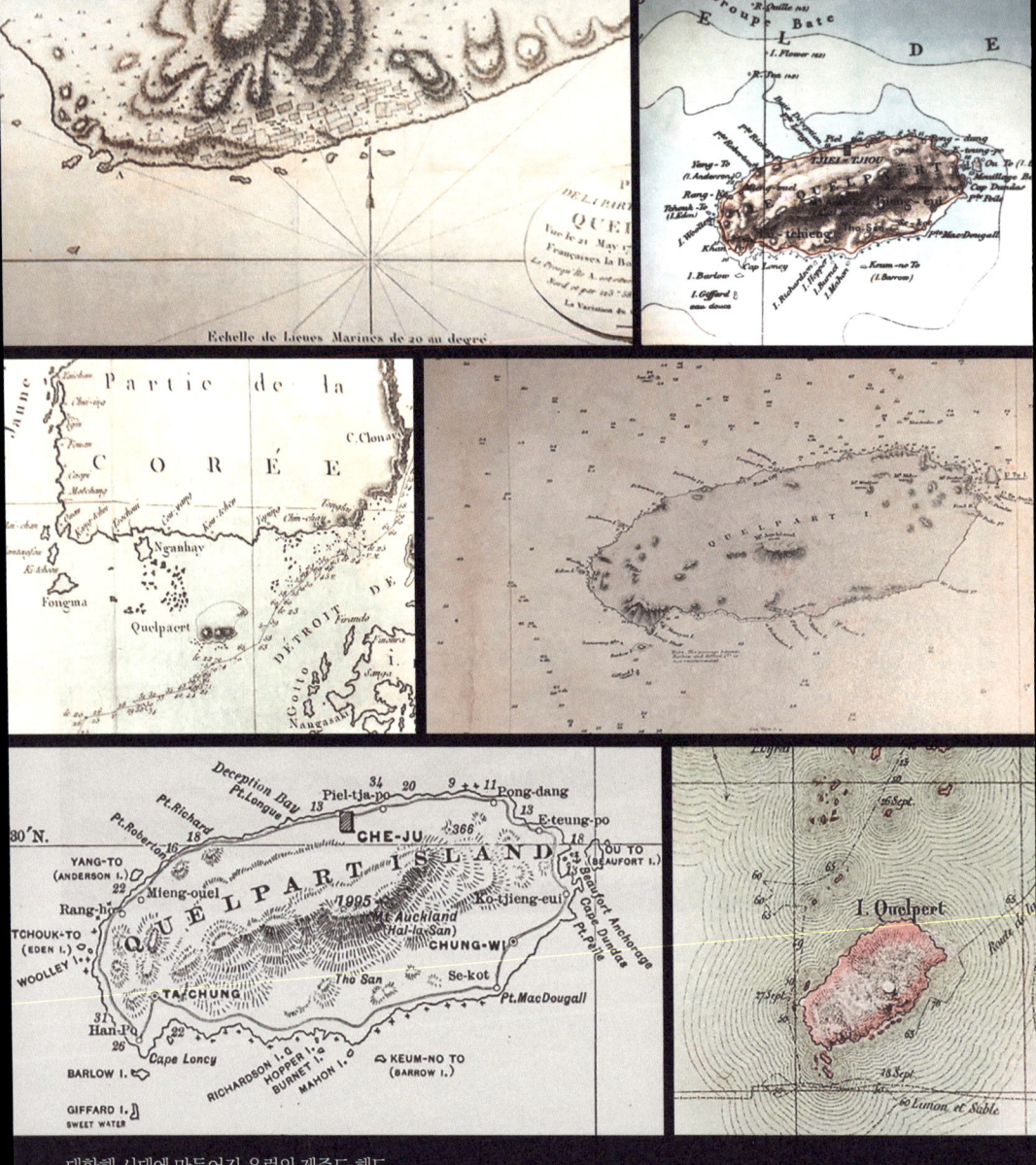

대항해 시대에 만들어진 유럽의 제주도 해도.

표류민을 한평생 억류한다! 1668년 하멜표류기, 일명《난선제주도난파기(蘭船濟州島難破記)》가 출판됨으로써 '금단의 땅'으로 서구에 널리 알려진다. 표류기 출간 이후에 제주도는 끊임없이 외국인의 주목을 받았다. 네덜란드 VOC(동인도회사)는 한때 제주를 식민화하려는 야망을 가지고 '보물섬 프로젝트'를 구상하기도 했다. 하멜 이후, 유럽인은 속속 제주에 관심을 표명한다. 1787년 5월, 프랑스 라페루즈 제독의 함대가 제주도 남동 해안을 탐사하면서 한라산 높이를 계산한다. 1797년에는 영국의 부로우톤 선단, 1845년에는 벨쳐가 아예 사마랑호를 타고 제주도 우도를 측량하고 해도를 만든다. 식민지 확장에 불탔던 서구 열강은 '미지의 나라 한국'을 탐욕스럽게 탐구하는 똑같은 수준으로 '신비의 섬 제주도'에 눈독을 들였다.

애초에 제주도를 'Ladoris', 혹은 'Ladrons'로 표기했는데 그 뜻은 도적도(盜賊島)란 뜻이다. 왜 도적도가 되었을까. 수수께끼가 아닐 수 없다. 하멜 표착 이후인 18세기에 이르러 'Quelpart', 혹은 'Kiea Cheu'로 표기되었다가 오늘날과 같은 'Cheju' 혹은 'Quelpart'로 정착된다. 겔파트는 발음으로 볼때 '가파도'라는 생각이 든다. 여하간에 하멜 이후에 만들어진 수많은 해도에 제주도는 겔파트로 등장했다.

하멜의 제주도 표류는 우연이 아니었다. 네덜란드의 식민지였던 바타비아(현 자카르타)로부터 포모사(대만), 나가사키에 이르는 항해로에서 조금 이탈한 스페르베르호가 제주도에 표착했기 때문이다. 하멜이 일본으로 도망칠 수 있었던 것도 나카사키를 염두에 둔 행동이었다. 서양인 표류는 제주도를 세계사의 반열에 올려놓는 계기가 되었으며 이후의 무수한 탐험과 조사가 제주 항해로에서 벌어졌다. 표류는 그 어떤 경우에도 국제적 성격을 강하게 내포하고 있음을 잘 말해준다. 제주도는 하멜 표류에서 보여지듯 머나먼 변방이 아니라 세계와 처음 만나는 최전선이었다.

12

신들의 섬

에게해에는 올림포스 제주도에는 본향당

이제 들으니 후임자가 도임한 다음날 크게 굿을 했다. 또 무당들이 빨리 신당을 복구하도록 하고 의생을 파했다. 백성들이 낙담하여 등소장으로 정지할 것을 청했으나, 오히려 조금도 늦추지 않았다. 또 무녀안을 만들어 전과 같이 편모를 거두고, 무당들은 재력을 내어 이미 폐했던 신당을 세웠다고 한다. 가히 한심스럽다.

— 이형상, 《남환박물》

굿당이되 굿당이 아니고, 절이 있되 절 아니다

회천동 화천사에 얼굴 닮은 자연석으로 모셔진 다섯 미륵이 있다. 마을에서 모셔지던 미륵불이 훗날 사찰로 접수된 것이다. 미륵은 제주도 신앙의 비승비속(非僧非俗) 속성을 말해주는 징표다. 김상헌은《남사록》에서 '승(僧)은 있으나 여승(尼)은 없다', 김정은《제주풍토록》에서, '이 지방의 중은 다 처를 길러 마을 안에 살고 있다' 했다. 제주도에는 이름난 거대 명찰도 없으며, 사찰 규모가 그만그만하다.

바람이 부는 섬이라 그러한가. 스님이되 스님 아니고, 절은 있으되 절 같지 않고, 신당이되 신당 같지 않다. 때로는 신당이 절이 되고, 절이 신당이 된다. 여자 많은 섬에 여승이 없었다는 것도 이상한 일. 제주 사람의 종교적 심성지도가 복잡해서일까. 이원진은《탐라지》에 이렇게 썼다.

> 풍속은 음사를 숭상하여 산과 숲, 내와 못, 높은 언덕이나 낮은 언덕, 물가와 평지, 나무와 돌 따위를 모두 신으로 섬겨 제사를 베푼다.

시대는 변했지만 오늘날도 사정은 비슷하다. 천주교 교세가 나름 강하지만 기독교 교세가 육지에 비하면 전반적으로 낮다. 어느 정도 정규 신앙으로 정착한 무속, 비승비속적 불교가 제주민의 종교적 심성 저변에 얽혀있다. 종교박람회를 방불케 하는 신앙 풍토를 처음 목격한 유교 지식인들은 대체로 제주의 토착신앙에 반감을 품었으며 무시하고 비난과 공격을 일삼았다. 천년 종교로 이어져온 불교조차도 매몰차게 걷어차던 주자학 입장에서 하물며 무속이나 비승비속 따위를 어떻게 받아들였을까.

제주시 동회천동 화천사 후원의 오석불.

제주에서 일어난 종교전쟁

우리는 너무나도 쉽게 '우리 역사에는 종교전쟁이 없었다'고 말하지만, 서구 같은 종교전쟁이 없었을 뿐 저강도 종교전쟁은 계속 벌어졌다. 숙종 28년(1702), 육지인의 제주 통치사에 획을 그을 이형상 목사가 등장한다. 그는 제주도 사정을 이렇게 기록했다.

> 남격(男覡), 여무들이 기승을 부리며 사람을 부리고, 무뢰한들이 당한(堂漢)이라 칭하면서 서로 결계(結契)하니 숫자가 천을 넘습니다. 여염집에서 밥을 털어 먹거나 신당에서 소를 도살합니다. 시골백성이 유치하여 두는 면포와 주단은 처음에는 귀신의 재앙으로 두려워하게 만듭니다. 내어주지 않으면 신차(神差)라 하면서 당황을 보내 결박하고 약탈합니다. 심지어 우마를 뺏기도 하는데 그 숫자가 거의 백에 가깝습니다...... 밭이 이어져서 두둑길이 되고 신당에는 주패(珠貝)가 쌓입니다. 배를 띄울 때는 귀신의 재앙이 있음만 알지, 관가의 명령이 있음은 알지 못하며, 진상선이 바람을 기다릴 때도 반드시 신당에 하직 인사를 합니다. 이같이 풍습이 지극히 괴상하고 해괴합니다.
>
> - 《남환박물》

야심만만하게 유교 원칙주의를 제주도에 뿌리내리려 했던 그는 삼읍(제주, 정의, 대정)의 음사(淫祠:堂)와 불사(佛寺) 130여 개소를 파괴하고, 무격(巫覡) 400여 명을 귀농시켰다. '당 오백, 절 오백'을 다 부수었다고 했다. 오백은 과장일 수도 있으나 그만큼 절과 신당의 피해가 컸다는 뜻이다. 유가(儒家) 입장에서는 배불(排佛)과 음사 처단이 모두 필요했기에 무불이 모두 박해를 당했다.

종교 탄압사의 현장이 그대로 그림으로 남았다. 이형상은 기록에 남길 요령

《탐라순력도》 중 〈건포배은〉. 불타는 신당(부분).

으로 《탐라순력도》에 신당이 불타는 〈건포배은(巾浦拜恩)〉 그림을 그리게했다. 시각 증거까지 남긴 것을 보면 이형상 목사는 주자학 이데올로그이자 '홍위병' 역할까지 몸소 도맡아 했다. 그림을 보면 민가에 비해 신당 숫자가 엄청 많긴 많았던 것 같다.

이튿날 삼읍의 신당 129곳과 사가에서 귀신에게 기도하는 물건과 길가의 무더기 숲과 무뢰배의 신의와 신철을 스스로 불태우니 한꺼번에 재로 되었습니다. 심지어 나무뿌리나 불상을 헐어버리기도 했습니다. 지금은 남아 있는 것이 하나도 없다고 삼읍 수령이 연속하여 첩보했습니다.

《탐라순력도》 서문에 쓰기를, '이제 무격 두 글자가 없어졌음을 말하지 않을 수 없다'고 했다. 유교지식인의 눈에 비친 제주도는 혹신이 무지몽매한 백성을 지배하는 미신의 섬이었을 뿐이다. 김석익은 《탐라기년》에서 이 목사의 치적을, '과감 정직하여 백성을 보살피는 일에 힘썼으므로 섬사람들이 그의 덕을 간직하여 덕화비를 세웠다'라고 기록했다.

후대의 역사 기록이란 매양 긍정적 미화로 치장되는 경우가 많다. 그러나 제주민 입장에서 이형상의 치적은 이해할 수 없는 반탐라적 행위였을 뿐이다. 설마 '스스로' 신당을 불태우고 '그의 덕을 기려서' 불망비를 세웠을까. 신당 파괴의 충격은 매우 컸지만 그가 제주를 떠나자마자 신당과 굿이 곧바로 복원되었다. 충격요법이 별 효험이 없었다는 증거다. 이형상은 훗날 정리한 《남환박물》에서 다음과 같이 허탈하게 그 소회를 밝혔다.

이제 들으니 후임자가 도임한 다음날 크게 굿을 했다. 또 무당들이 빨리 신

70년대 새마을운동기에 관에서 압수한 무속인들의 굿을 위한 악기와 도구들.

당을 복구하도록 하고 의생을 파했다. 백성들이 낙담하여 등소장으로 정지할 것을 청했으나, 오히려 조금도 늦추지 않았다. 또 무녀안을 만들어 전과 같이 편모를 거두고, 무당들은 재력을 내어 이미 폐했던 신당을 세웠다고 한다. 가히 한심스럽다.

정책 집행의 강도는 혁명수준이었으나 제주민의 뿌리 깊은 정서와 신앙을 감당할 수 없었다. 오늘날까지 전승되는 이형상에 관한 구술을 통하여 그에 대한 제주민의 태도, 유교에 토착종교와의 갈등 단면 등을 읽어낼 수 있다. 제주민 입장에서 이형상을 후안무치의 인간으로 전락시키고 있다.

이 영천이(그의 고향이 경북 영천이라는 뜻)는 깡패라. 최고 깡패라. 왕족이니까 강패질을 해대도 아무도 건드리질 못했지. 허니 이놈은 유부녀를 통간하질 않나. 쓸 데 없는 것만 해댔지. 물 끊어진 섬이니, 선참후제 사람을 먼저 베어두고 나중에 보고하는 거였지. 그러니 닥치는 대로 사람을 죽여불어. 도둑질한 놈도 돈 아니 주며는 대뜸 죽여불어. 이런 놈의 세상이라, 더러운 세상이요.

- 문무병 채록

유교적 교화가 일부 성공한 측면도 있다. 포제라는 독특한 제의가 전해오기 때문이다. 포제는 생산, 토지, 생업 등 제반사를 관장, 보호하는 신을 모시는데 대체로 정월과 음력 7월 2회 지낸다. 당굿이 무속식이라면 포제는 유교식이다. 포제를 보면 유교도 그런 유교가 없다. 마늘이 변방으로 가면 더 매워진다고 육지에서 육성된 유교가 제주도에 와서 독한 마늘로 발효되었다.

대개의 굿판은 여성으로 그득 차지만 포제는 남성 중심이다. 남성들이 포제를 통하여 권력친화적인 유교 제의를 강화 발전시켜 나갔다면, 신당은 여성에 의해 무속 제의로 지탱해 나갔다. 무속과 유교의 병진 전략인가, 아니면 유교적 공세를 받아치다가 스스로 독한 마늘이 되어버린 타협책이었던가. 아무튼 남송에서 시작된 주자학 세계관이 탐라라는 머나먼 섬에서 굳건히 의례를 통하여 지켜지고 있음은 세계 유학사 차원에서도 경이로운 경우다.

미신을 옹호하는 까닭

20세기 이후 미신이란 말이 자주 쓰이고 있다. 본디 미신은 우리말 사전에도 없던 20세기 신조어. 일본 메이지유신 이후 개화주의자들이 영어의 Superstion을 번역하여 쓰던 것을 수입해 사용했던 것이다. 1991년에 펴낸 《굿의 사회사》에서 이런 글을 썼던 적이 있다.

일정한 사회에서 믿음으로 인정되는 것은 그 사회의 당사자들에게는 당당한 정신(正信)이 되며, 이에 반하여 바깥 사회의 국외자에게는 미신으로 될 수 있는 것이다. 물론 과학적 세계관에 비추어 볼 때 중세사회의 유산인 굿에 있어서 비과학적 측면도 매우 많으며, 주술적 세계관이 잠복해 온 뿌리도 매우 오래된 것으로 보인다. 이는 전근대사회의 일반적인 특징이며 여러 면에서 낙후되고 청산해야할 봉건적인 유제가 없는 것은 아니다. 그러함에도 민족 내부의 공동체성을 극히 건강하게 지탱시켜온 대중들 삶 속에는 주술에 의탁하는 정체적 삶에 반하여 생산력 발전을 희구하는, 민중들의 강인한 변혁의지도 매개되어 있었음을 인식해야 한다.

신년 과세의 풍경(와흘당).

제주 사람들이 왜 신당을 그토록 철저히 모셔왔으며, 개명천지라 부르는 오늘날에도 신당을 애지중지 모시고 있을까? 왜 제주도 토박이들 다수는 여전히 신당을 존중하고 있을까. 신당이 제주 사람들에게 그 언제나 '마음의 불휘공'이기 때문이리라. 몇가지 예를 들어 미신에 관한 변증을 해본다면? 수많은 변증이 가능하겠지만, 전통 생태란 측면에서 접근해 본다.

변증1. 뱀신의 생태성

뱀신앙은 두고두고 외래인의 독한 비판을 받는다. 이미 《탐라지》에서도 뱀신앙을 언급했다. '이 지방에는 뱀과 독사·지네가 많은데, 만약 회색 뱀을 보면 차귀신(遮歸神)이라 하여 죽이지 못하게 금한다'고 했다. 뱀신이 정좌한 당은 토산당, 광정당, 김녕의 굴당, 고산리 본향당 등인데 대부분 여드렛당이다. 여드렛당은 제일이 매월 8일, 18일, 28일로 모두 토산당에서 가지쳤다. 나주 금성산에서 처녀 공희를 받던 뱀이 퇴치되어 죽은 후에 바둑돌로 변신하여 한양으로 진상갔던 제주 사람에게 빙의하여 입도한 후에 우여곡절 끝에 토산당에 좌정했다는 전설이 있다.

뱀신은 집안에서는 개인적인 조상신이라 칠성신으로 좌정한다. 집집마다 뒤뜰, 혹은 울타리 안의 구석진 곳에 칠성눌이라는 띠로 엮어진 조그마한 주저리를 만들어둔다. 뱀신의 제단이자 처소로 일명 뒷할망이라 부른다.

일반인에게 뱀신을 설명하면 대부분 이해할 수 없다는 표정이다. 나는 이들 뱀신앙이 농작물이 대단히 귀한 제주도에서 쥐 피해를 줄이기 위해 나온 뱀에 대한 보호책을 신앙화시킨 결과라는 일각의 주장을 권하고 싶다. 인류학자 마빈 해리스식의 문화유물론적 해석방식인 바, 뱀이 쥐를 천적으로 잡아먹는다는 사실을 주목한다면 설득력 있는 주장이다. 뱀이 재복을 가져다준다는 믿음은 곧

뱀신을 모신 칠성눌.

일용할 양식의 풍요를 뜻하며, 천적으로부터 곡식을 보호하려는 의지에서 뱀을 존중했다는 뜻이기도 하다. 다음은 고인이 된 인류학자 이기욱의 주장이다.

너무 무지했기 때문에 무익하며 해롭기까지 한, 또 위협적이면서 혐오감을 주는 동물을 숭배한 것이 아니다. 오랜 경험을 통해 환경에 순응하는 지혜를 얻었고, 이러한 지혜가 사신숭배 관행을 만들어냈다. 사신숭배는 선주민이 당면하던 절실한 문제, 농작물을 쥐의 피해로부터 보호하고자 하는 평범한 문제를 해결하기 위해서 뱀에 대한 보호책이 사회적 규율로 채택되었고, 끝내는 신화화함으로써 종교적 해결책으로 유지되어 왔다.

변증2. 물색의 생태성

육지의 신령목과 마찬가지로 제주도에서도 신령이 깃든 나무는 금기의 대상이며, 숲은 성역이 되어 마을신이 된다. 마을나무에 손상을 입히면 벌을 받는다. 이들 지킴이에는 마을굿이나 개인의례를 통하여 지전(紙錢)이나 물색(物色)을 모신다. 헌납하는 화려한 물색은 민중의 소박하면서도 원초적 미적 감동을 여실히 보여준다. 신목에 걸어두는 물색은 인간이 신에게 바치는 최대의 예우다. 발리를 방문한 사람들은 힌두교도들이 아침 저녁으로 꽃을 바치는 화사한 풍경에 경이로움을 느끼곤 한다. 제주도 사람들도 물색을 바쳐 경관의 빛깔을 화사하게 장엄한다. 녹색 엽록식물 숲에 붉고 희고 노란 천과 지전이 현란하게 빛을 발하는 모습은 제주도 신당만이 지닌 또 하나의 별천지다. 자연과 어우러진 그 오묘한 빛깔의 조화란! 제주도 신목에 널브러진 화려한 물색을 이해하지 못하고서 제주민의 민중적 미의식을 이해한다고 말할 수 있으랴!

나는 지나가다가 가끔 와흘당에 들린다. 나무와 물색이 아름다운 당이기 때

당목에 바친 물색(와흘당).

문이다. 폭낭에 둘러싸인 와흘당은 여신과 남신이 결합하여 허정승 따님을 신으로 모시며 매년 정월 14일과 7월 14일에 제를 올린다. 화려한 물색은 나무를 더욱 신령스럽게 만들어준다.

제주시 월평동과 영평동 다라쿳당에는 폭낭 부부 신이 자리잡고 있다. 남신은 한라산에서 솟아난 토착신으로 수렵 목축의 신이자 마바람의 신이며 육식을 하는 부정한 신이다. 여신은 강남에서 온 외래신으로 농경신이자 하늬바람의 신이며, 쌀밥을 관리하는 깨끗한 신으로 아기를 보살피는 산육신이다. 폭낭에 실린 남녀의 신이 부부의 연을 맺고 좌정하고 있다.

이 같은 자연주의적 경배는 유교 지식인의 즉자적 공격을 받았다. 사실 유가 세계에서도 산천경배가 없지 않다. 그러나 오로지 무속이 개입되어 있다는 증표로 여겨져서 신령스런 나무조차 터부시된 것이다. 유가에서 볼 때 아름다운 숲도 무속에서 신으로 떠받들면 돌연 사악스런 숲으로 변질되는 것이다. 숲은 숲일 뿐, 무속과 유교 어디에도 치우침이 없음에도 그러했다.

신령이 깃든 나무에 대한 유교 지식인의 공격적 본능을 서양에서 들어온 교회가 이어받게 된다. 다음은 1901년 이재수난 시절의 무속과 기독교 갈등에 관한 소설가 현기영의 설명이다.

제주도에는 곳곳에 수백 년이 넘은 팽나무 등이 신목이 되고 있는데 이 팽나무를 천주교인과 신부들이 파괴합니다. 적극적으로 미신을 타파한 셈이 된 거죠. 특히 제주도 남쪽지방에 가면 뱀신앙을 볼 수 있습니다. 천주교에서 뱀이라면 사탄 아닙니까? '사탄을 숭배하다니 이건 말이 안 된다'라며 주민들의 머릿속에 들어 있는 미신을 적극적으로 타파해야겠다는 생각이었을지는 모르겠습니다만, 하여튼 몇 군데의 신목을 잘라버리고 당을 파괴합니다. 그리고 그때 잘라버린 나무를 가지고는 공소 짓는 데 썼던 것입니다. 그러니까 일거양득이겠죠. 미신타파에도 좋고, 재목 얻어가지고 공소를 짓는 데 쓰고 일석이조였던 셈입니다.

변증3. 신구간의 생태성

제주도에는 천년 전통의 입춘굿이 전해온다. 입춘굿은 '춘경(春耕)친다'고도 한다. 탐라시대부터 전해 온, 왕이 백성 앞에서 밭을 가는 친경(親耕)의 유습이다. 조선조에는 왕을 대신해 호장이 나무소(木牛)를 끌며 농경 모의 행위를 실연하고 풍농을 비는 거리굿이 연출되는 관민합동의 축제였다. 헌종 7년(1841)까지 입춘굿이 열렸다.

12월 24일 입춘일이다. 호장은 관복을 갖추어 입고 나무소가 끄는 쟁기를 잡고 양쪽에서 어린 기생이 좌우로 부채를 들고 따른다. 이를 퇴우(退牛, 소몰이)라고 부른다. 무당들은 북을 치며 열심히 앞길을 인도한다. 먼저 객사에서 시작하여 차례로 영정(營庭)마당에 들어와서 밭가는 모양을 흉내 내었다. 이날은 관아에서 음식을 마련하여 모두에게 대접했다. 탐라왕이 경전(耕田)하는 풍속이 남아있는 것이라고 한다.

— 이원조,《탐라록》

봄이 시작되는 이 화려무쌍한 입춘 전에 무슨 일이 벌어졌을까. 24절기의 마지막인 대한 후 5일부터 입춘 3일 전까지 1주일간 신구간(新舊間)이 선포된다. 제주민에게는 글자 그대로 새 것과 낡은 것이 교체되는 신성 기간이다.

일 년간 세상사를 관장하던 구관(舊官)이 당해년 임무를 끝내고 옥황상제에게

서순실 큰심방이 집전하는 탐라국 입춘굿.

돌아간다. 신들이 잠시 사라진 빈 시간에 그동안 께름칙한 일이거나 동티날 일을 잽싸게 해치운다. 이사는 일제히 신구간에만 가기 때문에 가가호호 난리고, 이삿짐센터는 일손부족으로 법석이다. 돗통시(똥돼지) 시절에는 동티난다고 변소도 신구간에만 고쳤다. 행정당국에서는 신구간을 없애기 위해 힘을 쏟아왔지만 지금도 신구간에는 통신, 유선방송, 가스 등 서비스업체가 비상 대기한다. 만가지 신이 살고 있는 제주도에서나 가능한 일이다.

　신구간은 《천기대요(天機大要)》나 《산림경제》〈세관교승〉에 '신세관과 구세관이 교승하는 때에 집을 짓고 장사를 지내도 불리함이 없다'는 데서 비롯되었다. 이상한 것은 육지부에서는 이러한 믿음이 실생활에 적용되지 않는데 반하여 제주도에서는 완강한 풍속으로 지속된다는 점이다. 제주대 윤용택 교수의 연구에 의하면, 신구간은 제주도 기후와 연관된다. 신구간은 일 평균기온이 5℃ 이하로 내려가는 거의 유일한 기간이다. 겨울 없는 따뜻한 아열대성 기후에 속하는 제주에서는 중요한 의미를 지닌다. 5℃ 이하에서는 대부분의 미생물 증식이 중단되어 세균 번식이 위축되기 때문에 방역이 허술하던 시절에 위생상 문제가 되어 못했던 변소 개축이나 집수리를 해도 별 탈이 없었다. 1970년대 새마을운동 와중에 신구간을 6대 폐습의 하나로 정하고 청산운동을 폈으나 쉽게 폐지되지 않은 배경에 이 같은 합리성과 생태성이 버티고 있는 것이다.

변증4. 치병의례의 생태성

　굿판은 병마와 기를 세운 싸움터이기도 하다. 큰굿을 하려면 마당에 큰 대부터 세우고 좌우에 작은 좌우돗기를 세우고 간단한 기메고사를 한 후에 악기를 울린다. 신을 모으는 것은 기를 세우는 것이요, 기를 타고 신이 내려오기 때문에 큰대는 하늘과 땅을 가장 가까이 잇는 신의 하강로다. 굿판에서는 인간의 병마

60년대 눈발 속의 이사 신구간 풍경.

와도 싸움이 벌어진다. 치병의례인 넋들임이 그것이다.

심방이 의례 집행자가 되어 행하는 굿 형식의 넋들임, 비념 형식의 넋들임이 있다. 어떤 사고를 당했거나 놀람의 원인을 알게 되면 새벽이나 밤에 사고 장소에 가서 'OOO야, 오라 가게'하면서 당사자 이름을 외치며 혼을 부른다. 넋들임은 우리 몸이 단순 육체가 아니라 눈에 보이지 않으나 혼이라는 것이 깃들어 있다는, 정신세계의 존재를 확인하는 의례다.

굿이 미신으로 내몰린 최대 요인 중의 하나가 이같은 치병의례, 소위 푸닥거리 때문이다. 정신병리학적으로도 넋들임은 분석 가능하며, 오늘날 서구에서도 이같은 치료법이 재인식되고 있다. 과연 망자의 영혼을 부르는 행위가 비정상적이기만 할까. 시베리아는 물론이고 우즈베키스탄, 티벳 등의 광범위한 현지조사 연구를 통해 샤머니즘의 고대적 지혜를 심리학적으로 연구한 올가 카리티디(Olga Khariti)의 《Entering the Circle》을 보면, 어느 시대 어느 장소에서나 자연 조건에 부합되는 생태적 선택이 존재했으며, 영혼과의 교감도 수많은 선택 중의 하나일 뿐이다.

굿판에서 망자의 넋을 부르는 영게울림이 시작되면 산 자와 죽은 자는 잠시나마 하나가 되어 교감한다. 4·3에 죽은 망자를 달래는 굿판에서는 고단한 역사가 재현되고, 산 자들은 굿을 통하여 혼미한 일상을 수습한다. 몸과 정신에 관한 생태적 접근이 굿판에서 가능한 대목이 아닐까.

1만 8천 신들의 고향

목장이 펼쳐진 척박한 땅. 밭농사 조차 쉽지 않은 섬에서 신들의 역사가 시작되었다. 그러나 신도 신 나름이다. 신에도 으뜸 신, 버금 신이 있다. 할망신이 있는가 하면 손자나 증손자뻘 신도 있다. 그중 송당의 신이 중요하다. 에게해에 올림푸스산이 있어 만신의 계보가 창조되었다면, 제주도에는 송당이 있어 본향당이 퍼져나갔다. 신의 계보는 일가붙이의 잔가지만큼이나 섬 전체로 뿌리내렸다.

제주도 어느 마을이고 존재하는 본향당(本鄕堂)은 그리스로 치자면 마을마다 신전이 하나씩 서 있는 식이다. 평후열도에서 흩어진 섬마다 마조 신당이 하나씩 서 있다. 제주도에서 본향이란 마을 수호신을 말하며, 본은 근본·본원·내력, 풀이는 설명을 뜻한다. 결국 본풀이란 당신(堂神)의 근본을 풀이하고 설명한 살아 있는 신화다. 헤라와 아프로디테 신전에 가서 신탁을 받듯이, 제주도사람은 본향당에 가서 심방의 본풀이를 통해 신탁을 받는다.

본풀이는 일반본풀이와 당본풀이, 조상본풀이 세 가지가 있다. 일반본풀이는 자연이나 일반적인 관념에서 모셔지는 신의 이야기, 당본풀이는 마을 수호신의 내력담, 조상본풀이는 집안및 씨족의 수호신 이야기다. 본풀이는 역사적으로 조상들이 살아온 내력이며, 공동체 성원의 삶의 내력을 신화로 만들어 놓은 민중의 역사다.

송당은 웃손당(상동), 셋손당(중동), 알손당(하동) 세 마을로 나뉜다. 얼마 전까지만 해도 따비를 써서 농사지어야 할 정도였고, 거센 바람에 씨 날림을 막기 위해 남태를 써서 마소로 밭을 밟던 중산간 마을이다. 웃손당은 금백주여신, 셋손당은 세명주, 알손당은 소로소천국 남신이 모셔진다. 알손당 소로소천국과 웃손당 백주또는 부부신이며, 그 사이에 태어난 아들이 18명, 딸 28명, 손자가 무려 378명이다. 그들이 도내 각 마을로 퍼져 본향신이 되었다. 도처에 본향당을 건설하기 위한 신들 패밀리의 인해전술이라고 할까.

제주도는 쌀밥 구경 조차 어려웠던 곳으로 식량 조달을 농사에만 의존하던 곳이 아니었다. 송당본풀이에는 애초에 수렵생활을 하다가 농경으로 접어드는 과도기 현상이 잘 드러난다. 민속학자 문무병 선생은 송당을 '신시의 메카'로 정리했다. 당신(堂神)의 원조라고 할 만한 소천국과 백주또가 좌정하고 있는 중산간 마을 송당에서 출발한 송당 신화가 제주도의 많은 마을 신당에 그 뿌리를 깊게 드리우는 중이다.

송당본풀이의 금백주할망신화가 시작된 송당은 고대의 신시(神市). 한라산을 내려온 신들이 마을 당신으로 좌정하던 시기, 떠돌아 다니면 사농바치(사냥꾼) 신들이 결혼을 하여 마을의 신으로 좌정한 곳, 신화의 메카, 당의 불휘공이라 일컬었는 곳.

신당의 패밀리가 있는 만큼 당신화도 각 패밀리의 계보가 있다. 칠일당계 신화(七日堂系神話)와 팔일당계 신화(八日堂系神話)가 그것이다. 칠일당은 제일이 매 7일(7, 17, 27일)이라 붙여져 일뤳당이라고 부르며, 신명(神名)도 일뤠할망이다. 일뤳당은 제주도 전역 90여 곳에 걸쳐 있다. 당본풀이는 다시 세 계열로 갈라지는데 토산당(兎山堂) 당신화, 서귀포읍 호근리(好近里) 당신화, 중문면 당신화 계열 등이 있다.

당의 이름은 보통 '마을명 + 지명 + 제일 + 성별 + 당'으로 이루어진다. 가령 '상명리 느지리 캐인틈 축일 할망당'과 같이 나타난다. 당이름만 보아도 어느 마을, 어떠한 신이, 어디에 좌정하여, 어느 날에, 어느 단골신앙민이 찾아가 당굿을 하여 모시는 신인가를 알 수 있다.

신당을 찾아나서는 일이야말로 제주 정신의 본향을 찾아나서는 것과 같다. 당

돌문화공원의 신성스런 거석들.

없는 마을이 없을 정도로 신당은 제주 정신의 거대한 저수지이기 때문이다. 도시화한 제주 시내에도 곳곳에 당이 있어 눈길을 끈다. 월평·영평 상동(다라쿳)·영평하동(알무드내) 본향당, 아라동(간드락) 본향당, 봉개(웃무드내·명도암·동회천·서회천) 본향당, 삼양(가물개·설개) 본향당, 화북(가릿동·베린내) 본향당과 윤동지영감당, 용담(한두기·건들개·다끄네) 본향당 등등. 제주도 신당을 모르면서 제주 사람의 심성을 어찌 온전하게 이해할 수 있으랴!

신들은 아름다운 곳에서 산다

신당은 최고의 성소에 최대한의 예의를 갖추어 모셔진다. 구좌읍 김녕리의 경우, 마을에는 본향당, 일뤠당, 여드레당, 궤네깃당, 서문하르방당이 있다. 한 마을 안에 비교적 그리 멀지 않은 거리를 두고서 각각의 기능과 역할을 하는 당이 분산되었다. 그중 하나인 서문하르방당(미륵당)을 찾아가보면 언제나 '매혹' 그 자체다.

일주도로 바닷가의 흘러내린 용암과 백색의 모래사장이 곱기만하고 청정해역의 바닥이 들여다 보이는 파란 바닷물이 조화를 이루어 아름답기 그지 없다. 바람막이 돌담 안에는 자연석으로 모신 미륵이 바다를 향하여 정좌하고, 작은 나무 두어 그루가 북풍에 맞선다. 자연석에 지나지 않으나 사람들은 미륵이라 믿는다. 미륵당은 서문 하르방당, 윤동지 하르방, 미륵보살 하르방이라고도 부른다. 신당과 불당이 비승비속으로 통일되어 있는 경지다.

신당은 대체로 숲이나 바다, 계곡 등 아름다운 곳에 자리 잡았다. 신들은 사는 곳도 아름답다는 생각이 들게 한다. 소박미를 뛰어넘어 화려 장엄한 치장을 보여주는 신당의 명품도 있다. 문화재로 지정된 '내왓당 무신도' 10폭이 그것. 내왓당은 용담동 한내(漢川)에 있던 굿당으로 나라에서 인정하여 굿을 허용한 당이다. 내왓당이란 '내 바깥의 당'이란 뜻. 내왓당 12신위 중에 2폭이 사라지고 10폭만 남았다. 제석천왕마누라, 본궁전, 어모라 원망님, 수랑상태자 마누라, 천자도 마누라, 새금상 감찰지방관 한집마누라, 상사대왕, 중전대부인, 정절상군농, 자지홍이 아기씨...사라진 2폭은 세조 때 불태워진 것이 확실시된다. 내왓당은 고종 19년(1882)에 훼철과 더불어 사라지고 그림만 훗날 제주대박물관으로 들어갔다.

내왓당 무신도는 그 기법이 단연 뛰어나다. 한지에 전통 채색안료인 진채를 사용했고 금박을 입혔다. 어디 이런 그림이 있으랴 싶다. 나는 1980년대 후반의 몇 년간 경희대박물관의 큐레이터로 무속실을 책임졌던 적이 있다. 무속실에는 서울 원효로에서 가져온 부군당 여신도가 걸려 있었다. 뛰어난 명품이다. 내가 보기에 부군당 여신도와 제주도 내왓당 그림이 한국 최고의 종교화로 여겨진다. 내왓당 그림은 박생광 화백에게 큰 영향을 주었다. 그는 자신의 화법으로 무신도를 재해석하여 그렸지만 제주 무신도의 원형과 도상적 이미지를 놓치지 않았다. 《제주의 무신도》를 펴낸 김유정의 표현을 빌려본다.

박생광이 말년에 구현한 새로운 한국적 박생광류 채색화는 내왓당 무신도 없이는 불가능 했으리라. 내왓당 무신도는 그 자체가 독자적 채색화이기에 현재까지 누구도 넘볼 수 없는 한국 채색화의 전통을 보듬고 있으며, 이런 무신도를 박생광은 '그대로' 형상을 빌어 자신의 새로운 채색화 전통을 세우는데 하나의 징검다리로 삼고 있는 것이다.

제주도 내왓당 무신도 '수령위'.

제주굿의 예술적 탁월성은 기메에서도 발견된다. 굿하는 제청에 창호지, 백지, 색종이 오려놓은 것을 걸어놓거나 푸른 잎이 달린 대에 묶어 세워놓은 것을 볼 수 있다. 언뜻 보아 장식품 같은 종이를 총칭하여 심방들은 기메전지라 부른다. 고인이 된 민속학자 현용준 선생은 헌납물 백지가 사람으로 구상화해 가면서 기메로 발전한 것으로 보았다. 기메는 '탐라의 미, 너울거리는 삶의 희로애락'이라는 맥락으로 전시회에 모습을 드러내기도 했다. 미술평론가 임정희는 이를 두고 '제청에서 전시장'으로 나아간 것으로 간주하면서, 기메를 '숭고의 설치미술'로 표현하기도 했다. 숭고의 설치미술, 적절한 표현이다.

풍금과 셰익스피어만 배워야한다면

제주도는 기록문학이 빈약한 대신 상대적으로 구비문학이 풍부하다. 민요·설화·무가는 가히 한국의 중심부라 할 만하다. 산업화·도시화 등으로 전통적 구전 전승력이 쇠퇴해가는 세계적 추세에 비추어볼 때, 제주의 구비신화는 어쩌면 세계적 수준을 자랑한다. 제주대의 신화학자 허남춘 교수는, '서사무가는 원래 신의 내력을 풀어내는 이야기 위주의 노래로 신화의 근원이며, 신화는 서사문학의 원형'이라고 명료하게 정리했다.

제주 심방에 의해 전승되는 서사무가 속에는 천지창조·일월창조·인류창조의 신화소가 다양하게 발견된다. 제주굿은 무엇보다 스케일이 크고 깊다. 구약성서의 창세기라고나 할까. 인간이 살아가는 세상이 창조되는, 천지개벽이 일어날 때의 실제 상황이 굿판에서 연출된다. 이런 일은 오로지 구비전승의 힘 때문에 가능한, 기적같은 일이다.

굿하는 제청에 종이를 오려 장식용으로 사용하는 것을 기메라 한다. 혹자는 이를 두고 '탐라의 미, 너울거리는 삶의 희로애락'이라 칭하기도 한다.

천지혼합으로부터 말하자. 천지혼합을 말하자면 천지혼합시 그 시절에는 하늘과 땅이 경계가 없어 사면이 캄캄하여 있을 때 천지가 한 묶음이 되어 있습니다. 천지가 한 묶음 되어 있을 때 개벽을 하게 되었는데, 비로서 세상의 시초가 되옵디다.

천지가 열리면서 굿판이 시작되면 신인합일(神人合一)과 공식(共食)의 장이 펼쳐진다. 굿판은 만남의 장소요, 만남을 중재하는 장소가 된다. 신과 인간의 만남, 이웃과의 만남, 가난과 고난으로 점철된 역사와의 만남…… 만남의 의의는 서로 만나서 문제를 푸는데 있다. 또한 저승의 시간과 이승의 시간이 교차하는 시간이 제일(祭日)이며, 이승과 저승이 공존하는 공간이 굿판이다. 그러하니, 뭍사람들이 제주도를 이해하려 할 때, 굿판을 모르고서야 어찌 온전한 만남을 이룰 수 있으랴!

이같은 굿판은 아무나 주재할 수 없다. 큰굿을 제대로 하는 심방은 굿법을 아는 심방이다. 인생살이에 살아가는 법이 있다면, 굿에는 굿법이 있기 때문이다. 우리가 '방법'을 몰라 헤매일 때, 그 방법이란 말은 치병의례에서 요구되는 처지방법에서 유래했다. 법이 제대로 서야 굿판이 제대로 서고, 굿이 제대로 서야만 신도 신이 나서 인간과 한판 놀다 갈 수 있다.

그렇다면 굿법은 어떻게 배울까. 당연히 학습의 결과다. 하지만 심방만 학습한다고 굿판이 성립될까. 심방이 굿을 잘해도 이를 이해하는 기본 학습이 되어있는 단골 없이는 굿판을 이끌어 갈 수 없다. 굿은 일방소통이 아니라 주고 받는 장치이기 때문이다. 제주도가 공동체적 조건에 놓여있을 때는 굿법이 보다 엄중하게 살아 있었다. 사회가 다변화되고 영적 능력이 쇠퇴하고 자기 전통의 미래적 확신이 차츰 고갈되어가자 굿은 쇠락하기 시작했다. 학교 교육은 '굿=미신'이란 등식에 젖어있을 뿐이다. 아이들에게 풍금소리는 가르쳐도 제주굿 설쉐의

청아한 가락은 가르치지 않는다. 굿판에 등장하는 멩두, 신칼, 요령, 바랑, 울쉐 등이 움직이고 작동되는 의미망을 모르고서 제주 전통문화 교육은 고갱이 빠진 강정이 아닐까.

미크로네시아를 조사하면서 늘 품었던 의문을 제주도에서도 하게 된다. 서구화를 강요받는 태평양 원주민 아이들은 자신들의 삶의 조건과 선택 여부와 상관없이 셰익스피어를 배워야하고 피아노와 풍금을 배운다. 원주민 악기는 사라지고 풍금소리만 코코넛 숲속에서 들려온다. 원주민 노인의 중얼거림처럼, 아이들은 수학과 과학만이 아니라 고기잡이도 배워야 한다. 왜 자신들의 신화와 역사와 문화, 노동과 기술을 배우지 못하고 식민 종주국 영국의 셰익스피어 따위만 배워야 하는 것일까. 마찬가지로 왜 제주도 어린이들은 굿가락을 배우면 안 되고 본풀이를 이해하면 안 될까. 자신들의 조상에 관한 총체적 지식인데, 이 역시 미신으로 내몰린 탓인가. 입학시험과 밥벌이에 도움되지 않는 지식은 모두 폐기처분인가.

하와이대학의 원주민학부에서 그네들의 언어, 습관, 신앙, 제도, 관습법을 가르치는 모습을 보면, 제주도도 특별자치도 답게 교과 과정에서 당연히 신들의 계보를 가르쳐야 한다. 그리스 올림푸스 신들의 계보는 줄줄 외는 교육 현장에서, 1만 8천 신들의 본향에서 살아가면서 정작 자신들 신의 계보는 모르는 카오스적 상황은 크게 잘못되었다. 올림푸스가 있다면 송당의 오름이 있고, 그리스 신화가 있다면 오름의 신화가 있는 법이다. 제주굿에 관한 요점은 이해하고 넘어갈 일이다.

요점1. 심방에 관하여

제주굿을 이해하기 위해선 무엇보다 심방을 알아야 한다. 심방은 인간이 굿을 할 수 밖에 없는 간절한 사연을 신에게 아뢰고, 굿법에 따라 인간의 문제를 풀어주는 '신의 아이'다. 세습무인 심방은 세습무이면서도 신점도 치는 무당 기능을 지닌다. 남녀 성별에 따라 스나이심방(남격), 예펜심방(여무)이라 하며 제비, 소미, 심방의 과정을 밟아 사제로서의 전문성을 갖춘다. 굿을 할 때는 수심방이라하며, 기능에 따라 큰심방, 죽은심방이라 불린다.

 심방은 아무나 되지 않으며 성무의례를 거쳐야 한다. 육지로 치면 내림굿이다. 소미에서 심방으로 독립할 때는 10여 일이나 걸리는 큰 굿을 통과한다. 신굿을 하면 하신충 칭호를 얻고, 그 다음에는 중신충, 상신충 단계를 거친다. 심방은 부모의 무업을 계승하여 세습하거나 무구인 맹두를 줍거나 무병을 앓아 입무하는 경우가 있고, 심방과 혼인하거나 생활수단으로 어쩔 수 없이 입무하는 경우도 있다. 따라서 심방은 일반인이면서 심방이라는 이중적 성격을 지닌다.

요점2. 굿에 관하여

 제주 굿은 그 규모에 따라 큰굿·작은굿, 굿하는 범위에 따라 집안굿·마을굿으로 나뉜다. 큰굿은 적어도 3~4일이 소요된다. 심방의 입무의례인 신굿은 13~4일이 소요된다. 제주 굿의 기본 형식은 청신·향연·기원·오신·예언·송신으로 구성되는데, 육지라고 다를 게 없다. 제주어로 말하면 청신은 초감제, 향연은 추물공연, 기원은 비념, 오신은 석살림, 예언은 분부사룀, 송신은 도진이다. 맞이는 해당신을 청하여 맞이하고 기원하는 것으로, 불도맞이·일월맞이·초공맞이·이공맞이·삼공맞이·시왕맞이 등이 있다.

 본풀이는 신의 출생부터 신직을 맡아 좌정할 때까지의 내력담, 곧 신화로써 천지왕본풀이, 삼승할망본풀이, 마누라본풀이, 초공본풀이, 이공본풀이, 삼공본풀이, 차사본풀이, 지장본풀이, 칠성본풀이, 문전본풀이, 군웅본풀이, 영감본풀

1960년대 심방(김태곤 사진).

심방과 단골들

이 등 12편이 있다. 아울러 세경놀이나 영감놀이, 전상놀이 같은 굿놀이도 이루어진다.

본풀이는 신의 출생부터 신직을 맡아 좌정하기 까지의 이야기인 신화이며 굿의 원리를 차례차례 풀어나가는 '굿의 대본'인 무당서다. 그러므로 제주굿은 본풀이를 노래하고 본풀이로 신길을 닦는 맞이굿, 신을 모시고 노는 놀이굿 등 굿거리의 종합으로 이루어진다. 본풀이는 굿법이기도 하다. 본풀이에는 '그때 낸 법으로 어떻게 하게 되었다'는 굿법, 즉 신화시대에 낸 법으로 오늘날 어떤 굿을 하게 되었다는 이야기가 반드시 삽입되어있다. 따라서 본풀이는 굿의 언어를 담은 굿본이다. 본풀이는 본을 푸는 서사시이며 살아있는 신화인 것이다.

이상의 내용을 충분히 이해했다면? 대체로 제주도에서도 대학원 과정에서 전공자들이나 이해하는 수준일 것이다. 그러나 풍금소리와 세익스피어만 가르치는 정체성 사라진 교육을 생각하면서, 조금이라도 공들여 제주굿을 바라보길 권하는 중이다. 제주사람들의 '불휘공'인 굿을 간과하고 무엇이 보이겠는가.

신들의 고향 수건과 갈옷과 태손땅

사람들은 제주도를 '신들의 고향'이라고 말한다. 제주도는 1만 8천 신과 더불어 살아가는 섬이었기 때문이다. 굿 연구가 문무병선생이 해석하는 제주굿에 관한 의미로 정리하고자 한다.

제주사람에게 굿은 한을 풀어내는 본질적 행위였다. 눈물수건, 똠든의장(땀밴옷), 태손땅(태 사른 땅)이 제주사람의 입에서 맺힌 한을 이야기하는 살아있는 말이다. 3한이라 할까. 굿을 할 때 맺힌 생활상을 나타내는 이 말은 제주민의 성격과 특징을 함축한다. 노동할 때 해를 가리고 땀을 닦고, 서러울 때는 눈물을 닦는 수건, 힘겨운 노동의 삶을 상징하는 땀에 밴 갈옷, 고향을 버릴 수 없는 제주 땅에 대한 애석함을 드러내는 태손땅이 그것이다.

13

해금과 유배의 섬

바다에 뜬 감옥을 만들지니

가장 괴로운 것은 속반(粟飯)이다. 가장 무서운 것은 사갈(蛇蠍)이다. 가장 슬픈 것은 파도소리다. 하물며 왕도의 소식, 고향의 소식에 이르러서는 이것을 몽혼(夢魂)에나 물어볼 수밖에, 들을 길이 없다. 병이 들면 그저 손을 놓고 죽음을 기다릴 뿐으로 침과 약을 쓸 방법이 없다. 이야말로 통국(通國)의 죄지(罪地)다. 나라에서 죄인을 이 땅으로 내쫓는 것은 마땅한 일이다. 탐라는 통국의 죄지로서, 유찬(流竄)은 나라의 중형이다

— 이건,《제주풍토기》

잃어버린 항해술과 조선술

고대 및 중세의 제주는 대단한 해양력을 자랑했다. 《고려사》에서, '제주는 해외의 큰 진(鎭)이며, 송 상인과 섬나라 왜인이 수시로 왕래하는 곳'이라 기록했다(원종 원년, 1260). 몽골의 북원과 대립하던 남송 입장에서는 바닷길을 통한 교류와 무역만이 유일한 살 길이었다. 제주에서 송으로, 반대로 송에서 제주로 자주 벌어진 표류와 송환 사건은 왕성한 왕래 없이는 불가했다. 현종 3년(1012)에는, '탐라 사람이 와서 큰 배 두 척을 바쳤다'고 했고, 원종 9년(1268년)에는 탐라에 명하여 배 1백 척을 만들게 했다는 기사가 《고려사》에서 확인된다. 충렬왕 6년(1280)에는 배 3천 척을 짓는데 탐라에 조칙을 내려 재목을 징발하며 탐라에서 건조한 배로 홍다구가 일본 정벌에 나선다. 뛰어난 조선술과 항해술 없이는 불가능한 일이었다. 동아시아 해양의 길목에 위치한 이점을 이용하고 조선술과 항해술을 바탕으로 독자적 해양세계를 구축했을 가능성을 시사한다.

조선시대에 제주도는 고대 탐라의 해양 세계를 상실한다. 동아시아를 나다니던 대양 항해술이 있었던가 싶게 졸아붙는다. 그 주범은 이름조차 요상한 출륙금지령. 출륙 금지는 제주인과 외부 세계의 교류를 금지시켰던, 제주역사에서 실로 엄청난 사건이었다.

굶주리는 백성들이 도외 각지로 유망해버리면서 세 고을의 인구가 급격히 줄어들자 1629년 출륙금지령이 내려졌다. 조선 정부의 유망 제주도민과 출륙 포작인에 대한 강경 조치에도 불구하고 16세기 말엽 제주도 인구는 반으로 급격히 줄어 이에 정부가 출륙을 봉쇄하는 특단의 조치를 취한 것이다. 《인조실록》에 이런 대목이 나온다.

제주 백성이 유리하여 육지 고을로 옮겨가 사는 관계로 세 고을의 군액(軍額)이 감소되자, 비국이 도민 출입을 엄금할 것을 청하니, 상이 따랐다.

조선의 출륙금지령은 탐라가 축적시켜온 모든 해양력을 한 순간에 날려버렸으며 섬 백성을 옥죄었다.

해금 정책은 순조 23년(1823)까지 무려 260여 년간 계속된다. 서세동점과 더불어 16세기 전반부터 유럽과의 접촉이 이루어진 긴박한 시기. 이러한 중차대한 시기에 섬에 유폐된 제주 사람들은 우마나 사육하고 공물을 진상하는 과중한 부담과 부역에 시달릴 뿐 바다로 나가는 원대한 삶은 제대로 꿈꿔보지도 못했다. 섬 자체가 거대한 감옥으로 변했다. 영국이나 네덜란드처럼 자그마한 나라에서 대양으로 진출하여 식민 경영에 나서던 시절, 제주도는 섬이란 입지를 활용한 해양 거점은 커녕 배 조차 함부로 띄울 수 없는 감옥 그 자체였으니!

출륙금지령에 따라 포구에서는 승선자의 도항 허가증을 일일이 검열했다. 특히, 제주여성의 다른 지방 사람과의 금혼을 국법으로 정하고 여성 출륙을 엄히 다스렸다. 이원조의 《탐라지초본》을 보면, 배에 실을 수 없었던 절대 금지 품목 가운데 제주여성이 포함될 정도다. 기근이 들어도 굶어 죽을지언정 출륙을 금했다. 이러한 봉쇄 정책은 포작인이 가족을 거느린 채 떠도는 해상활동을 택하여 제주도에 정착하지 않자 조공 및 부역, 군복무 인력이 턱없이 모자라는 데 따른 궁여지책이었다. 단순 인구 유출에 대한 대책이라기 보다는 인구감소로 발생하는 국가 재정의 감축에 따른 우려 때문에 시행되었다. 다수의 남자가 탈출한 조건에서 여성들은 바다에 뜬 감옥에 볼모로 잡힌 신세가 되었다.

설문대할망 설화는 격리된 섬 사람의 처지를 잘 반영한다. 설문대할망은 제주도민이 육지와 떨어져 있어 불편한 사정을 알고 섬에서 육지까지 다리를 놓아

주겠다고 하고, 그 대신 옷을 지어달라고 부탁한다. 명주 백 필이 있어야 옷을 지을 수 있음에도 99필밖에 마련하지 못해 결국 다리를 놓다가 중단하고 말았다. 육지와의 격절성을 극복하기 위해 노력하는 섬사람의 열망이 설화탄생의 배경이었을 것이다.

출륙금지는 억압을 낳고

옥죄면 반드시 튕겨 나가는 반동이 있는 법이다. 출륙금지령은 오히려 더 많은 포작인을 육지로 내몰았다. 감옥에서 해방되는 유일한 방도는 무단 탈출이었다. 15세기 중엽부터 18세기 초엽까지 제주도를 무단 출륙한 두무악(頭無岳)은 주로 남해안에 정착했다. '근년에 제주 세 고을의 인민이 자칭 두독야지(豆禿也只)라 하면서 처자를 거느리고 배를 타고 경상도, 전라도 바닷가 연변에 옮겨 정박하는 자가 수 천여 명이다'는 기록이 그것이다.

　　20세기 초반에 일본인 주도로 《한국수산지》를 발간했을 때, 제주도 포구에 큰 배가 거의 없고 테우들이 보편적이었다. 오랜 해금 정책으로 돛배 자체를 금한 결과다. 돛배를 사용하게 하면 고기를 낚는다는 핑계로 먼 바다에 나갔다가 육지로 도망칠 것이 뻔한 이치였기 때문이었다. 배라고는 테우만이 해변을 맴돌 뿐이요, 육지를 왕래할 수 있는 배라곤 한 달에 한 번씩 진상품을 실어나르는 배가 전부였다. 우마 등을 실어나르던 큰 배인 덕판배가 사라졌다. 이 배마저도 출선할 때마다 진장이 군관을 데리고 나와 출선기와 대조하면서 몰래 출륙하는 자를 색출해 냈다. 항해술과 조선술이 급격히 쇠락하는 것은 자명한 결과였다. 조선시대에 이르러 걸핏하면 배가 표류하고 난파당하여 숱한 사람들이 죽어나가

丁丑六月　日　出氷記

邊幕私販酒壬白永乙杖尾□宗金大

老辛乬松今五典亥日 郝主金大

卜未和考出上石

使

軍官李

출륙금지령으로 승선하는 사람에게 일일이 허가증을 발부하여 통제하였다(출선기, 조선후기).

고 제주도가 머나먼 변경으로 치부되는 데는 이 같은 배경도 한몫했다.

게다가 '제주읍성 산짓물을 사흘만 먹으면 모두 한 가지로 탐관이 된다'는 속언이 있을 정도로 알려진 경래관의 토색질은 조선 팔도 어느 곳보다 극심했다. 서울에서 떨어진 극변인데다가 출륙 금지된 감옥이니 토색질을 하자고 들면 앉은뱅이 턱 차기로 쉬웠던 탓이다. 수령의 작폐를 직접 조정에 고변하려 해도 출륙을 금하니 어찌 해 볼 도리가 없었다. 제주민에게 200년 세월은 단절과 억압의 슬픈 역사였다.

이러한 특수한 사정으로 인하여 제주도가 육지와 철저하게 고립되면서 풍습과 언어가 보존되는 결과도 낳았다. 문화는 흔히 변경에 남아 있다. 중앙에서 성립한 문화가 변경으로 번져나가게 되지만, 그 중앙은 변화가 빠른 까닭에 잃어버리기도 잘하는 법. 변경은 변화가 느리기 때문에 옛말 따위가 보존되는 비율이 높다. 일본의 경우 무로마치시대에 중앙에서 쓰이던 소로(候)가 오키나와에 지금껏 남아 있는 것과 같다. 가령 제주방언에는 고어가 적잖이 남아 있는데, 그 살아있는 고어가 북조선 말과 조응되고 있다. 제주도 민가의 칸살이 북조선형이라는 것도 조선 고대의 민가형태가 변방인 최북단과 최남단에 남아 있는 현상이다.

빛나는 단심이 잡초에 묻혔도다

몽골 복속 2년 뒤인 1275년, 원나라에서 도적질한 죄수 1백여 명을 탐라에 귀양보낸다. 몽골은 귀족일 경우 피를 흘리지 않고 죽이는 그들의 습속에 따라 종신 유배지로 고려의 섬을 선호했다. 《고려사》는 21명의 몽골 귀족이나 장군이

큰배는 사라지고 떼배만 남았다.(1930년대)

고려의 섬으로 유배되었음을 기록하고 있다. 고려의 서해안 섬에서 탐라에 이르기까지 몽골 귀족의 귀양 벨트가 나타난다. 그러나 제주도가 유배지로 주목받은 것은 역시 조선시대다.

출륙금지령은 유배인을 통제하기 위한 안전한 장치이기도 했다. 해금과 유배는 다른 상황이지만 동전의 양면처럼 하나로 작동했다. 제주도는 서서히 최고의 중죄인만 보내는 유배지로 변해갔다. 유배 전문가 양진건 교수(제주대)는 고려와 조선시대에 걸쳐 대략 200여 명의 정치범이 제주로 보내진 것으로 파악하고 있다.

이옥의 산문을 심경호 교수(고려대)가 편역하면서 붙인 제목이 《선생, 세상의 그물을 조심하시요》였던가. 세상은 보이지 않는 그물로 짜여 있다. 봉건적 법망은 문망(文網)이라 부른다. 세상의 그물은 사람을 옥죄어, 개성과 본질을 말살할 것을 요구한다. 그러나 그 그물의 세계가 근본적으로 잘못된 것이라면? 그 잘못된 세계 속에서 그렇게 살아간다는 것은 실은 자기의 본성을 스스로 말살하는 것이며, 살아 있으면서 죽어있는 것이 아니겠는가? 유배객의 귀양 사유는 다양했지만 대체로 문망에 걸려서 제주도로 온 것이다. 어떤 이는 그 그물의 옥죄임 속에서 현실을 직시하며 미래의 가치를 내다보았고, 어떤 이는 오로지 그물에서의 단순한 해방만을 추구했다. 제주도로 귀양온 200여 정치범의 행장을 이해하는 일, 제주도 역사를 이해하는 또 다른 방식이다.

유배형에는 죄인을 고향에서 먼 곳으로 강제 이주시키는 천사(遷徙), 유배인의 정상을 참작하여 유배지 현관(顯官)에게 책임을 지우고 그 조치를 맡긴 부처(付處), 그리고 안치(安置)가 있다. 안치는 죄질이 가벼운 사람을 고향에 유배시키는 본향안치, 중죄인을 섬에 격리시키는 절도안치, 가시울타리를 치고 죄인을 유폐시키는 연금조치인 위리안치가 있다. 《대전통편》에 제주도는 죄명이 특히 중한

자 이외에는 유배시켜서는 안 된다고 했으며, 절도안치와 위리안치가 동시에 시행된 유배지였다.

서울에서 가장 먼 제주는 《대전회통》 유삼천리(流三千里)조에 해당되는 중죄인의 유배지였다. 국왕으로 제주도에서 죽은 광해군을 비롯하여 고승 보우, 왕의 장모인 광산부부인 노씨, 송시열 등 고위 신분층의 유배지로 제주도가 낙점되었다. 옛날부터 중앙 정계의 음모와 갈등에 실망한 사람들의 낙향지였을 뿐만 아니라 사화·당쟁에 패배한 사람들의 유배지이기도 했다. 근대에 들어와서 제주 유배객 최익현, 김윤식, 박영효 등을 빼놓고는 당시의 사상사나 정치사를 논할 수 없을 것이다.

제주 유배객에게 본토에서 제주에 이르는 바닷길 자체가 고난이었다. 나주에서 출발하여 무안·영암·해남현을 거쳐 추자도를 통하여 오는 노선, 해남현에서 추자도로 오는 노선, 탐진에서 추자도로 오는 노선이 존재했다. 이들 3개 항로는 모두 추자도를 거친 다음, 사서도, 대화탈도, 소화탈도 등을 지나서 제주의 애월포나 조천관에 닿았다. 대·소화탈도 사이는 두 조류가 교차되어 흐르는 곳으로 파도가 소리를 내어 울부짖는 위험한 곳이다. 격한 바다를 건너오면 기다리는 것은 가난뿐이었다. 이건은 《제주풍토기》에서 귀양살이를 다음과 같이 표현했다.

가장 괴로운 것은 속반(粟飯:조밥)이다. 가장 무서운 것은 사갈(蛇蝎:뱀류의 총칭)이다. 가장 슬픈 것은 파도소리다. 하물며 왕도의 소식, 고향의 소식에 이르러서는 이것을 몽혼(夢魂)에나 물어볼 수 밖에, 들을 길이 없다. 병이 들면 그저 손을 놓고 죽음을 기다릴 뿐으로 침과 약을 쓸 방법이 없다. 이야말로 통국(通國)의 죄지(罪地)다. 나라에서 죄인을 이 땅으로 내쫓는 것은 마땅한 일이다. 탐라는 통국의 죄지로서, 유찬(流竄)은 나라의 중형이다.

주목할 만한 유배객 몇 명만 꼽아본다. 지금껏 오현으로 숭배되는 이들이 있다. 오현의 으뜸으로 충암 김정이 있고 그를 모신 귤림서원이 있다. 귤림서원은 선조 11년(1578)에 조인후 판관이 중종 16년(1521) 이곳에 귀양 왔다가 사사된 김정의 넋을 위로하기 위해 충암묘를 세운 데서 비롯된다. 그 후 김상헌과 정온, 송시열을 배향하여 이들을 귤림서원의 오현이라 통칭한다.

기묘사화가 발생했을 때 충암은 이미 죽임을 당할 주요 인물로 주목되었다. 사형을 선고 받았다가 정광필 등의 구명에 힘입어 목숨만 부지하여 금산 유배를 거쳐서 진도로 이배된다. 귀양길에서 모친의 위독함을 전해 듣고 고향에 갔다가 망명죄를 뒤집어쓰고 서울로 압송된다. 장 100대를 맞고 제주도로 귀양을 간다. 제주성 동문 밖 거로리의 금강사 옛 절터에서 생활했기에 오늘날 동문시장에는 그를 기념하는 작은 푯말이 서 있다. 유배길까지 죽음의 손길은 거두어지지 않았다. 해배 혜택을 누리지 못하고 귀양 온지 불과 10개월 만에 36세의 젊은 나이로 사사되며 비장한 절명사(絶命辭)를 남긴다.

외딴 곳에 몸을 던져 외로운 넋이 됐고
어머니 두고 가매 천륜을 어기누나
한 세상 만나 이 목숨 끊어지니
구름 타고 상제의 문을 지나서

굴원(屈原)을 따라서 아득히 노닐리라
기나긴 밤 캄캄하기만 한데 언제나 새려나

빛나는 단심(丹心)이 잡초에 묻혔도다
당당한 장한 뜻이여 중도에 꺾였으니
아 천년 뒤에 이 슬픔 응답 있으랴

    노론의 영수 우암 송시열은 83세 고령에 111일의 짧은 제주 유배생활을 했다. 그가 자주 찾았던 오현단에는 우암이 제주 유생들에게 써준 증주벽립(曾朱壁立 - 증자와 주자가 벽에 서 있다)이란 마애명이 남아 있다. 우암이 오현에 배향된 것을 보면 유교적 세계관을 제주도에 뿌리내리려했던 당대 교화정책의 일단이 엿보인다. 오현은 오늘날 오현고등학교에까지 그 이름이 이어지며, 동문시장 옆 제주읍성 남문의 오현단에 그 흔적을 남기고 있다.

    기묘사화 당시 조광조를 옹호하다가 대정으로 7년 유배당한 백산 이세번은 유배 생활 중에 대정에서 제자들을 길러낸다. 사후에도 유해를 육지로 반장하지 않고 오히려 처자가 이곳에 내려와 정착하여 고부 이씨의 입도조가 된다. 이들이 후에 가파도와 마라도를 개척한 전설 같은 이야기가 전해온다.

    유배인 중에 여성도 있다. 인목대비의 아버지 연흥부원군 김제남의 부인인 노씨는 남편과 자식들이 참수당하고 재산마저 잃은 상태에서 제주도로 위리안치된다. 그녀는 술을 빚어 팔면서 생계를 유지했다. 황사영 백서사건의 주인공인 황사영의 처 정난주는 제주목 관비로 유배살이를 했다. 제주도에 천주교가 포교되기 100여 년 전에 천주교인 최초의 유배객으로 제주에 온 여성이었다. 정난주 묘는 오늘날 황사평과 더불어 천주교 성소로 순례자가 찾아든다.

    명종의 모후 문정황후의 신임을 받아가며 불교를 중흥시키려고 했던 보우(普雨)는 요승으로 규탄당하다가 윤대비가 사망하자 제주도로 유배된다. 그러나 제주목사가 보우를 장살한다. 해배되어 되돌아갈 가능성이 있는 유배객에게 온갖

친절을 다하는 목사가 있는가하면 정파가 다르다고 노골적으로 탄압을 가하거나 보우처럼 중앙의 사주를 받아 아예 죽여버리는 살인청부업자 역할도 담당했다. 심지어 유배 오는 도중에 추자도 등지에서 소리 소문도 없이 죽여버리는 경우도 있었다.

김윤식은 1897년 월미도에서 해룡함을 타고 군산, 목포, 소안도를 거쳐 11일 만에 산지포에 당도한다. 그로부터 5년 6개월의 제주 생활이 시작된다. 그는 《속음청사(續陰晴史)》에 동학농민군 잔여 세력인 남학당의 난을 기록해 두었다. 1898년 3월 1일 방성칠이 수백 명의 화전민을 선발하여 몽둥이를 들고 제주성으로 몰려드는 역사 현장을 목격한다. 방성칠 난은 동학군 잔여세력이 입도하여 화전민이 되어 삶을 이어가다가 제주목사의 탐학에 항거한 사건이다. 김윤식은 1897년 11월 11일에 산지포에 도착한 후 1901년 7월 10일 성산포를 떠날 때까지 1900년을 전후한 격동기를 몸소 체험했다. 방성칠 난과 이재수 난에 대한 체험과 견문을 자세히 기록함으로써 가장 신빙성 있는 역사적 증언을 남겼다. 유배제도가 본의 아니게 이방인의 국외자적 시각을 제주도에 남겨준 것이다.

그런데 수많은 유배객 중에서 광해군을 제대로 주목하지 않는 현상은 이해 부득이다. 유배객 중에 가장 처절한 이는 광해군이 아니었을까. 《연려실기술》을 살펴보면, '그때 제주에 폐주를 옮기는데 호송인에게 엄중 분부하여 그 가는 곳을 말하지 않고 배 위의 4면을 모두 휘장으로 막았다가 배 닿는 것을 기다려 비로소 알렸다. 제주에 당도하여 휘장을 떼고 광해군에게 제주라고 알리니, 광해군이 깜짝 놀라 크게 슬퍼하며, 내가 어찌 여기 왔느냐 했다'라는 대목이 나온다. 광해군은 제주에서 67세의 나이로 죽었다. 제주가 정치적 반대파를 제거하기 위한 최후의 종결지로 활용된 것이다.

명이 망하고 청이 뜨면서 대륙의 정세가 급변하던 17세기 초, 시대의 변화를 읽어내고 조선의 미래를 모색하던 선구적 임금이었던 광해군. 광해군은 무려 18년간의 유배생활 중에 마지막 3년을 제주도에서 위리안치로 보냈다. 외부 출입을 엄금하고 집은 가시덤불로 뒤덮였다. 유배 도중에 부인과 아들 부부를 모두 잃고 그만 홀로 살아남았다. 서자로서 왕세자가 되고, 선조 임금에게 멸시를 받다가 선조가 죽자 이윽고 왕위에 올랐으나 인조반정으로 반대파에 내몰려 위리안치된 적거지에서 광해군의 마음은 늘 열길 낭떠러지였을 것이다.

역사는 언제나 승자의 기록이다. 광해군에 관한 온갖 세간의 소문과 실록의 기록도 승자의 기록일 뿐이다. 오늘날까지도 광해군의 제주 유배에 관해서는 대충 넘어가는 분위기다. 반면에 승자의 기록에서 배려를 받은 추사 김정희는 상반된 대접을 받고 있다.

불우한 유배객은 죽어서도 유배당한다

대정향교에 가면 늘 푸른 소나무를 만난다. 대정으로 귀양 온 추사 김정희가 그 유명한 〈세한도(歲寒圖)〉를 그릴 적의 모델이었다. 찬바람 이는 제주도 남동쪽 끝자락에 의지하여 의연하게 서 있는 이들 소나무가 추사의 손을 통해 〈세한도〉의 소나무로 옮겨졌을 가능성을 배제할 수 없다. 추사 적거지가 대정향교와 지척이니 단산의 절경에서 귀양객의 의연한 외로움을 소나무에 실었음 직하다. 1960년대의 사진을 보면 그때까지만 해도 옛 풍경이 그대로 남아 있었음을 알 수 있다.

'추사 김정희가 누구인가' 묻는다면 대답이 좀체 어렵다. 완당(阮堂)·예당(禮堂)·추재(秋齋)·시암(詩庵)·과파(果坡)·노과(老果)·보담재(寶覃齋)·담연재(覃□齋) 등 매우 많은 호를 가진 것 만큼이나, 학자·서예가·문인·경학자·실학자·고증학자·금석학자 등으로 답할 수 있겠다. 답이 복잡한만큼 그는 예사롭지 않은 인물이었다. 대정에서의 그는 단순 귀양객이 아니었다. 1809년 24세로 북경에 갔을 때 이미 청의 옹방강(翁方綱) 같은 대가와 교유했으며, 한중 학술 교류를 주도할 정도로 당대에 화려한 명성을 지녔다. 그의 행장을 추적할 자료는 너무도 많다. 《완당선생전집》은 물론이고 옹방강의 《해동금석영기(海東金石零記)》 같은 외국 책에도 그의 이름이 등장한다.

추사의 대정 유배는 헌종 6년(1840) 경자옥사(庚子獄事) 때의 일이다. 그 해 9월 27일 이른 새벽에 전라도 이진(梨津: 해남)에서 출범하여 그날 밤 제주 화북진에 당도한다. 유명 인사였던 탓으로 벼슬아치들의 괄시를 받지는 않은 것 같다. 10월 1일에 제주목을 떠나서 대정으로 가는데 추사는 험한 길이지만 아름다운 남국의 정취에 매료되었다. 유배객이었지만 그를 친견하려고 육지에서까지 사람이 찾아온다.

적소인 강도순의 집 사랑채에서 생활하면서 남종화의 씨앗을 내린 소치 허유와도 교류한다. 소치는 줄곧 추사의 적소를 드나들면서 그를 사사한다. 추사의 문하에서 배우도록 소개한 이는 초의선사였다. 초의는 다산 정약용과 교류하면서 30세 때 우연히 추사를 알고 난 다음에는 그와 자주 연락을 취했다. 초의는 대흥사에 머물면서 소치 편에 정갈한 찬수와 차를 보내는 등 위로를 아끼지 않았다.

다산 - 초의 - 추사로 이어지는 차문화 네크워크가 존재했다. 강진에 유배된 정다산의 다산초당은 차문화 중흥의 산실이었으며, 초의는 다산차의 제조법을 계승하면서 새로운 길을 열며 차 이론서 《동다송》을 지었다. 초의의 차를 전국에 알린 이가 추사다. 유배지에서 추사는 초의에게 차를 보내라는 편지를 여러 번 보냈고, 유배길에 초의선사가 머물던 대흥사 일지암을 방문한 이후 제주도에

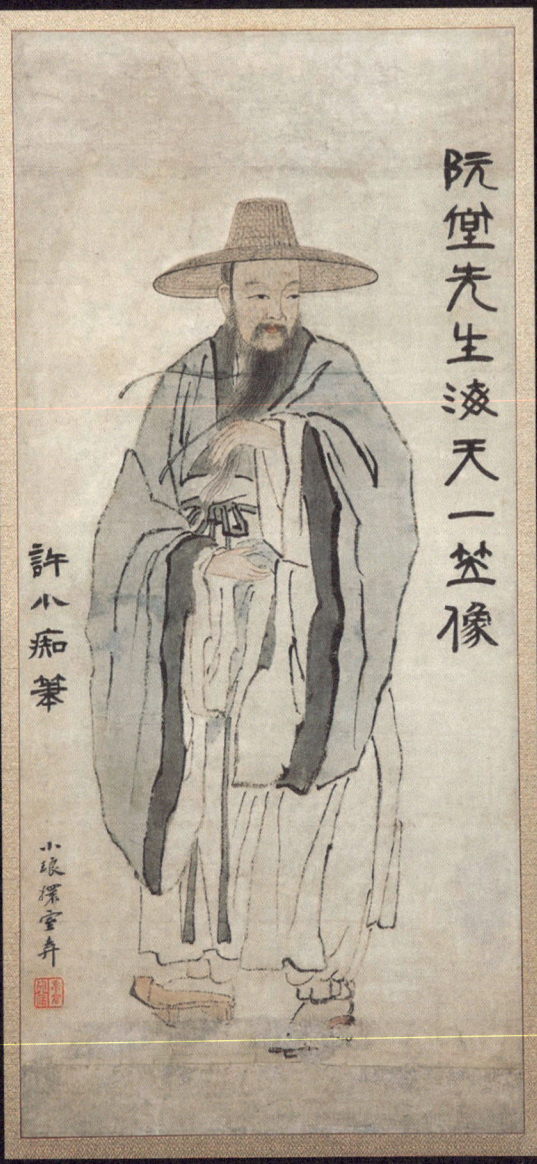

적거지를 드나들던 소치 허련이 그린 〈김정희 초상〉. 추사를 소동파에 빗댄 그림이다.

서 차를 배달받았다. 추사는 보답으로 글씨를 보냈다. 일로향실(一爐香室), 죽로지실(竹爐之室), 명선(茗禪) 같은 명품 글씨는 초의 차와 맺은 인연으로 남게 되었다.

외떨어진 변방에서 시작된 추사의 유배는 그의 글과 학문이 성숙되는 유익한 시기이기도 했다. 다산이 강진의 남도 바닷가 초당에서 글과 학문을 정립했다면, 더 머나먼 남쪽 대정 바닷가에서 추사도 글과 학문을 가다듬고 있었음이 비견되리라. 제주 유배 당시, 추사는 이미 모든 서체에 통달해 있었으나 대정의 적거지에서 비로소 추사체의 완성을 보았다. 박규수는 추사체가 유배지에서 더욱 무르익은 것이라고 했다.

> 만년에 바다를 건너갔다 돌아온 다음부터는 남에게 구속받고 본뜨는 일이 없었고, 여러 대가의 장점을 모아서 스스로 일가를 이루게 되니 신이 오는 듯, 기(氣)가 오는 듯하며 조수가 밀려오는 듯했다.

과연 그의 〈세한도〉에 이르면 신이 오는 듯, 기가 오는 듯, 장엄한 기운이 화폭을 그득 채운다. 세한도는 1844년 작품이다. 귀양살이 하는 자신을 잊지 않은 사제의 정을 기려서 이상적에게 답례로 준다. 추사는 〈세한도〉란 화제(畫題)를 붙이고 정희(正喜)와 완당(阮堂)이란 도인을 찍었다.

'날씨 추워진 뒤에야 소나무와 잣나무가 늦게 시드는 것을 안다'라는 말에서 따온 '세한'은 이상적을 향한 추사의 마음을 담았다. 작가 자신의 발문도 붙였다. 단색조의 담백한 수묵을 써서 화면은 한결 고담하게 보인다. 한껏 넓혀둔 여백은 기교와 꽉 채움에서 비롯되는 답답함을 잊게하며, 마른 붓질과 필획의 감각만으로 집과 나무를 그렸다. 집은 외롭기만 하다. 적거지의 추사 자신이 살던 집 같다. 좌우에 소나무와 잣나무를 심어서 지조는 한설에도 불구하고 푸르기만 하다. 추사는 유배지의 농축된 필력으로 유장한 먹빛을 뿜어냈다. 유배지에서 솔 향기와 먹 내음이 진동한다.

　추사의 제자인 이상적은 역관 신분을 이용하여 〈세한도〉를 중국에 소개하는 등 거유(巨儒)들과의 교류가 끊이지 않게 배려했다. 〈세한도〉를 본 중국의 명사들은 한결같이 격찬을 아끼지 않았으며 다투어 붓을 들고 찬사를 제(題)했다. 청조의 이름 높은 문인인 오찬(吳贊)·장악진(章岳鎭)·조진조(趙振祚) 등 16인이 제를 붙였고, 이후로도 추사의 문하생 김석준의 찬(贊)과 오세창·이시영의 배관기 등이 함께 붙어서 긴 두루마리를 이룬다. 명작은 간고의 세월을 통해서만 탄생되는

추사의 절절한 심정을 담은 걸작 〈세한도〉는 대정 귀양지에서 탄생했다.

것이런가.

    추사는 대정 적소에서 풀려나와 1849년 1월 7일에 해배에 오른다. 그의 나이 64세. 그러나 추사는 다시금 함경도 북청으로 귀양을 간다. 그러다 다시 해배되었으나 안동 김씨의 횡포에 환멸을 느끼고 과천 초당에 칩거하면서 오직 묵향에 도취하고 학문에만 골몰한다. 귀양에서 풀려난지 4년 남짓 만인 철종 7년(1856), 71세로 당대 동아시아의 별이 떨어진다.

    그러나 추사를 둘러싼, 어쩌면 지나친 현양사업은 부담스럽기까지 하다. 거창하게 옛집을 복원해 놓고 추사관이라 명명해두어 관광객이 몰려든다. 추사

자체가 관광상품이 되었다. 현양사업이야 말릴 이유가 없지만 지나치게 한 인물에게만 편중되고 있는 현실이다. 추사를 빌미로 본의 아니게 이득을 보는 자들과 지방 관료의 합작품, 현양사업은 지속되어야겠지만, 추사를 비롯한 많은 유배객이 원주민을 가소롭게 생각했다는 사실도 기억해야 하리라.

제주도로 쫓겨온 다른 200여 인물은 거의 잊혀졌다. 추사는 유배객이었지만 당대에도 편안했으며, 오늘날도 넘치는 대접을 받고 있다. 반면, 제주도에서 죽은 광해군 같은 이들을 위한 어떤 작은 사업 조차도 없다. 제주도 입장에서 본다면, 차라리 제주의 역사와 문화를 정교하게 기록한 김정 같은 인물이 소중하다는 생각이다. 불우한 유배객은 죽어서도 유배당하는 것이 아닐까.

자식조차 버린 유배객의 몰염치

조천포구에는 순조 20년(1820)에 지은 연북정(戀北亭)이 한양쪽 바다를 바라본다. 왜 하필 '임금 그리워하는' 정자일까. 임금을 '의무적'으로 그리워해야했던 봉건제의 징표이리라. 충군의 교의에 충실할 수 밖에 없던 시절이지만 유배객 처지에 진정 마음으로 그리워했을까. 임금을 향해 간절히 돌아갈 그 날, 나아가 해배 이후에 다른 벼슬자리, 아니면 일신의 보신책을 기대한 것이 아닐까.

유배객이 아니라 제주민의 입장에서 유배객을 바라본다면, 전혀 다른 시각이 도출될 것이다. 유배객은 정해진 민가에서 기식해야 했다. 그러다보면 일부이기는 하지만 '물 긷는 여자'로 알려진 여성과 내연관계를 맺어 자식을 얻는 경우가 있었다. 본인의 의지가 크게 작용한 결과였지만 지방관의 묵인과 토호의 물심양면 지원 등 주변의 권유가 한몫했다. 정치적으로 거세된 상태에서 현실을 받아들여 체념과 동시에 발 빠르게 현실에 적응해 나가는 데 제주 여성과의 결합이 중요한 수단이었다. 혼인관계를 맺은 제주여성은 유배인을 지아비로 정성껏 모셨기 때문에 유배인은 경제적 궁핍에서 일단 해방되었다.

유배인은 당대의 지식인으로서 토호의 자녀들과 유생에게 시문을 가르쳐 생계를 꾸려나가기도 했다. 제주도민들은 비록 죄인으로서 유배 생활을 하고 있지만 유배인에 대한 존경심이 커서 일상생활에 필요한 상당 부분의 부담을 기꺼이 떠안았다. 정치적 이유도 강했다. 불우한 유배객이지만 정치 상황의 변동에 따라 언제든지 중앙 정치권력으로 복귀가 가능했기에 토호 세력은 유배인에 대한 관심이 컸다. 아닌 말로 머나먼 섬에서 그 언젠가 영의정이 될 수도 있는 인물을 그리 쉽게 만날 수 있었을까. 권토중래하여 한양으로 영전되어 가면 후의를 입을 것도 염두에 두면서 일부 토호는 유배인에게 전략적으로 자신의 딸을 헌납하기도 했다. 유배인의 현실 욕구과 제주 토호의 미래 가치가 맞아떨어질 때 자연스레 유배인은 첩실을 두고 유배지에서 별도의 가정을 꾸렸다.

가정을 꾸린 유배객이 해배되어 제주도를 떠날 때, 어떤 상황이 벌어졌을까. 제주여성과 유배인의 혼인 관계는 귀양이 풀리면서 명암을 달리했다. 유배인에게는 제주를 떠난 후에 첩실과 소생 자녀를 내팽개치는 것이 상례였다. 제주여성 소실을 기생첩과 마찬가지로 천첩(賤妾)으로 여겼기 때문이다.

많지 않지만 유배인이 제주에 정착해 입도조가 되어 신 명문가를 형성하여 문벌을 이루기도 했다.

귀양에서 풀린 유배인이 제주를 떠나는 순간부터 첩과 자녀는 생과부와 아비 없는 자식으로 살아가야했기에 사회경제적으로 어려운 생활에 봉착했다. 오현으로 추앙받는 정온 역시 인조반정 후에 유배에서 풀려나 이조참의까지 올랐지만, 제주 여인을 무참하게 버렸다. 버림받은 여인들의 후손들이 오늘날에도

연북정이 그려진 조천관(제주십경도 부분, 국립민속박물관 소장).

제주도에서 살아가고 있다.

자기 자식조차 버리고 떠나면서 천첩 취급했던 유배객의 몰염치를 어떤 미사여구로 가려줄 수 있으랴!

본토에서 굽어보는 내부 식민지

유배객만 귀양 온 것이 아니었다. 제주도 벼슬살이는 그 자체 또 다른 귀양살이에 간주되었다. 16세기 후반에 권응인이 찬한 《송계만록(松溪漫錄)》을 보면, 조사수가 제주목사로 나갔을 때 임억령이 지어 보낸 시에서 제주 벼슬길을 귀양살이로 표현하고 있다. 김익수는 친구 이증이 탐라 사절로 가는 길에 벼슬길의 위태함을 위로하면서 다부진 마음을 강조하고 있다.

관원으로 오는 것이 귀양과 무엇이 다르랴!
이번 이별이 가장 상심되네.

막상 현지에 부임하면 사태는 달랐다. 《신증동국여지승람》 제주목조에 이르길, '남자나 여자나 관원을 길에서 만나면 달아나 숨고 남자는 길 옆에 엎드린다' 했다. 숙종조 문인으로 제주에 유배왔던 김춘택의 솔직한 시 한편.

어쩌다 벼슬 내려오는 분네들
흐드러지게 놀다가 정신 못차리는 구나
맛 좋은 술에 취해 호기를 더하고

분단장 여인 후려내 명성을 더하지만
늘상 좋은 말은 빼앗고
진주도 남몰래 낚아채가는구나
그러니 섬사람들이 무엇을 바라겠는가
어사님께 추상 같은 위엄 있기만을.

뭍에서 벼슬하러 내려온 사람과 그 수족 같은 토속관원의 휘두름이 막강했음을 알 수 있다. 무한 권력을 휘두른 벼슬아치나 천첩의 도움을 받으며 잘 살다가 내뺀 유배객이나 공통점이 하나 있으니, 본토에서 굽어보는 내부 식민지!

11

삼춘의 섬

이당 저당 궨당이 최고

시골집의 모양과 규모가 매우 깊고 그윽한데 각 집채가 서로 연속되지 않았다.
— 김정, 《제주풍로록》

아줌마도 삼촌, 아저씨도 삼촌

소설 《순이 삼촌》이 나왔을 때, 뭍 사람들은 삼촌을 '순이네 친인척' 정도로 인지했다. 그러나 육지의 삼촌과 제주도의 삼촌은 판이하다. 제주도에서 삼촌은 특수 명칭이 아니라 일반 명칭이다. 모르는 이를 만나도 선뜻 '삼촌'이라 부른다. 음식점에서, 길거리나 버스에서 토박이들은 그저 삼촌을 부를 뿐이다. "삼촌, 여기 물 한 잔 더 주세요", "삼촌, 어디 가세요". 곳곳에서 그런 소리를 듣는다. 가만히 들어보면 '삼촌'도 아니고 '삼춘'이다. 제주도에서는 남녀 가릴 것 없는 통칭이다. 그 삼촌 호칭도 모두가 궨당이라는 공동체의식에서 나왔다. 궨당은 한문으로는 권당(眷堂). 일가친척을 가리키는 말로 일찍이 《이륜행실도》, 《불설대부모은중경언해》 등에 두루 나타난다. 그러나 권당은 문헌으로만 전해올 뿐, 현실에서는 죽은 말이다. 그런데 제주도에서는 그 권당이 궨당(혹은 괸당)이 되어 시퍼렇게 살아있다.

제주도 궨당은 육지의 친족과 다르다. 부계와 모계를 모두 포괄하기 때문이다. 육지에 '처갓집과 화장실은 멀리 떨어질수록 좋다'는 속담이 있다면, 제주도는 정반대다. 아버지쪽 성펜궨당(父系親), 어머니쪽 외펜궨당(모계친), 남자가 결혼해서 생긴 처가쪽 처궨당(妻族), 여자가 시집가서 맺어진 시궨당(媤家), 이렇게 지평을 넓히다 보면 좁은 제주도에서 궨당 아닌 사람이 있을까 싶다. 출가외인 따위의 가부장 질서는 제주도와 잘 들어맞지 않는다. 다음은 가족연구가 김혜숙(제주대)의 진술이다.

제주에서는 친척에 대한 지칭이나 호칭에서 세대별 구별만이 뚜렷할 뿐 친족용어가 비교적 단순하다. 부모세대에서는 아버지의 형제자매인 백숙부모,

고모, 고모부, 그리고 사촌 이상 형제인 숙항(종숙, 재종숙, 삼종숙)은 모두 삼촌(삼춘)으로 통칭한다. 부모세대의 모든 친족원을 성별이나 촌수에 관계없이 삼촌으로 칭하는 것이다. 그러나 5촌 이상도 실제 촌수에 상관없이 모두 삼촌으로 호칭한다. 3촌은 부모와 다름이 없고, 5촌 이상이더라도 촌수에 상관없이 모두가 삼촌으로 인식하고 있어 가능하면 친족원 분류를 줄이려 노력한다. 개인 입장에서 보면 성펜 궨당, 웨펜 궨당, 처 궨당, 또는 시 궨당이 모두 같은 마을에서 살아가는 경우도 생긴다. 그래서 사돈에 팔촌으로 걸린 궨당이란 말이 곧잘 사용된다. 모두가 하나의 공동체로 작동하게 된다. 외척과도 밀접한 유대를 갖는 생존전략은 섬이라는 고립된 환경의 결과로 여겨진다.

궨당의 강고한 연대성은 모듬벌초에서 잘 드러난다. 제주도에서는 추석 이전에 산소의 풀을 정리하는 모듬벌초를 행한다. 육지에서도 벌초를 행하나 제주도에 비할 바가 못된다. 제주 남성은 명절이나 제사에는 불참해도 모듬벌초는 반드시 참가해야 한다. 객지에 나가 있는 사람까지 벌초하러 오곤한다. 바쁘면 사람을 사서 하는 벌초는 없다. 초중고교에서 벌초방학까지 할 정도로 모듬벌초를 강조한다.

각 집안별로 하거나 부계 친족이 합동으로 윗대 조상의 묘부터 벌초한다. 문중벌초는 자손들이 모여 같은 조상의 후손이라는 공동체의식을 형성한다. 문중이 약한 제주도에서는 벌초가 성펜궨당, 즉 부계 친족집단의 중요한 조직 유지 수단이 된다. 벌초를 못하면 후손이 사라졌다고 하여 골총(古塚) 취급을 받는다. 따라서 음력 초하루, 또는 그에 준하는 일요일에는 제주 전역이 모듬벌초꾼들로 난리다. 벌초하는 가족의 수 자체가 가족이나 문중의 세력을 나타내는 것으로 이해되기 때문에 불참하면 비난을 받는다. 부득불 불참하면 현금이라도 보냄이

예이다. 모둠벌초는 궨당을 강력하게 만드는데 일조한다. 그러나 제주도 역시 화장문화로 바뀌고 있어 모둠벌초의 변화가 시작되고 있다.

　제주도에 살다보면 궨당의 가공할 영향력을 피부로 감지한다. 둘 사이가 전혀 이해가 되지 않으면서도 지나칠 정도로 친밀한 관계는 십중팔구 궨당이다. 궨당을 모르고서 제주사회를 이해할 수 없다는 것이 나의 오랜 결론이다. 고인이 된 지리학자 송성대의 결론이다.

> 부계친과 모계친, 그리고 처계친을 망라한 제주섬 특유의 확대 친인척 관계망이 바로 궨당(捲堂)이지만, 부자중심가족의 유교 씨족사회에는 있을 수 없는 궨당문화의 정립은 곧 명실상부한 제주인의 통합과 아이덴티티 확립의 완성을 의미하기도 한다. 다양성 속의 통일, 통일 속의 다양성을 기할 수 있는 것이 본향당을 중심한 궨당문화이기 때문에 제주섬의 모든 축제, 의식은 성역화된 여기서부터 시작이 가능하게 되는 것이다. 연줄이 아닌 망의 세계관을 갖기에 유리한 궨당문화의 사회는 맥락이 있는 것 같으면서 맥락이 없고, 맥락이 없는 것 같으면서도 맥락이 있는 구조를 갖는다.
>
> 　　　　　　　　　　　　　　　　　　　－《제주 문화의 원류와 그 이해》

　궨당이 가공할 힘을 발휘할 때가 있으니 각종 선거철이다. 그래서 '이 당 저 당 궨당이 최고'라는 말도 나왔다. 영호남에서 당만 잘 선택하면 '말뚝만 꽂아놓아도 당선'이라고 하지만 제주도에서는 당보다도는 궨당이 중요할 때가 있다. 그래서 어떤 도지사 후보는 궨당과 삼촌들 상갓집과 잔칫집을 너무 열심히 찾아다니다 보니 '아침밥을 9번 먹었다'고 한다. 예상을 깨고 무소속으로 무난히 당선되었다. 정당의 융단폭격식 지원 유세에도 불구하고 무소속 후보이지만 박빙

회갑잔치에 모여든 궨당들.

장례에 있어 수건(여자)과 두건(남자)을 쓴 이들은 소위 복친이라 불리는 궨당들이다. 궨당 개념은 특히 장례에 참여하는 친척들의 관계를 표현하는데서 출발했다.

의 승부전으로 승리했던 '궨당 선거'의 저력은 궨당이 지닌 한계성을 고스란히 노정시키곤 한다. '아침밥 9번'을 우스갯소리로 치부할 수 있을까.

척박하고 가난한 살림에 돕고 살아가는 궨당이야말로 필수불가결한 공동체였다. 그러나 사회는 분명히 변했다. 궨당에 비판적인 이들도 늘어나고 있다. 지구촌 시대에 궨당의 활동 반경도 무한대로 커졌으니, 마땅히 궨당도 시대에 맞게 변해야 한다는 생각이다. '친족끼리', '일가족끼리'의 편협된 사고를 뛰어넘어 새로운 궨당이 출현해야 한다. 순혈주의는 더 이상 안 될 것이다. 제주외국인근로자센터가 펴낸 회지《우리는 궨당》을 펴보니, '우리가 중국인을 궨당이라고 생각한 적이 있는가, 몽골인을 궨당이라고 부른 적이 있는가', 진지하게 되묻고 있다. 제주도 베트남, 필리핀 등지의 이주 여성이 많아졌다. 섬이라는 좁은 공간에서 얽히고 설킨 궨당의 힘은 자칫 미래의 자충수다.

긍정과 부정의 이중성

제주민의 동향을 가장 잘 알려주는 자료는 호적중초다. 호적중초는 조선시대 마을단위로 주민을 조사해서 기록한 장부. 제주의 신분 구성, 가족 구성, 인구 구성, 혼인 관계 등 다양한 제주생활사를 밝힐 수 있다는 점에서 의미가 크다. 호적중초 전문가인 김동전(제주대) 교수는 '호적중초는 한국의 기록문화유산 뿐만 아니라 세계 기록문화유산으로 지정되어야 할 것'으로 본다. 호적중초는 마을 또는 면 단위 작성되어 각 기관에 보관했으며, 모든 업무의 기준으로 활용되어다. 현재 18세기 후반부터 20세기 초에 이르는 약 150여 년 간 3년 단위로 작성된 호적이 남아 있다. 호적은 국가에서 호(戶: 집)가 구(口: 사람)를 대상으로 군역 등의 역과 세금을 부과하기 위한 기초 자료로, 나아가 신분 관계를 규정하여 국가 지배를 효율적으로 강화하기 위한 것이었다.

호적이 작성되는 시기가 되면 각 고을의 원님인 수령(제주도의 경우 제주목사와 정의현감, 대정현감)은 호적 작성 업무를 담당할 도감을 두고 본격적 호적작성에 들어간다. 호적을 담당한 사람은 각 집안에서 작성한 호구단자를 수합하여 검토하고 이를 다시 마을을 단위로 전체적으로 작성했다. 이때 마을 단위로 작성된 호적을 호적중초라 하는 것이다. 현재 호적중초는 대포리, 덕수리, 도순리, 동성리, 사계리, 월평리, 일과리, 중문리, 하모슬리, 하원리, 회수리, 도두리, 장전리, 상가리, 중엄리, 신풍리, 색달리 등에서 확인되고 있다.

이창기가 연구한 안덕면 덕수리의 1897년도 호적중초에서 재미있는 현상이 확인된다. 제주도 혼인 제도의 중요 특징의 하나로 지적되는 촌락내혼이 40퍼센트이고, 2대~3대 이상 촌락내혼 사례가 많은 것으로 보아 19세기 말에도 촌락내혼이 보편적이었다. 겹사돈 혼인도 드물지 않았다. 혼인을 통한 사회적 연대의 강고성이 엿보인다. 이러한 조건은 부계 친족만이 아니라 처족을 포함한 폭넓은 궨당 관계를 형성한다. 동네 사람을 모두 궨당으로 여기고 삼촌과 조카로 호칭하는 것은 겹사돈도 마다하지 않는 제주인의 생존 전략이다.

궨당의 부정적 면도 있지만, 친족 관계를 재해석 해보면 제주 궨당의 진보적 측면도 존재한다. 육지에는 가부장적 부계친에 입각한 성펜궨당만이 있을 뿐이다. 출가외인 풍토에서 웨펜궨당은 생각할 수도 없다. 처 중심의 처궨당, 딸 중심의 시궨당은 가부장적 질서를 어지럽히는 반유교적 행위다. 웨펜궨당, 처궨당, 시궨당은 여성의 권한과 가족 내 권력이 강고함을 뜻한다. 가부장적 틀에 얽매여 부계친, 그것도 장자 중심의 서열화만을 강조하는 육지의 친인척 관계보다 훨씬 진보적이다.

또 다른 측면도 있다. 조선 후기의 정치를 망친 것은 외척의 득세였다. 출가외인 운운하면서 정작 출가외인에게 기대어 외척 정치를 장구한 세월 이끌어가면서 나라를 망쳐버렸다. 성펜궨당은 물론이고 웨펜궨당, 처궨당, 시궨당이 총동원되어 정치에 개입하면, 사회 진보를 막아서는 이상한 결론으로 치달을 수 있다. 성씨로 묶이고, 출신 지역과 출신 고등학교로 묶인 마당에 궨당으로 칭칭 묶이고 나면 좁은 섬 안에서 다른 선택의 여지가 사라지기 때문이다.

어느 친족 제도나 문제가 있는 법. 섬이란 특수 조건과 마을 내혼이란 혼인 관행에서 궨당이 기능하던 긍정적 측면 못지않게 지나친 궨당화가 개인적 삶을 옥죄는 경우도 보게 된다. 제주도에서 이상하게 생각했던 풍습이 겹부조다. 상갓집에 부조를 하고 난 다음에 상주 여러 명에게 몇만 원씩이라도 부조하는 풍습이 있다. 오랜 전통이다. 일단 자신의 초상에서 부조를 받은 이상 되돌려주지 않을 수 없는 진풍경이다. 누군가 이 연결고리를 과감히 끊어내야 하는데 궨당으로 칭칭 얽매인 좁은 사회에서 튀는 행동으로 집안 눈총을 받을 수는 없는 일. 육지식으로 상주에게만 부조를 하는 방식으로 상례 관행이 간소화되는 분위기지만 아직도 겹부조는 남아 있다. 경제적 처지에서 볼 때 무리수다. 좁은 바닥에서 체면과 염치를 고려하고, 아닌 말로 '신경 쓰면서 살아가야 하는' 궨당 사회의 자기모순 아닐까. 경계인의 눈에 비친 궨당의 풍경은 이와 같이 긍정과 부정을 모두 내포한다.

제주도 가족은 두 지붕 두 가족

집에서도 헤게모니가 있을까. 화목하고 평화로운 집에서 무슨 헤게모니, 그런

질문이 나올법하지만 헤게모니는 당연히 있다. 제주도 살림집이 육지와 확연히 다른 것을 지적해보라면, 헤게모니의 가부장적 질서가 어느 정도 전복되어 있다는 점이다. 육지와 비교할 때 주택의 양식과 건축 소재 등이 야기하는 물리적 차이 말고도 집안 질서의 차이가 두드러진다. 제주도 살림집에서 중시하는 공간은 고팡할망이 정주하는 고팡(庫房)이다. '고팡을 보면 살림살이가 보인다'는 말이 허언은 아니다.

제주에서는 집안의 부를 축적하는 고팡이 늘 중시되었다. 고팡은 경제적 권력의 공간이다. 제주여성은 결혼하면 독자적인 고팡을 갖는다. 시어머니와 함께 살아도 각각의 고팡을 별도로 갖는다. 제주 여성의 노동 경제력을 상징하는 증거다. 안주인만이 드나들며 가재를 관리하고 비축하는 공간인 고팡은 제주인의 정신인 조냥정신, 즉 근검성의 상징이기도 하다.

제주도 살림집에는 인간만이 아니라 신도 함께 살아간다. 임신·해산·성장을 주관하는 삼승할망, 식구들이 항상 따스한 밥을 먹도록 해주는 조왕할망, 고팡과 눌굽에 좌정하여 집안의 부를 가져다주는 고팡할망과 눌굽할망, 변소를 지키는 통시귀신 등이 있다. 고팡은 큰구들(안방) 뒤에 위치하며 고팡 안에 집안신인 안칠성을 모신다. 고팡할망은 안칠성, 눌굽은 밧칠성으로 뱀신앙이다. 눌굽은 집안 뒤꼍의 낟가리를 쌓아두는 공간이다. 제주신화 칠성본풀이에서 고팡과 눌굽할망은 모녀지간이다. 육지의 복을 가져다 준다는 업구렁이 신앙과 비슷하다. 제주도에서도 이같은 신들이 대거 사라졌으나 일부 잔존되어 인간과 동거하는 중이다. 그만큼 집에서 고팡이 중요하다.

결혼한 아들은 식사를 제각각 할뿐 아니라 경제 활동이 엄격히 분리된다. 육지의 시어머니가 늙어서야 경제적 실권을 물려주는 것과 다르다. 가족 주기상 혼인한지 얼마 안 되어 경제 기반이 취약한 형성기의 가족은 '어린살림', 가족원이 커지고 경제력이 갖추어지면 '큰살림'이다. 식구 수가 많은 큰살림은 안거리, 갓 혼인한 어린살림은 규모가 작은 밖거리에 거주한다. 경제력이 커지면 부모 세대가 밖거리로 옮기고 아들 부부가 안거리로 옮긴다. 경제력에 따른 집안 공간의 이동, 육지에서는 상상도 할 수 없는 시스템이다.

제주도는 대가족이 아니라 실제로는 핵가족 제도다. 한 지붕 두 가족이다. 육지에서 유교적 내외법을 준수하여 안채 = 여성, 바깥채 = 남성이라는 남녀 분리 공간이 중시된다면, 제주도에서는 세대별 분리가 강조된다. 한 집에 두 채의 집이 있고 두 가족이 살아가는 형식이다. 부모는 안거리, 자식부부는 밖거리를 공유한다. 독립 취사 단위가 되므로 자식 부부와 부모가 별개의 부엌(정지)을 점유할 뿐만 아니라 농지도 따로 경영한다. 이렇게 특이한 가족제도로 한 울타리 안에서 살되 다른 지방에서는 볼 수 없는 세대별 공간 분리가 가능하게 되었다는 주장이 지금까지의 일반론적 견해다.

단, 조심해서 살펴보아야 할 것이 있다. 두 개의 독립 개체로 살아감이 분명하지만, 현지 조사를 수행해보면 상이한 부분도 드러난다. 안거리와 밖거리 구분은 사실이지만 밖거리의 아이들이 안거리의 어른들 품에서 자라나고 식사도 같이 하는 경우가 많다. 양성필·강봉수(한국학협동과정) 등과 함께 애월읍 하가리를 조사해 보았더니, 안팎거리 분리는 확실한데 부엌이 밖거리에는 없었다. 안거리에서 같이 밥을 해먹었다는 증거다. 세대별 분리가 분명한 사실이지만 지나친 확대 해석은 곤란하지 않을까. 여하튼 취사를 독립적으로 하는가, 반독립적으로 하는가와 별개로 고팡을 별도로 갖고 가계 경영을 독립적으로 했다는 점은 분명하다. 살림집 구조에서 안거리, 밖거리 할 것 없이 고팡이 확인되기 때문이다.

그렇다면, 왜 일정한 시간이 지나면 아들 세대가 안거리로 들어가서 살았을까? 안거리 공간은 밖거리와 비교하여 그 역할이 다르기 때문이다. 조상 제사를 지내기 위해 제수를 보관하고 만드는 일, 그리고 제를 올리는 일은 안거리에서 하고 안거리에서 사는 사람이 이를 주도했다. 공동체적 삶을 유지하기 위한 행위들, 즉 친족의 일, 부조, 부역, 공동 재산권 행사 등은 안거리 사람의 몫이다. 안거리가 제사력, 사회 교섭력 등 전통사회에서 중시되던 사안에 관한 헤게모니를 갖는다는 뜻이다. 제주에서 고부 갈등이 크지 않았던 이유는 침식을 따로 했던 반독립적 주거문화에서 찾을 수 있지 않을까.

김정은 《제주풍토록》에서, '시골집의 모양과 규모가 매우 깊고 그윽한데 각 집채가 서로 연속되지 않았다'라고 했다. 안살림과 밖살림이 분리된 형태를 '연속되지 않음'으로 표현한 것이다. 안이 깊고 넓어 고요하고 아늑하다(村屋之制 深廣幽深)!

온돌 대신에 봉덕과 굴목이

제주도 살림집의 구조와 집안의 공간을 찬찬히 살펴볼 필요가 있다. 제주도 건축의 주요 특징은 무엇보다 기와집이 드물다는 점이다. 바람 때문이다. 그 어떤 무거운 기와도 능히 바람을 당해낼 재간이 없기 때문이다. 화산토로 기와를 구워내기도 쉽지 않았다. '제주도 땅은 점액이 없어 도기와 기와를 만들기 어렵다. 그러므로 예로부터 기와집이 매우 적고 모두 띠로 덮었다'고 김석익은 《탐라기년》에 기록했다.

제주도에서도 초가라 부르지만 막상 볏짚은 없다. 벼농사가 지극히 제한적인 곳에서만 일부 이루어져 볏짚 구하기가 쉽지 않았으며, 비가 많은 기후조건에서 볏짚은 쉽게 썩었다. 지혜롭게 비바람에 강한 자연소재인 새(띠)를 선택했다. 김정의 《제주풍토록》에서 그 정황이 요약되어 있다.

사람들은 모두 초가에서 사는데 띠를 엮지 않고 지붕에 늘어놓아 둔 긴 나무로 가로질러 눌러 놓았다. 기와집이 극히 적다. 정의현과 대정현 등의 2개 군현 관사도 역시 초가집이다.

오늘날 복원해놓은 관공서는 대부분 우람한 기와집이다. 육지의 흉내를 낸 것일 뿐이다. 과거에 제주도 관공서들이 그러했을 것이란 믿음은 완벽한 오류다. 지붕 재료는 새(茅)를 썼다. 새가 흔하지 않은 탓에 지붕갈이용 새를 관리하는 케왓첩을 두었다. 케왓이란 계(契)밭, 접은 계에 해당한다. 개인 소유가 아닌 마을 소유의 밭이 있는데, 이를 케왓이라 불렀다. 해발 300m 이상의 들판에 있는 경우가 많다. 토지가 척박하기 때문에 윤작법으로 수확물을 얻었다. 계원들이 일정한 날에 공동 노동으로 띠(새)를 베어 묶어 균등하게 나누어 갖는다.

육지와 달리 원래 구들이 드물었다는 점도 눈길이 간다. 김정의 《제주풍토록》에서도, '품관 벼슬하는 집 이외에는 온돌이 없으니 땅을 파서 구덩이를 만들고, 돌로 메우고, 그 위에 흙을 발라서 다 마르면 그 위에서 잔다'고 했다. 《탐라문견록》에 이런 구절이 나온다.

마을 집에는 구들이 없다. 다만 몇 간의 집을 만들어놓고 사방에 벽을 세워 바람만 막는다. 중앙에 흙난로를 설치해 불을 땐다. 겨울에는 한 집안의 남녀 노소가 화로를 둘러싸고 누워 온기를 취한다.

조선 후기에 이르도록 구들이 없는 곳이 여전히 많았다. 17세기 후반, 이형상의 《남환박물》에 의하면 제주도 살림집에는 그때까지도 구들이 없었다. 그 대신 제주도에는 육지에는 없는 봉덕이란 특이한 시설이 있었다. 봉덕은 마루나

전통 난방시설인 굴묵.

전통초가의 부엌에 설치했다. 구들이 보급되면서 봉덕은 사라졌다. 봉덕은 음식을 장만하는 화덕과 난방 기구의 역할을 이중으로 했으므로 땔감도 절약할 수 있었다. 중산간마을에서는 봉덕 위에 바구니를 매달아 곡물을 건조시키는데 이용했다. 그러나 봉덕의 가장 중요한 역할을 불씨를 저장하는 것이었다.

육지와 다르게 굴묵도 있다. 바람이 많은 토양에 알맞은 화재 예방 안전장치이기도 하다. 육지에서는 취사와 난방이 연결되나 제주도에서는 취사와 난방을 분리하여 구들에 불을 때는 굴묵이라는 전용 공간을 따로 두었다. 화재 예방을 위한 구조로 겨울에 부는 북풍과 북서풍의 진입을 최소화시킨 공간이다. 제주에서는 부엌 아궁이에 불씨가 남아 있으면 바람이 들어와 삽시간에 화재로 번지기 때문이다.

제주민의 자존심, 정낭정신

육지와 판이하게 다른 것으로 올레와 정낭도 손꼽을 수 있다. 올레는 거릿길에서 집으로 출입하기 위한 골목길이다. 제주도 특유의 공간으로, 사적 주거공간과 공적 거릿길 사이를 연결하는 중간적 성격을 지닌다. 집주인에게는 외부의 시선을 차단해 독립적 공간을 확보해 주며, 방문객에게는 집주인과 마주하는 상황을 심리적으로 완화시켜주는 전이 공간이기도 하다. 올레는 직선형이 아니라 곡선형이다. 주술적으로는 올레에 들어오는 나쁜 기를 막고 좋은 기만을 걸러서 집 안으로 들어오게 하기 위함이며 태풍과 같은 바람이 집으로 직접 들이침을 막아준다.

제주도에는 문이 없다. 이를 도적이 없다는 식으로 단순화시킬 필요는 없다.

민가의 출입문을 지키던 정낭들(제주돌문화공원).

고온다습한 제주 풍토에서 나무판자로 문을 만들면 금방 썩을 뿐 아니라 강풍에 날아갈 것이다. 정낭이 창안되었다. 정낭은 집에 사람이 있고 없음을 표시하며 마소 출입을 방지하기 위해 걸쳐두는 나무토막이다. 정주목은 그 나무토막을 끼워두는 구멍 뚫린 나무 기둥이다. 근자에 남아 있는 정주목은 대부분 돌로 되어 있으나 원래는 나무로 만들었다. 나무막대기를 가로로 걸쳐놓아 대문 역할을 했던 것은 한라산에 방목 중인 마소를 가두어 기르기 위한 '삼채기'라는 야외의 문에서 비롯되었다는 설도 있다.

정주목과 정낭을 통틀어 정이라고 한다. 사람이 있고 없음을 정주목을 통해 나타냈다. 세 개의 정남 중에서 하나만 걸쳐 있으면 집주인이 없거나 잠깐 외출 중이라는 뜻이며, 두 개가 걸쳐있으면 외출 중으로 시간이 걸릴 것이라는 뜻이다. 세 개가 걸쳐있다면 먼 곳에 외출 중으로, 하나도 걸쳐 있지 않으면 사람이 있다는 표식이다. 정낭의 과학성을 주목하는 이들은 정주목에 걸쳐진 정낭의 개수 3개를 디지털 2진 3비트로 간주, 정낭의 통신시스템이 디지털 통신의 효시가 된다고 보기도 한다 (이문호, 〈디지털 통신효시로서의 정낭통신 시스템〉). 1993년 여름, 시베리아 사하공화국의 야쿠츠크를 찾아갔을 때, 우리의 정낭과 너무도 흡사한 문을 확인한 바 있다. 캄보디아, 태국, 미얀마, 대만에서도 정낭과 비슷한 기능의 문이 확인되는 것으로 보아 한반도 육지에서만 특이한 것일 뿐 세계적인 문화임을 알 수 있다.

오늘날 제주 살림집에서 정낭은 대부분 사라졌으나 그 정신만은 남았다. 제주 사람들은 '정낭 정신'이라는 말을 자주 쓴다. 정낭은 도둑과 거지와 대문이 없다는 삼무 정신의 또 다른 표현이기 때문이다. 문도 없이 밭일이나 바다일을 나가서 온종일 일을 하다가 돌아온다. 그때 집을 지켜주는 것이 있다면 오직 이 정낭과 정주목 뿐이다. 하지만 정낭 정신도 관광객이 불어나면서 옛말이 돼가고 있다.

15

우영팟의 섬

장수를 원하는 이들, 제주도로 가라

토질이 푸슬푸슬하고 건조하여 밭을 개간하면 반드시 많은 말을 몰아 밟아야 하며, 잇달아 2,3년 농사를 지으면 이삭이 여물지 않아서 부득이 다시 새로운 밭을 개간해야 하니 노력은 배가 들어도 수확은 적다. 이것이 백성들이 가난하고 곤궁함이 많은 까닭이다

- 이원진,《탐라지》

거칠고도 모진 풍토

제주도의 토양은 쉽게 농사를 허락하지 않았다. 바다가 거친 만큼 땅도 거칠었기 때문이다. 문헌 기록은 일제히 거친 풍토를 지적하고 있다.

> 토질이 푸슬푸슬하고 건조하여 밭을 개간하면 반드시 많은 말을 몰아 밟아야 하며, 잇달아 2, 3년 농사를 지으면 이삭이 여물지 않아서 부득이 다시 새로운 밭을 개간해야 하니 노력은 배가 들어도 수확은 적다. 이것이 백성들이 가난하고 곤궁함이 많은 까닭이다.
> - 이원진, 《탐라지》

> 온 섬이 자갈투성이고 한 조각의 풍성한 흙이라고는 없다.
> - 임제, 《남명소승》

> 삼읍이 모두 한라산 기슭에 있으며 평평한 땅이 절반도 안 되어 밭을 가는 사람은 마치 고기뱃속을 들추는 것 같다. 그러므로 백성들이 매우 곤궁하다.
> - 김정, 《풍토록》

> 농기(農器)가 매우 좁고 작아서 어린아이 장난감 같다. 그 까닭을 물어보니, 흙이 두 어치 속에만 들어가도 다 바위와 돌이므로 깊이 들어갈 수 없다.
> - 김상헌, 《남사록》

이런 탓에 바다풀 거름이 발달했다. 거름용 바다풀은 깊은 물에서 캐내기도 하고 바람이 불어 육지로 밀려든 바다풀을 말려서 거름으로 이용했다. 봄이 오면 해경(解警), 혹은 허채(許採)라 하여 해초 채취 금지가 일제히 풀린다. 생태를 보호하는 공동체적 강제의 효과다. 미역은 2~3월에 베어내며, 감태는 여름철에 종괴호미로 베어내 거름으로 쓴다. 바다풀 거름을 뿌리면 3년은 비료를 주지 않아도 될 정도로 땅이 걸어진다. 해녀나 어민들의 어로에서 큰 부분을 차지하는 것이 비료용 해초 채취다.

원담에 든 멜(멸치)도 고급 비료였다. 집 안의 돗통시(똥돼지)도 보리농사에 더할 나위 없이 소중했다. 토양이 안 좋은 데다 물 사정도 좋지 않은 제주도에서는 해녀 노동과 원담 노동, 가축 사육 등이 모두 거친 토양을 기름지게 하는 데 활용되었다. 농경지나 비닐하우스가 넓어진 것은 관정을 파서 물을 뽑아올려 쓰게 된 최근의 변화다.

에드워드 하임스(Edward Hyams)는 역저 《토양과 문명(Soil and Civiliza-tion)》에서 인류 역사의 전경을 생태적 시각에서 광범위하게 다루었다. 그는 토양에 대한 인간의 복잡한 반응과 문명의 쇠망과의 관계를 설명하고 있다. 제주도 토양은 다른 어떤 역사적 실체 못지않게 제주 사람을 얽어맸다. 사람들은 화산토에 세심하게 반응했으며, 작물 역시 순응해야 했다. 오늘날 관정에서 무한정 물을 뽑아 올리고 있는데 곧 지하수 고갈이라는 비극이 다가올 것이다. 물이 쭉쭉 빠지는 화산토의 물 문제를 해결하려는 오늘의 노력이 미래의 재앙이 되지 말라는 법도 없다. 제주 사람들도 대부분 화학비료에 의존한다. 하임스의 책을 다시 읽으며 토양과 인간의 문제를 생각해보게 된다.

메밀꽃 필 무렵의 본무대

빙떡은 메밀과 무를 이용한 대표적인 제주 전통 음식이다. 메밀가루를 반죽하여 돼지비계로 지진 다음 무채를 넣고 말아 만든다. 메밀전의 담백한 맛과 무 숙채의 삼삼하고 시원한 맛이 별미다. 의례시 부조용이나 제찬 및 손님 접대용으로 그만이다. 단시간에 손쉽게 만들 수 있어 좋다. 엎어 놓은 솥뚜껑에 전을 지지고 삶은 무채를 넣고 말아서 대나무 바구니인 차롱에 차곡차곡 담는다. 이웃이나 친족 제사에 빙떡 한 차롱이 부조로 전달된다. 공동체의 떡이며, 마음까지 나누는 떡이라서 정신건강에도 좋은 떡, 빙떡이야말로 손색이 없는 토종 음식 브랜드다.

이효석의 〈메밀꽃 필 무렵〉이 봉평을 무대로 했기에 메밀 주산지가 강원도인 줄 아는 이가 많다. '산허리는 온통 메밀밭이어서 피기 시작한 꽃이 소금을 뿌린 듯이 흐뭇한 달빛에 숨이 막힐 지경'이란 대목이 국어수업으로 각인되었기 때문이다. 그러나 빙떡의 주 재료인 메밀은 오히려 제주도 대표 잡곡이다. 누군가 〈메밀꽃 필 무렵〉의 뉴 버전을 쓴다면 제주도를 배경으로 해도 무방하리라.

메밀은 부종을 내리게 하며 혈관벽의 저항력을 향상시켜 고혈압에 좋다는 루틴(rutin) 성분이 들어 있다. 식이섬유가 들어 있어 변비를 예방하고 포만감을 주어 다이어트에도 좋다. 《본초강목》에도 메밀은 기를 내리고 장을 좋게 하며 체한 것을 내리게하고 부종을 내려주며 설사를 그치게 한다고 설명한다.

메밀은 신화시대부터 먹어왔다. 자청비와 문도령이 오곡씨를 갖고 7월 보름에 인간 세상으로 내려올 때, 그만 오곡씨 중에서 메밀 씨를 놓고 왔다. 옥황상제에게 돌아가서 메밀씨를 갖고 와보니 여름 파종 시기가 훌쩍 지났다. 그래도 씨앗을 뿌리니 다른 곡식과 같이 가을에 거둬들일 수 있었다. 자청비 신화는 토질,

성읍리 아주망들의 빙떡 지지기.

제주의 메밀밭.

일명 '빼떼기'로 불렸던 주정용 고구마 절편 말리기.

절후 따위를 가리지 않는 강인한 속성을 반영한다. 실제로 조를 파종했으나 발아되지 않아 어쩔 수 없을 때, 그 자리에 메밀을 파종한다. 농사가 불가능할 것 같은 난전밭(목장밭)에서도 잘 된다. 밭매기도 그리 어렵지 않다. 파종에서 수확에 이르기까지 인력도 그리 많이 들지 않는다. 아마 자청비도 빙떡을 먹지 않았을까.

제주도에는 고구마가 없다

고구마는 지금은 그 의미가 약해졌지만 역사적으로 주목해야 할 식재료다. 제주도 고구마는 그 역사적 족적을 지닌다. 고구마가 제주도에 도입된 시점은 영조 39년(1763). 조엄(趙曮)은 일본을 다녀와서 기행문집 《해사일기(海槎日記)》에 이렇게 썼다.

> 대마도에는 감저(甘藷)라는 것이 있는데 이것을 효자마(孝子麻, 효자토란)라 하고 왜음으로 고귀위마(高貴爲麻)라 한다. 이것이 모두 잘 자라서 우리나라에 퍼진다면 문익점의 목면과 같이 백성을 매우 이롭게 할 것이다. 동래에서 잘 자란다면 제주도 및 그 밖의 여러 섬에도 전파시켰으면 좋겠다.

이 기록 때문에 조엄이 고구마를 제주도로 보냈다고 믿지만 정확하지는 않다. 1939년에 제주도 농업실태를 조사한 총독부 농업기사 타카하시 노부루(高橋昇)의 조사노트를 펴본다.

> 맨 처음 완도군 고금도에서 우도로 들어왔다. 이어 감저는 하도리로 넘어가

더니 전체 제주 본섬 동서로 퍼졌다. 지금으로부터 약 80년 전 우도의 고씨가 어업관계로 고금도로 드나들다가 감저 종자를 가지고 들어온 것이 제주도 감저의 시초다.

농업 전문가로서 도입 경로를 명료하게 정리했다. 조엄이 고구마를 들고들어온 시점으로부터 100여 년 지난 1860년경에 본격적으로 도입된 것으로 여겨진다. 일단 고구마가 들어오자 제주도 토양에 잘 맞아 급속도로 확산되었으며 고구마 덕분에 춘궁기를 넘길 수 있었다. 여성들은 감저좁쌀밥, 감저보리밥, 감저메밀범벅 등 다양한 고구마 요리를 만들어냈다. 부족한 곡물과 고구마를 결합시켜 식량을 절약하는 지혜를 발휘한 것이다.

1908년에는 고구마 생산량이 1백 80만 관, 즉 6천 750톤에 이르렀다. 일제 말기에는 제주도가 고구마 산지로 전국에서 제일 유명했으며, 1940년 동척(東拓)에서 13만 원을 들여 축항을 끝내고 주정공장을 세웠다. 제주도 어른들은 대부분 고구마를 잘라서 말리던 어릴 적 풍경을 기억하리라.

우리가 잘 모르는 사실이 하나 있다. 본디 제주도에는 고구마란 단어가 없었다는 점. 제주도에서는 고구마를 고금마라고 하다가 현재는 감저(甘藷)라 부른다. 고금은 아마도 고금도란 섬 이름, 마는 토란의 뜻으로 맛이 토란과 비슷하다는 데서 이름이 붙은 것으로 여겨진다.

제주도 논을 문화유산으로

제주도를 다녀본 사람들 눈에 논은 거의 들어오지 않는다. 그러나 제주도에도

분화구에 조성된 하논.

논이 제법 있었고, 지금도 일부에서는 논농사를 짓는다. 여러 마을에서 찔금찔금 논농사를 지었으며 총경지면적에서 1%가 논이었다. 1970년대까지 이어지던 논은 대부분 소멸했다. 제주도는 비가 내리는 족족 빗물이 화산토로 스며드는 지질인지라 제주의 논은 귀한 존재였다.

물이 고였다가도 쉬 말라버리는 건답을 두고 강답, 또는 마른논이라 한다. 물이 흔한 골답은 흐렝이, 또는 흐렁논이다. 이재수난 때 대정군수를 지냈던 채구석은 바위를 뚫고 수로를 만들어 대정현 천제연 폭포물을 성천봉 아래까지 끌어들여 논 5만 평을 만들었다. 서귀포 하논이나 강정의 논, 지금은 사라진 대정의 논, 한경면의 두모리, 심지어 제주시내 산지천변에도 1930년대까지 논이 있었다. 제주도 논을 문화유산으로 지정해야 한다. 층계논과 다락논의 경관 가치를 높게 평가하여 문화유산 지정을 서슴지 않는 사람들이 정작 화산회토로 힘들게 조성한 논을 주목하지 않음은 이상한 일이다. 화산섬의 가치를 모르기 때문이다. 똑같이 화산지대인 울릉도 태화동에 있던 개척시대의 논도 함께 지정할 일이다.

제주도에서 조도 중요하다. 해안에서 벗어난 중산간 지대에 분포된 식은땅은 푸석한 토양으로 주로 조를 파종한다. 해안지대의 탄탄한 된땅에서는 보리가 잘 된다. 토질이 그리 피석하지도 않고 탄탄하지도 않은 중간 성질의 비옥한 땅은 씹씨전이라 부른다. 화전으로 일군 밭은 친밭이라 부른다. 이 거친 땅에서 잡곡 농사를 지어온 것이다.

이와 같이 메밀·보리·고구마·조·쌀의 연대기야 말로 제주 사람을 지탱시켜온 저력이다. 역사는 지혜와 노력만 가지고 이끌어갈 수 없다. 아닌 말로 하늘이 내린 '밥의 힘'이 없이 그 어떤 역사도 불가하다. 각각의 밥에는 제주 사람의 그 어떤 내밀한 문화적 상징성이 잠복되어 있다. 인류학자 시드니 민츠(Sidney W.Mintz)의 생각을 빌려보자.

인간이 먹어 온 음식에는 그것을 먹는 사람들의 과거와 연결된 역사가 담겨 있다. 음식을 발견하고 처리하고 준비하고 차려내고 소비하는 데 적용된 기술은 음식 자체의 역사와 더불어 문화에 따라 서로 다르다. 사람은 그저 단순히 음식을 먹기만 하는 것이 아니다. 음식 소비는 언제나 의미가 뒤따른다. 이 의미들은 상징적인 것이며, 또 상징적으로 소통되었다.

- 《음식의 맛, 자유의 맛》

제주도 메밀이나 보리, 조, 쌀밥에도 나름의 상징성이 담겨 있어 서로 소통되고 있었던 것이다. 그러나 오랜 세월 제주 사람의 밥상에 올랐던 이들 먹을거리는 거친 음식이자 평범한 음식으로 내몰리고 말았다. 제주도 식당에서 메밀, 보리, 조, 그리고 본토 쌀이 아니라 제주도 쌀밥을 찾는 이는 거의 없으리라. 그만큼 잊혀진 존재가 되었다. 그러나 각각의 작물에 담긴 역사적 상징성을 회복하는 일은 제주 문화 복권의 첩경이리라. 우선 동문시장에 가서 빙떡부터 먹어 보고 서귀포의 하논이라도 찾아가 볼 일이다.

밭에서 부르는 웡이 자랑

제주도 사람들은 어릴 적에 애기구덕에서 자라났을 것이다. 애기구덕은 농사와 무슨 관련이 있을까. 애기구덕이 없었다면 제주 여인들이 농사를 지을 수 없었다.

애기구덕은 대나무를 엮어서 아기보다 조금 크고 깊게 타원형으로 만든다. 밭

세계관광협회에서 제주를 방문해 애기구덕을 흥미롭게 구경 중.

일 하던 제주 어머니들은 아기를 요람에 눕히고 밭일을 했다. '웡이자랑, 웡이자랑/잘도 잔다 우리 애기'라는 자장가를 부르면서 애기구덕을 흔든다. 아기는 밭에서 애기구덕과 함께 자라난다. 논이 제주도의 문화유산이라면, 애기구덕은 또다른 의미에서의 문화유산이다. 그러나 아쉽게도 노동과 육아의 탁월한 결합을 의미하던 애기구덕은 소멸해 버렸다.

빛바랜 사진첩에서 세계관광협회 인사들이 제주도를 방문하여 애기구덕을 앞에 놓고 찍은 사진을 본다. 애기구덕은 흡사 인디언 보호구역의 전시품목처럼 전시되어 있다. 웡이자랑의 아련한 목소리는 사라지고 대상화 되고 타자화 된 애기구덕만이 관광상품처럼 제시될 뿐이다. '제주시의 강남'인 노형동의 대형마트 앞에서 유모차를 끄는 젊은 엄마들을 많이 만난다. 제주도에서 애기구덕이 말끔히 사라졌다는 증거다. 그래도 촌에서는 어쩌다 애기구덕이 눈에 뜨인다. 촌을 지나다보면 마루에 놓인 애기구덕에 아기를 누이고 흔들어주는 엄마들을 만날 때가 있다. 다른 지방으로 나간 제주 여성들도 애기구덕을 사용하는 경우가 있다. 예전에 아기가 태어나면 시어머니가 애기구덕부터 사왔다고 한다. 일본인 중에 밭 가운데에서 태어났다는 다나까(田中)가 많다지만 제주도의 아기들이야말로 모두 밭의 애기구덕에서 자라난 다나까가 아닐까. 애기구덕에 누은 아기와 엄마의 교감을 통해 지속가능한 토속문화의 저력을 읽는다.

구황음식이 일상 음식, 일상 음식이 구황음식

한반도의 문화는 기본적으로 쌀밥 문화다. 보리밥 비중이 크지만 사람들의 보편적 희구는 역시 쌀밥이다. 그러나 현실적으로 쌀은 늘 귀했다. 제주도도 쌀이 일

제주의 구황음식과 토산물들
위 좌로부터 제주의 갯것이(바닷가)에서 흔히 얻을 수 있는 보말, 최고의 동물성 단백질 공급의 원천 돼지고기를 삶아 만든 돔배고기, 전복물회, 꿩메밀국수, 모밀범벅, 톨(톳)밥, 몸국(몰망국), 보말미역국, 빙떡, 양애간무침, 우뭇가사리, 우미냉국.

부 생산되었으나 기본은 보리와 메밀과 좁쌀이었다. 그리하여 제주 음식은 분식(분말)과 입식(낱알잡곡)이 혼재된 식문화다. 쌀밥 문화의 입식 중심이 아니라 잡곡 가루를 이용한 분식 문화권의 성격이 강하게 스며들었다. 밥은 대부분 보리나 조에 두류(팥, 녹두)나 채소류(고구마, 감자), 또는 해조·채소류(톳, 파래, 무, 본속, 쑥, 너패, 감태)를 함께 섞은 영양낭푼밥이다. 음식연구가 오영주의 연구를 인용해 본다.

밥 숫자가 23품이다. 범벅은 잡곡 분말(메밀, 보리, 피쌀, 수수, 조, 밀)에 서류(구고마, 감자), 채소류(호박, 무, 쑥, 고춧잎), 또는 해산물(게, 톳, 파래, 너패, 감태)등을 혼합한 분식으로 20품이 넘는다. 모자라는 곡식을 보충하고자 톳밥 등의 해초를 이용한 밥, 해산물을 섞은 죽 등을 많이 먹었다. 감저밥이나 메밀 고구마 범벅 등 다양한 음식도 개발했다. 출레(반찬) 중에서 장류는 된장, 보리된장, 초피된장, 간장, 장아찌는 마농지, 물웨지, 놈삐지, 콩지, 패마농지, 양애지, 모자반지, 톨지, 반치지, 초피지, 소앵이지, 젓갈류는 자리젓, 멜젓, 소라젓, 성게젓, 게웃젓, 각제기젓, 깅이젓, 갈치젓, 고도리젓, 오징어젓 등이다.

오늘날 입장에서 보면, 가난한 자의 밥상이었던 톳밥 등이야말로 최고의 건강식 아닐까. 해산물을 혼합한 분식은 현재 및 미래의 건강식으로 세계화가 가능할 것이다. 막연한 한식 세계화에 예산을 쏟아붓는 이면에 해초 샐러드 같은 건강식을 세계화해야 하지 않을까. 참고로 일본인들은 제주도에서 저가로 수입해가는 우뭇가사리를 해초 샐러드로 가공하여 미국 시장에 엄청 내다팔고 있는 중이다. 우리는 그저 값싼 1차 원료로 팔고 있을 뿐이다.

제주 음식에서 김치류가 의미를 지니지 못한다는 점이 재미있다. 더운 날씨에 일찍 쉬어버리는 데다가 고추 농사가 잘 되지 않아 겉절이 형태의 김치가 있을 뿐이다. 사계절 채소를 구할 수 있다는 이유도 있다. 채소로는 역시 나물이다. 한라산과 오름, 곶자왈은 나물의 보고다. 고사리도 유명하다. 봄부터 고사리를 꺾어 말려두었다가 쓴다. 조상제사에 고사리를 쓰기 때문에 조상 산소에서 자라는 고사리는 절대로 손을 대지 않는다. 봄이 오면 고사리를 따러 숲 속으로 들어가는 일군의 집단을 곳곳에서 만나곤 한다. 양하도 제주 특산이다. 봄에는 새싹, 여름에는 잎, 가을에는 꽃을 먹는 독특한 향미 채소다. 오일장에서 양하를 내다 파는 할머니들을 자주 볼 수 있다.

제주에서는 구황음식이 일상 음식이고, 일상 음식이 구황음식이나 마찬가지다. 그 경계가 없다. 보리를 수확하기 전 춘궁기에 설익은 보리로 지은 섯보리밥이 대표격이다. 섯보리 먹는 춘궁기를 칼 받은 삼월, 호미받은 사월이라 부른다. 느쟁이범벅은 메밀을 맷돌에 갈고 난 다음에 남은 섬유질 찌꺼기인 느쟁이로 만든다. 우미는 여름철에 캐서 보관해둔 우뭇가사리를 끓여서 식힌 다음에 응고시킨 젤리 형태의 식품으로 밥힘은 없으나 최고의 건강식이다. 구근성 백합과의 다년생 산태인 물릇은 들판에 무성하게 자라는데 흉년이 들면 먹었다. 탄수화물이 듬뿍 든 그 뿌리를 캐서 해조류 넙패를 넣고 엿처럼 오랫동안 고아서 먹었다. 노죽(蘆竹)은 한라산의 구황식물로 기근이 들었을 때 그 열매인 죽실을 먹었다. 울릉도 개척민이 명이를 먹으면서 보릿고개를 넘겼듯이 제주도 사람들도 이들 뿌리와 열매, 잎과 줄기를 먹으면서 생명줄을 이어갔다.

제주도는 밭작물 위주라 콩도 유명하며 두부 제조도 활발했다. 둠비라는 이름의 두부가 있다. 해안가 내도리, 예래동, 고산리 같은 마을에서는 해수를 그대로 사용해 두부를 응고시켰다. 둠비는 결혼 잔치에서 하객에게 대접하는 필수 음식이었으며, 제사에는 두부를 대고치에 꿰어 참기름을 발라 화롯불에 구워 두부적을 만들어 냈다. 정월 명절에는 두부를 썰어 떡국과 함께 끓여 먹었다. 강릉

초당두부와 비슷하지만 초당두부가 전국화된 데 비하여 제주의 명품 음식 둠비는 아직 유명세를 타지 못하고 있다.

　제주 특산 술로는 오메기술, 고소리술이 있다. 오메기술은 차조로 만든 오메기떡으로 빚은 술이고, 고소리술은 발효가 끝난 오메기술을 증류시킨 소주다. 제주도에서 고소리는 소주를 증류하는 오지그릇을 말한다. 제주의 술 역시 탁주, 청주, 소주가 있다. 오메기술이 탁주라면 고소리는 소주다. 육지에서 주로 쌀을 소재로 한다면 제주도는 좁쌀을 이용하여 풍토성이 짙다. 일제강점기 농업전문가 다카하시 노부루는 이렇게 기록했다.

> 조에는 강돌입갱(메조)과 청미실나(차조)가 있다. 몽고로부터 전래된 것이 아닌가 여겨지는데 재배연대는 오래며 건조·비바람에 저항력이 강하여 도민의 일상식으로 없어서는 안 될 주요 식품이다.

　원나라 찐빵의 일종인 상화병(霜花餅)은 상에떡, 상외떡 등으로 불리는데 오메기술이나 보리술로 발효시켜 만든다. 밀가루와 보리가루를 혼합하여 보리찐빵 형태로 진화한 식품이다.

우영팟과 거친음식이 장수비결

조건이 열악한데도 불구하고 제주도는 일찍이 장수의 섬이다. 《탐라순력도》에 정의현성에서 치러진 노인잔치를 그린 〈정의양노(濟州養老)〉가 있다. 당시 80세 이상이 17인, 90세 이상이 5인이었다. 그림에는 제주목에 80세 이상이 183인, 90세

제주도 농가의 어느집이나 하나쯤은 끼고 있는 우영팟. 주민들은 사계절 우영팟에서 나는 나물을 밥상에 올린다.

이상 23인, 100세 이상 3인으로 기록되었다. 그래서 제주를 인다수고(人多壽考, 장수하는 사람이 많다)라 했다. 이원진의 《탐라지》는, 제주의 가운데에 한라산이 있어 남쪽 큰 바다의 독기가 산에 막히고 북쪽 찬기운이 더운 습기와 열기를 몰아내기 때문이라 했다. 제주도 내에서는 한라산 남쪽에 비해 북쪽이 더욱 장수할 조건을 갖추었다고 설명했다. 속설에는 봄·가을 동쪽 하늘에 나타나는 노인성(老人聖)을 보면 장수한다고 전해온다. 《탐라순력도》에, '춘분과 추분에는 노인성이 한라산에 나타난다'고 했으며, 덕분에 장수 노인이 많다고도 했다.

오늘날에도 제주도는 건강한 노인이 많다. 팔순 넘은 할망 해녀가 물에 뛰어드는 경우도 많다. 아마 제주도에서 과하게 취해본 사람들은 이해할 것이다. 다음날 이상하리만치 머리가 가볍다. 공기가 맑기 때문이다. 공기가 가장 중요한 밥이라고 한다면, 제주도는 최상의 밥을 선사하는 섬이다.

오늘날 거친 음식을 먹자는 운동이 벌어진다. 식품을 재래의 가공방식으로 가공하여 덜 정제된 거친 상태로 먹자는 운동으로, 슬로푸드 운동과 맥락을 같이 한다. 장수국인 핀란드에서는 일반 가정, 학교, 병원의 식탁도 거친 음식으로 소박한 밥상을 차려 건강을 지킨다. 일본의 장수마을 노인들도 덜 정제된 거친 음식으로 초라한 밥상을 차려 건강을 지킨다. 제주도 토속 음식은 기본적으로 거친 음식이 많다. 보리나 메밀 같은 곡식, 바다에서 나는 몸과 톳 같은 해초가 모두 그러하다. 거친 음식이야말로 장수를 보장하는 저력이다. 지난날에는 쓸쓸한 밥상으로 여겨졌겠지만 오늘날에는 황제의 식탁을 뛰어넘는 건강식이 아닐 수 없다.

장수의 비결은 또한 우영팟(텃밭)에서 나온다. 제주도 살림집의 경영에서 우영이라는 채전과 소막이라는 축사, 통시라는 측간은 필수불가결이다. 우영에는 채소류만 재배하는 것이 아니라 제수용의 과일을 위한 귤나무, 갈옷을 위한 감나무, 죽제품을 위한 대나무도 심었다. 구근류를 재배하거나 지하에 저장하기도 하고 그 묘종도 재배한다. 그래서 우영팟에서 힘을 기른다고 한다.

　따스한 기후도 무시할 수 없다. 겨울과 초봄에는 모진 바람이 불어 육지 이상으로 춥지만 실제 기온은 따스하다. 돌담만 잘 쌓아 바람을 막아주면 한겨울에도 배추나 마늘이 잘 자란다. 겨울을 이겨낸 봄동으로 된장국을 끓여내고 마늘을 숭숭 썰어서 생식을 하면 이보다 건강식이 없을 성싶다. 상추가 야외에서 월동을 하기 때문에 비닐하우스 상추와 비교할 수가 없다. 취나물 주산지도 제주도이며, 당근과 무, 감자가 지천이다. 게으르지만 않다면 우영팟의 소출만으로 5인 가족이 먹을 채소를 충당할 수 있으므로 우영팟의 힘은 제주음식의 본질적 원동력이다.

　제주도에서는 식재료 유통의 거리와 시간도 생태친화적이다. 조금만 노력하면 로컬 푸드를 구할 수 있는 곳이 제주도다. 가령 육고기만 하더라도 냉동이 아닌 냉장 육고기를 저렴한 가격에 살 수 있다. 섬이라는 제한적인 조건이 친환경적 로컬 푸드의 본거지를 만들어내는 중이다.

물 맑고 공기 좋은 섬나라 유토피아

육지부가 극심한 소작관계로 얼룩졌다면, 제주도는 화산회토의 자연적 조건에 따라 자작농적 소유가 강하다. 비옥도는 낮으나 개간 가능한 미개척지가 방대하게 널려 있었기 때문이다. 덕분에 제주도는 넉넉하지는 못하나 도둑과 거지와 대문이 없는 삼무의 섬이기도 하다.

　제주도의 먹을거리 생산은 수눌음을 통해 관철되었다. 수눌음은 협업 이상의 정신적 의미도 지닌다. 노력의 교환일 뿐 아니라 정서의 끈이 강고하게 형성된다. 제주도식 품앗이인 수눌음은 특유의 풍토에서 만들어졌다. 거친 풍토답게 농사의 어려움이 뒤따랐기 때문이다. 향회·연자매집단·번쇠·케왓·용수집단·화단접·증답(贈答)·멸치접 등이 모두 특유의 공동체다. 1980년 8월, 제주도 토박이들이 일찍이 문화운동의 고전적 명구가 되어버린 수눌음선언을 내걸었던 역사적 사건을 환기해 본다. 수눌음선언은 중앙 집중화된 문화에 대하여 최초로 지역문화의 존엄성을 엄숙히 선포했다.

이곳은 중앙에 비교하면 변방이 아니라, 사실은 스러져가는 우리의 전통문화의 새로운 활력을 공급할 전위의 자리인 것이다. 이제는 이곳에 파문을 던져 외래문화가 범람하는 저 한복판까지 전파시켜야 할 것이다.

제주도 사람은 기본적으로 검소하다. 식생활 역시 검소하다. 일찍이 이형상도 이렇게 쓴 바 있다.

의식이 소박검소하여 화려하게 꾸미는 일이 없으며 부유할지라도 갈옷을 입고 또한 계속하여 염장(鹽藏)을 먹지 않는다.

맑은 공기에 좋은 물을 마시면서 살아가는 것만으로도 제주도를 '섬나라 유토피아'라고 상찬한다면, 너무 과한 말일까. 장수의 섬이다. 사람은 나서 서울로 보내고 말은 제주도로 보내란 속담도 바뀔 때가 되었다. 말만 보낼 것이 아니라 사람도 제주특별자치도로 보낼 일!

16

탐라와 몽골의 섬
잃어버린 왕국을 찾아서

제주에서 가져온 비단으로 가지런히 수를 놓고
제주에 있는 님을 생각하면 이별의 아쉬움을 달랠 길 없네
제주에서 새로운 삶을 찾은 내 님,
그리워함은 부질 없구나

— 몽골의 노래, 〈지주호트〉(제주마을)

중국-일본-한국사에서 대만-류큐-제주사로

제주도의 공식명칭은 '대한민국 제주특별자치도'. 제주도가 대한민국을 대표하는 8도의 하나임은 분명한 사실이다. 그러나 제주도는 얼마 전까지만해도 '전라남도 제주도'에 불과했다. '특별자치도'는 커녕 '道'로서의 자기정체성을 인정받기까지 오랜 세월이 걸렸다. 제주 사람 입장에서는 중요한 문제가 아닐런지.

국민국가 시각에 젖어 있는 대다수 사람에게 제주도는 '단군 할아버지 이래 오천 년 단일민족 신화'를 함께 누려온 것으로 받아들여진다. 그러나 제주도는 본디 탐라라는 독립 왕국이었다. 문헌에 따라 섭라(涉羅), 탐모라(耽牟羅), 담라(儋羅), 탁라(托羅) 등으로 불렸는데 역시 탐라가 오랫동안 호칭되었다. 한치윤은 《해동역사》에서 탐라는 일찍부터 섬나라라는 뜻을 지녔다고 보았다.

> 《후위서》에 섭라라 칭했고, 《수서》에서는 담모라라 칭했으며, 《당서》에서는 담라라 칭했다. 또 탐부라, 탁라라 칭했는데, 이는 모두 한 나라다. 우리나라의 방언에 도(島)를 섬(剡)이라 하고 국을 나라(羅羅)라고 하는데, 耽·涉·儋 세 음은 모두 섬과 음이 비슷하니, 대개 섬나라를 이르는 것이다.

신라시대 탐라의 위상을 되돌아볼 필요가 있다. 신라는 황룡사 9층탑을 세워 이웃나라의 침범이라는 재앙을 진압하려 했다. 각 층별로 담당국가가 정해졌다. 1층은 일본, 2층은 중국, 3층은 오월, 4층은 탁라, 그 밖에 말갈, 거란, 여진, 예맥 등을 진압하고자 했다. 이같은 《삼국유사》 기록으로 보건대 탁라(제주)가 신라를 위협할 대상으로 간주되었음을 알 수 있다. 변방 오지의 섬에서 해양력이 없다면 침범할 재간도 없었을 것이고, 신라를 위협하는 대상에 네 번째로 손꼽혔겠는가.

제주란 호칭은 탐라 멸망 이후의 일이다. 《고려사》에 의하면, 고종 16년(1229)에 제주가 등장한다. 탐라가 제주로 바뀌어 일개 '州'로 전락했다. 그러나 삼별초 정벌 이후에 원의 직할지가 되면서 제주라는 명칭 대신에 탐라라는 호칭을 다시 사용한다. 원이 제주도와 고려의 관계를 차단시키려는 의도에서 한 일이었다. 이후 충렬왕 20년(1294)에 탐라가 고려에 반환되면서 다시 제주라는 명칭이 사용된다. 문제는 이 모든 게 섬사람의 뜻은 아니었다는 점이다.

이로써 탐라는 망각되었다. 탐라의 역사가 우리의 시야에서 사라진지 너무도 오래되었다. 식민사관 극복을 선도해 많은 호응을 얻은 한국사 개설서의 대표작에서도 탐라는 언급의 대상조차 되지 않다가 원이 탐라총관부를 두었다고 언급하는 대목에서 비로서 출생신고를 한다. 탐라국의 역사적 망각은 우연한 실수가 아니다. 근대 민족국가의 이념을 구현하는 사관 때문에 어쩔 수 없이 밀려났다고 함이 정확한 진단이다. 민족국가의 지배자가 된 다수민의 역사는 최대한 찬양하고, 그 내부에 포함된 이질적 소수집단의 역사는 무시하는 것이 당연하다는 근대 역사관이 세계 전체에서 일제히 행세했기 때문이다.

동아시아 역사는 중심 - 주변이라는 복잡한 구조를 내포하면서 전개되었지만 종래는 중심 부분만이 중시돼 주변 부분은 경시되는 경향이 짙었다. 이러한 상황을 극복하고 중심 - 주변을 전체로서 인식하는 태도가 필요하다는 지적이 나오고 있다. 그럼으로써 주변 부분의 존재 의의에 빛을 비춰 그 역사적 가치를 높여야만 한다. 한국의 일반사(한국사)에 대한 제주사, 중국의 일반사(중국사)에 대한 대만사, 일본의 일반사(일본사)에 대한 류큐사가 필요하다. 이제 중국 - 일본 - 한국사 일반의 논리와 별개로 대만 - 류쿠 - 제주사적 관점에서 동아시아를 바라본다면, 전혀 다른 역사관이 도출될 것이다.

잃어버린 왕국으로 가는 비밀의 열쇠

고산리 유적으로 가보자. 고산리 유적이 형성될 때만 해도 앞의 차귀도는 섬이 아니었다. 빙하가 녹으면서 섬이 되었다. 대략 1만 2,000~8,000년 전의 일. 제주도에는 구석기문화도 존재하여 역사의 상한대를 끌어올려준다. 애월읍 어음리의 빌레못동굴, 서귀포 천지연의 구석기유적이 그것이다.

  반면에 고산리 자구내유적은 구석기에서 신석기로 넘어가는 과도기 유적이다. 해수면 상승기로 황해의 초원지대를 통한 제주 고산리로의 문화 전파 양상을 보여준다. 수렵 중심의 생업 체제를 유지한 집단이 황해 초원을 가로질러 제주도에 당도했으며, 지금 한라산에 흔한 노루들도 황해 초원을 자유롭게 오갔을 것이다. 이들은 우리나라 최초로 동력을 이용한 사냥 도구인 화살을 이용하고, 이를 발전시켜 어로도구와 작살을 만들었다. 본격적 농경 발생 이전에 어로·수렵·채집생활을 영위하면서 제주 최초로 정착한 주민집단이다. 조천읍 북촌리 바위그늘 유적과 더불어 대표적인 중석기 문화다. 이처럼 제주도는 구석기부터 중석기, 신석기에 이르는 문화 층위가 골고루 분포돼 있고, 끊김이 없이 오랜 세월 동안 탐라의 역사가 이루어져왔다.

  고산리보다 뒤에 생긴 유적으로 대정읍 상모리와 안덕면 사계리 해안에는 퇴적층에 사람 발자국과 동물 발자국 화석이 있다. 연대측정법으로 퇴적층의 연대를 추정해 볼 때 실트층은 7,600 ±300년, 이층을 덮고 있는 실트층은 6,800 ± 300년이다. 따라서 7,600~ 6,800년 전 시기에 실트층이 쌓인 바닷가를 거닐던

고산리 덧무늬 토기.

흔적이다. 사람 발자국은 물론이고 사슴이나 노루 같은 동물 발자국, 새 발자국, 게 화석, 식물 화석, 소라류 등이 확인되었다.

제주도는 고인돌의 섬이라 할 만큼 고인돌도 많다. 제주도 고인돌의 비밀은 아무래도 가파도에 있다. 우도에 고인돌이 1기 있는 반면, 가파도에는 무려 130 여기에 이른다. 최남단에 왜 이렇게 고인돌이 많은 것일까. 한반도 본토에서 한참을 내려오던 그네들은 더 내려가지 못하고 가파도에서 그만 행로를 멈춘 것일까.

제주시 삼양동에는 기원전 3세기에 최초로 형성된 대규모 마을 유적도 있다. 이 마을유적은 송국리 주거 문화가 남하하는 과정에서 형성된 한국 청동기 후기 마지막 단계의 대단위 취락 유적으로 간주된다. 남으로 남으로 내려가다 끝내 제주도에 정착한 것이리라. 마을 유적 안에는 크고 작은 움집, 창고, 저장공, 토기가마, 조리장소뿐만 아니라 마을 공간을 구획한 경계석축과 배수로, 그리고 폐기장, 패총, 고인돌이 자리 잡았다. 이 마을은 불평등한 계급사회를 반영하여 신분에 따라 거주지 배치가 달랐으며, 탐라국 형성기(B.C. 200 ~ A.D.200)의 사회 모습을 보여준다.

《삼국지》〈위서 동이전〉한조(韓條)에 등장하는, '배를 타고 왕래하며 韓에서 물건을 사고 판다'는 기록을 소급 적용할 수 있는 마을 유적이다. 기원전 200년경에 제주시 한천변의 용담동 유적, 외도천변의 외도동유적과 함께 가장 번창했던 3대 고대 마을 중 하나로 탐라소국으로 가는 열쇠를 제공하는 읍락(邑落)이다. 이원진은 《탐라지》에서, '처음에 고을나 양을나 부을나라 형제 삼인이 그 땅에 나누어 살았는데, 그 거주하는 곳을 徒'라고 했다. 오늘날 일도동, 이도동, 삼도동 명칭에 그 '徒'를 남겼다.

신화인가 역사인가

삼양동 유적이 탐라소국으로 가는 열쇠를 제공했다면, 탐라국의 결정적 해답은 삼성혈이다. 《신증동국여지승람》〈고려사고기(高麗史古記)〉에서, 탐라의 개국시조 고·량·부 세 신인(神人)이 땅으로부터 솟아났다고 했다. 진산(鎭山) 북쪽 기슭의 모흥(毛興)이라는 구멍이 그곳이다. 처음은 양을나(良乙那)이고, 다음은 고을나(高乙那), 셋째는 부을나(夫乙那)인데 수렵생활로 가죽옷을 입고 고기를 먹으며 살았다. 그러던 어느날 세 신녀(神女)가 가축과 오곡의 종자를 가지고 표류해온다.

> 하루는 자주빛 흙으로 봉해진 나무함이 동쪽 바닷가에 떠밀려 오는 것을 보고 나아가 이를 열었더니, 그 안에 돌함이 있고 붉은 띠를 두르고 자주빛 옷을 입은 사자가 따라와 있었다. 돌함을 여니 푸른옷을 입은 처녀 세 사람과 송아지·망아지, 그리고 오곡종자가 있었다. 이윽고 사자가 말하기를, '나는 일본국 사자입니다. 우리 임금께서 세 따님을 낳으시고 이르시되 서쪽 바다에 있는 산에 신자(神子) 3인이 탄강하고 나라를 열고자 하나 배필이 없다고 하며 신에게 명하여 세 따님을 모셔오도록 했으니, 마땅히 배필을 삼아 대업을 이루소서'라 하고 사자는 홀연히 구름을 타고 가 버렸다. 세 사람은 나이 차례에 따라 나누어 장가들었다. 그래서, ' 세상에 전해오기를 삼을라가 나라를 열 때에 벽랑국 사자가 세 신녀를 받들고 연혼포에 배를 대었으니 지금의 정의현 열운리가 이곳이다.

이들은 활을 쏘아 주거지를 정하고 세 신녀와 혼인하여 국호를 탐라라 하고 나라를 연다. 삼성혈을 중심으로 한 연혼포(延婚浦), 혼인지(婚姻池), 삼시장올악(射

矢長兀岳), 삼사석(三射石) 등에는 삼성신화의 흔적이 잘 전승되고 있다. 땅에서 용출하여 수렵 생활을 했다거나 바다에서 표착했다는 이야기 구조는 제주도 본풀이에서 무수하게 되풀이 되거니와 제주도민의 원형적 사고를 이해하는 데 관권이 되는 자료가 아닐까.

오늘날의 삼성혈은 본디 위치가 아니다. 광양당에 모셔지다가 제주목사 이수동이 모흥혈 옆에 단을 쌓고 삼을라의 자손으로 하여금 제향을 올리게 했다. 본디 광양당에서 무당들이 빌고 굿하던 제의였다. 삼성사는 원래 제주도 무속신앙의 당이며 그 신화도 본향당의 당신화였다. 광양당에서 모셔지던 탐라의 신당이 공간을 이동하여 개별 가문의 성씨를 상징하는 징표로 바뀌어 탐라 개국신화의 힘이 약화되었다. 몇 성씨로 대표되는 제주도 토착 세력이 조선 왕조의 이 같은 정책을 수용함으로써 자신들의 위상을 확보하는 일종의 타협책이 이루어진 것이 아닌가 싶다.

인류학자 전경수는 '집안싸움에 멍든 탐라국의 을라신화'라고 비판하면서, 소위 삼성신화라는 이름으로 윤색되어 성씨 중심의 집안신으로 전락했다고 지적한 바 있다. 을라신화의 핵심은 성씨를 중심으로 하는 집안 문제가 아니라 탐라 부족의 상태에서 개국대업을 이루는 과정을 겨냥하는 정치사회적 문제라는 인식이 그것이다. 제주사 정립의 목표를 내걸고 개최된 '탐라사 연구, 어떻게 할것인가' 심포지움에서 역사사회학자 신용하는 재미있는 역사해석을 내놓은 바 있다.

B.C 1세기 ~ A.D 1세기에 양맥족(良貊族)·고구려족(高句麗族)·부여족(夫餘族) 일부가 바닷길로 앞서거니 뒤서거니 시간차를 두면서 제주도에 도착했다. 제주도에서는 A.D 65년에 한라산 폭발이 있어서 한반도 남해안에서도 밤에는 붉은 기운을 볼 수 있을 정도였다고 하므로 이 무렵 바닷길로 남하하는 부족에

삼성혈 전경.

게 제주도를 찾아 도착하는 것이 그다지 어려운 일이 아니었다. 활화산이 아니더라도 남해안에서 제주도는 청명한 날은 가시거리이므로 민족이동 중의 각 부족들의 도래지가 되었을 것이다. 제주도에 각각 별도로 약간 다른 시기에 도착한 양맥족·고구려족·부여족은 각각 그들의 인솔 족장(乙那)의 지휘 하에 정착생활을 하다가 일정 시간이 지나자 한라산 북쪽 해안가의 모흥혈에서 회의를 하여 B.C 1세기 ~ A.D 1세기에 연맹왕국으로서 나라를 건국하게 된다.

맥족 계통으로서 언어와 문화가 거의 같았으므로 각각 천신만고로 도착한 신천지에서 새 국가를 개국하는 데 상호 크게 갈등한 흔적은 보이지 않았으며, 오히려 순조로운 건국 흔적이 민속에 남아 있다. 섬성신화에 나오는 고·양·부가 북방에서 이동해 들어왔다는 증거는 족장 호칭인 을나에 있다. 을나는 예·맥족에서 사용하던 왕·족장의 호칭이다. 부여·양맥·고구려는 물론이고 동예·읍루·여진도 왕·군장·족장을 을나라고 했다. 삼성신화에서 탐라를 개국한 3을나인 양을라·고을라·부을나를 번역하면, 예맥족의 군장, 고구려족의 군장, 부여족의 군장임을 알 수 있다는 것이 신용하의 가설이다.

제주의 수수께끼 성주와 칠성

탐라 역사는 구체적으로 밝혀진 것이 드물다.《삼국유사》,《삼국사기》와 동급의《탐라국기》가 남아있지 않은 상태에서 '잃어버린 왕국'이 되어버렸기 때문이다. 제주도에서 성주왕자 칭호를 가진 부류들이 삼국시대부터 쭉 나오는 것으로 보아 탐라왕국이 나름 대외활동을 전개하면서 존립했을 것이다. 그렇다면 성주왕자는 누구일까.

숙종 10년(1105) 탐라국이 소멸되면서 고려의 군현으로 편입되었고 중앙에서 지방관이 파견된다. 충렬왕 21년(1295)에 제주도가 주읍으로 승격되면서 목사가 파견된다. 그 전해인 1294년에 충렬왕은 탐라왕자 문창유(文昌裕), 성주 고인단(高仁旦)에게 붉은 띠, 상아홀(笏), 모자, 일산, 신을 한 벌씩 준다. '탐라가 이제는 우리나라에 귀속되었기 때문에 이러한 물품을 준다'고 했다.

성주 호칭은 태조 21년(938) 성주왕자란 벼슬을 주었다는 기사에서 처음 등장한다. 대체로 성주란 고려 태조 21년 이후에 제주도 수령에게 붙여진 명칭이었으며, 조선 태종 4년(1404) 성주제가 폐지될 때까지 무려 466년이나 계속 용인 되었다. 《고려사》에 자주 등장하는, 성주왕자라 칭하는 탐라 지배층은 고려 정부로부터 본도 내의 탁월한 지위를 인정받는다. 성주층은 고려 왕조로부터 받은 지위 이외에 도내 평민과 자신들을 구분하는 어떤 정신적 - 고차적 권위가 필요했을 것이다. 성주층이 자기들이 신인의 후손이며 신성한 족속이라 하며 섬 안에서의 이데올로기적 권위를 세우는데 삼성신화의 윤색이 필요하다고 바라보는 견해도 있다. 다음은 사학자 진영일 교수의 독특한 해석이다.

고려 후기에 이르러 '탐라성주 + 신인 후손설'이 본도에 널리 유포되었다고 본다. 선사시대부터 내려온 샤먼의 노래를 고써 성주들이 어느 시기에 자기들 조상이야기로 대치했다. 탐라국 성주는 항해를 위한 전문지식을 담당하던 제주도의 왕족으로서, 태평양 제도에서 항해를 전문으로 하는 세습추장과 그 성격이 비슷하다. 이들은 항해를 위해 별에 관한 전문 지식을 습득하고 전문항해술을 특정 가문을 통해 세습시키고 있었다. 탐라 성주층의 해양성과 어떤 문화적 친연성을 상정할 수 있다. 이들이 별과 항해의 주인, 즉 성주(星主)로 불리웠을 것이다.

다음 그림을 보자. 관측소에 해당하는 성벽에 올라앉아 한 사내가 별을 관측하는 하와이의 오랜 역사를 담은 그림이다. 실제로 하와이 왕국의 역사에서 대항해가는 별을 관측하는 사람의 몫이었으며, 그는 성주에 준하는 권력을 장악하고 있었다. 탐라의 성주 역시 항해를 전문으로 하는 족장이었을 것이다. 김석익의 《탐라기년》에 흥미로운 대목이 있다.

칠성도는 제주성 내에 있다. 세상에 전하길 삼을나가 개국하여 2도로 자리 잡을 때 북두칠성을 모방하여 쌓은 것이다. 대의 터는 지금까지 질서정연하게 남아 있다.

일제강점기까지 북두칠성을 모방한 칠성도가 존재했고, 탐라 개국과 연계됨을 알 수 있다. 성주와 칠성도가 연관될 것으로 짐작은 되지만 아직은 그 비밀이 수수께끼로 남아 있다. 제주도에 흔한 뱀 신앙이 칠성으로 표현되고, 오늘날 제주시 구도심의 중앙이 칠성통으로 되어 있음도 우연으로 보기 어렵다. 탐라왕국의 비밀을 간직한 칠성대는 오랫동안 이 문제를 천착한 강문규(한라일보) 같은 전문가의 손에 의해 제주시내 곳곳에 복원되기에 이르렀으며, 그 비밀의 문이 서서히 열리고 있다.

제주사람들은 역사의 격동기마다 관덕정으로 몰려들었다. 조선의 제주목 관아는 물론이고 미군정청과 제주경찰서도 이 근처에 있었으니 관덕정은 영욕의 역사를 지켜본 셈이다. 시대를 거슬러 올라가면 탐라국의 행정중심도 근

하와이 왕국의 대항해가가 별을 관측하는 모습을 그린 그림.

역에 있었다. 탐라왕국이 있던 자리에 조선의 관아가 들어서면서 탐라는 사라졌다. 그러나 유적은 언제나 스스로 역사를 증명하는 법이다.

아기업개와 삼별초

제주 역사에서 가장 큰 사건 중의 하나가 삼별초의 항쟁 아닐까. 그 흔적은 항파두리 항몽 유적지 토성에 일부 남아 있다. 1970년대에 복원되었고 성내에 항몽순의비도 세워졌다. 삼별초는 원종 12년(1271) 항몽거점인 진도가 여몽연합군에 의해 함락되자 제주로 들어와 웅거했다.1273년 연합군의 공격에 최후를 맞이했던 곳이 항파두리다. 다음은 1272년의 기사다.

> 적들이 이미 제주에서 내·외성을 축조했는데, 그 성이 험준하고 견고한 것을 믿고 날로 더 창궐하여 무시로 나와서 노략질을 하므로 바닷가 지방은 살벌하여졌다.
>
> – 《고려사》 권27

김통정은 애월읍 고성에 성을 쌓고 항전을 계속하는 한편, 남해안 연안과 도서에 침입하여 지방 관리나 몽고병을 살해하고, 공물 운반선과 전선을 약탈하거나 불태웠다. 물자를 얻는 방편이기도 하고 여몽연합군의 해상작전을 막으려는 것이기도 했다. 고려와 몽고의 회유책이 실패로 돌아가자 원종 14년(1273) 4월 고려 장군 김방경과 몽고 장수 흔도가 거느린 여몽연합군이 선박 160척, 군사 1만여 명으로 토벌에 나섰고 결국 김통정은 폐하고 만다.

김통정의 '현지처'였던 아기업개의 도움으로 김통정 장군을 죽일 수 있었던 김방경이 그 공을 갚으려고 아기업개를 찾아가는 이야기가 구전되고 있다. 아기업개는 임신해 있었고, 그 아이가 김통정의 아이임을 알게 된다. 그래서 아기업개를 죽이고 배를 갈라보니 비늘이 달리고 날개가 돋은 아이가 한참 파닥파닥 뛰었다. 아기장수처럼 하늘로 비상하려다가 좌절된 삼별초 장수의 아이를 아기업개가 잉태하고 있었던 것이다.

아기업개는 어린아이를 업어주며 돌보던 업저지에 해당하는 제주말. 수 천에 이른 삼별초군이 장장 2년 7개월여 머무는 동안 제주 여성과 관계를 맺은 경우가 드물지 않았을 것이다. 아기업개 설화는 여몽연합군 토벌대와 삼별초군 사이에 끼인 채로 어찌지 못하던 제주 여인의 고난을 설명해준다. 처음 삼별초가 들이닥칠 때, 탐라 백성들은 열렬하게 환영하지 않았을까. 12세기 이후 중앙에서 파견된 지방관은 오로지 착취만 일삼았기에 탐라 백성들은 고려 정부를 단지 명령만 하고 빼앗아 가는 두려운 존재로 보았다. 그러한 고려 정부에 저항하여 난이 벌어지자 삼별초군을 고려 정부에 의해 억압을 받는 자들이라 생각하게 되었다. 제주민은 삼별초를 돕게 되고 제주는 마침내 삼별초 항쟁의 기지가 되었다. 그러나 삼별초의 주둔으로 점점 먹을 것이 부족해지고 성을 쌓는데 너무 힘이 들자 제주민과 삼별초 사이에 갈등이 생기기 시작했다.

몽골은 제주가 남송과 일본을 잇는 바닷길의 요충지여서 일본 정벌의 전초기지로 이용하려고 했다. 그런데 삼별초 항쟁이 벌어지자 원은 일본 원정을 늦출 수밖에 없었고 결과적으로 일본은 원의 침략으로부터 보호받게 되었다. 다음은 원구(元寇)에 관한 책을 펴낸 하타다 다카시의 주장이다.

일본인 관점에서 보면, 삼별초는 몽고의 일본 침략을 저지한 용사다. 이 저

몽골은 제주를 일본 정벌의 전초 기지로 이용하고자 했다. 그러나 삼별초의 항쟁이 벌어지자 일본 원정을 늦출 수밖에 없었다.

항이 없었더라면 몽고는 좀 더 빨리 일본에 출병했을 것이 틀림없다……. 당시 일본인은 삼별초에 호응해 봉기한 고려 민중의 일을 아무도 알지 못했다. 예를 들어 그 사실을 알았다고 하더라도 어떻게 될 일도 아니었다. 하지만 객관적으로 보면, 삼별초의 난은 몽고의 일본 원정을 늦추고 일본에 방위준비를 정돈할 시간을 준 것이다.

– 고길희,《하타다 다카시》

이처럼 같은 삼별초 항쟁을 놓고서 제주 민중, 일본인, 그리고 몽골군과 고려 정부의 입장이 각기 달랐다. 제주도 항파두리성에서 벌어진 일의 파장이 알게 모르게 국제적 파장으로 번진 것이다. 몽골은 삼별초 평정 이후 탐라를 직할령으로 삼았다. 이때부터 백여 년간 제주는 몽골의 손아귀에 들어간다.

몽골여인의 지주호트

탐라는 몽골 이전까지 고려의 영토가 아니라 고려와 종주의 관계였다. 그러나 몽골이 탐라를 탐내는 순간부터 사정이 달라졌다. 몽골은 말 목장과 해양 기지로서 탐라를 주시했다. 또 종주권을 포기할 수 없었던 고려도 탐라를 주목했다. 여기에 불을 붙인 것이 삼별초였다.

쿠빌라이 칸은 탐라를 끔찍이 아꼈다. 탐라는 태평양에 뜬 유라시아의 대륙의 향기라고 불릴 만큼 칸의 섬이었다. 탐라가 몽골에 복속되면서 해낸 가장 큰 일은 일본 정벌에 배를 만들어 바친 일이었다. 뱃일에 능숙한 탐라 백성이 징발되었다. '홍다구와 흔도는 몽고·고려·한의 4만 군대를 인솔하여 합포를 출발하고, 범문호는 만군(蠻軍) 10만 명을 인솔하고 강남을 떠나 일본 이키시마(一岐島)에 모여 일본을 친다'고 기획되었다. 일본 정벌은 일부 성공하기는 했으나 가미가제(神風) 덕분에 실패로 돌아간다.

몽고는 삼별초군 토벌을 계기로 빼앗은 탐라를 외형상으로는 충렬왕 20년(1294)에 고려에 돌려주었으나 여전히 목축 지배권을 행사했고, 관리를 파견하기도 했다. 몽골 공주를 부인으로 얻은 부마국 고려의 다른 모든 요청은 받아들여도 목축권 만큼은 요지부동이었다. 유목민에게 목축권이야말로 최대의 권력이었으며 군사적 힘이었기 때문이다. 뱃길로 불과 7일 거리였으므로 관리하기도 용이했다.

> 고려 때 탐라와 대원(大元)은 명월포에서 편한 바람을 만나면 직행길 7주야 사이면 백해(白海)를 지나 큰 바다를 건널 수 있다.
>
> – 최부, 《표해록》

탐라는 목장을 경영하는 몽골인에게 지배당하는 동시에 고려 왕조의 지배도 받으면서 나름 왕국의 명맥은 유지했다. 그러나 탐라 왕권은 그다지 공고하지 못했던 것 같다. 1318년에 제주민이 도당을 모아 반란을 일으키고 성주왕자를 쫓아낸다. 왕자는 도망하여 고려 조정에 이 사실을 보고했다. 탐라의 본격적인 변화는 몽골 약화와 명나라의 대두와 더불어 시작되었다. 1370년, 공민왕이 명에 사신을 보내 탐라가 본디부터 고려 소속임을 강조한다. 90년 간의 원 지배가 끝나고 탐라를 고려에 돌려준 뒤에도 몽골군은 계속 주둔했다.

1360년대에 원이 쇠망하자, 중국 영토 내의 모든 몽골인은 말을 타고 유유히 북쪽으로 돌아갔다. 이를 '원의 북귀(北歸)'라 일컫는다. 그런데 제주의 몽골병은 잔류하여 토착화해버렸다. 돌아가려 하여도 바다를 건너기가 어려웠던 점도 있었겠지만, 한라산 초원이 좋았던 탓도 있었을 것이다. 무엇보다 탐라인이 그들을 받아들였을 게 틀림없다. 오늘날 몽골에서는 제주도로 떠난 지아비를 그리는 여인의 한을 담은 노래 〈지주호트〉(제주마을)가 구전되고 있다. 제주여인과 인연을 맺고 영영 돌아오지 않는 목호들을 기다리던 사부곡이 아니었을까.

> 제주에서 가져온 비단으로 가지런히 수를 놓고
> 제주에 있는 님을 생각하면 이별의 아쉬움을 달랠 길 없네
> 제주에서 새로운 삶은 찾은 내 님,
> 그리워함은 부질 없구나

1374년, 공민왕은 마침내 최영에게 교서를 내린다.

> 탐라국은 바다 가운데 있으면서 대대로 조공하여 이미 5백 년이 되었다. 근년에 와서 목호 석질리필사, 초고독불화, 관음보 등이 나의 신하를 살육하고, 나의 백성을 노비로 만들어 그 죄악이 이미 극도에 도달했다. 지금 너희에게 통수 권한을 주니, 가서 모든 군대를 독려하여, 반드시 소정 기일 내에 그들을 모두 섬멸하라.
>
> -《고려사》권44

그해 8월 신유일, 최영이 탐라에 도착하여 목호들을 격파하고 이로써 탐라가 평정된다. 목호들이 최후까지 강렬하게 저항할 수 있었던 배경에는 몽골 - 탐

라여인의 혼혈아들이 뒷심으로 작용하지 않았을까.

탐라땅에서 누가 단일민족을

원에서 진주를 채취하러 관리를 탐라로 보낸다. 진주가 없자 백성들이 가지고 있던 100여 개의 진주를 탈취하여 원나라로 돌아갔다. 같은 해 원의 목장이 설치된다. 몽골 입장에서는 새로운 전리품인 탐라를 해중보배이자 전략적 변방으로 생각하고 귀양객도 보내고 진주 채취까지 요구하는 등 제국 지배를 시작했다. 바닷길이 그야말로 하이웨이였던 셈이다. 사람과 말을 실은 배가 부단없이 대륙과 제주도를 오갔다.

몽골족 상당수는 독신으로 제주에 들어와 수십 년간 정착했다. 최영 장군의 목호 정벌(1374)이 이루어지기 전까지는 제주 사회의 유력집단이자 부유층이었다. 이러다 보니 제주 여성에게 몽골족은 선호하는 배우자였을 가능성이 크다. 몽골족 입장에서도 제주 지배에 필요한 인적자원을 내부 사회에서 충원하는 한편, 세력 기반의 확대와 강화 방편으로 제주 여성을 배우자로 택했기에 제주 여성과의 혼인이 널리 행해졌다. 목호 세력이 본국 원이 망한 시기에도 고려에 강력히 저항할 수 있었던 것도 혼혈 자손들이 목호 세력에 합세했고, 그 수가 상당수에 이르렀기에 가능했다. 이후에 그 후손들은 정치변동에 따라 자신의 정체성을 부정함으로써 일신의 안전을 도모했으리라는 것이 제주의 고려사가 김일우의 주장이다.

몽골지배가 끝났어도 원과의 관계가 모두 끝난 것은 아니었다. 항복한 원나라의 양왕(梁王)과 왕자 등 가속을 모두 탐라로 옮긴다. 척박한 제주도에서 그네들이 살아갈 재간이 없었다. 공양왕 1년(1389) 《고려사》 기사에 이런 구절이 나온다.

> 원나라 자손으로 항복해 온 자에게 봉급을 주십시오. 탐라는 궁벽한 땅으로 유랑하는 호인(胡人)을 다 여기에 두면 밖에서는 승두(升斗)의 수입이 없으니 사망하기를 기다리는 것입니다.

왕족뿐 아니라 북원을 정벌할 때 귀순한 사람들도 탐라에서 살게했다. 오늘날 좌씨 등이 몽골의 후손으로 알려진다. 그런데 몽골족만 뿌리내린 것이 아니다. 이원진은 《탐라지》에서, 제주 성씨에 "梁, 安, 姜, 對'는 '운남에서 왔다. 대명 초에 운남을 평정하고 양정(梁正)의 가속을 제주에 옮겨 안치했다'고 했다. 베트남 왕족도 제주에 뿌리를 내린 것이다.

따라서 함부로 단일민족 운운하지 말 일이다. 더군다나 옛 탐라왕국에서, 그런 소리를 함부로 해서는 안될 일이다. 우리에게는 국민국가를 위한 한국사가 아니라 다소 불편한 점이 있다손 치더라도 진실된 역사가 필요하다는 주장. '한국사'가 아니라 '역사'를 필요로 한다는 주장을 경청해야 하지 않을까. 박노자(오슬로대학) 교수가 《거꾸로 본 고대사》에서 쓴 표현대로, '민족과 국가의 너머'에 있는 어떤 진실을 찾아나서야 하지 않을까.

탐라의 흔적은 어디서 찾을 것인가

이제 역사는 흐르고 흘러 제주특별자치도 시대에 접어들었다. 제주도의 풍경도 이곳저곳 변화무쌍하지만, 서울의 광화문만큼이나 상징적인 관덕정만큼은 의연하게 제자리를 지키고 있다. 제주 사람들은 역사의 격동기마다 관덕정으로 몰려들었다. 조선의 제주목 관아는 물론이고 미군정청과 제주경찰서도 근처에 있었으니 관덕정은 영욕의 역사를 지켜본 셈이다. 시대를 거슬러 올라가면 탐라국의 중심도 근역에 있었다. 탐라왕국이 있던 자리에 조선의 관아가 들어섰다.

제주도 전체를 관할하던 제주목 설치는 태조 6년(1397)의 일. 제주목에서 제주 전체를 관할하다가 1416년에 대정현·정의현이 신설되었다. 제주목사는 행정 기능 이외에 군사 직책도 겸했다. 목관아지 발굴 결과, 1760년의 《탐라방영총람(耽羅防營叢覽)》에 기록된 관아 건물 배치가 재확인되었다. 영주관(객사)을 중심으로 영청인 홍화각, 목사의 동헌인 연희각, 동헌의 외대문인 종루, 망경루, 애매헌, 귤림당, 판관의 동헌인 찬주헌 등이 들어서있었다. 오늘의 관덕정은 쇠락한 구도심에 자리잡아 무심하게 서 있을 뿐이지만 예나 지금이나 제주도의 랜드마크였다. 발굴 결과, 탐라시대의 적갈색 경질토기와 고려 청자와 도기, 조선 분청사기와 백자, 도기, 기와류가 출토되었다. 탐라국 2천 년간 제주 역사의 중심지로 기능했음이 증명된다.

목관아지를 볼 때마다 지중해의 유수의 항구인 바로셀로나를 떠올리곤 한다. 바로셀로나는 2000년에 세 번째의 밀레니엄을 맞는 대대적인 축제를 벌였다. 팍스 로마나(PAX ROMANA)로부터 근 2천 년을 꽉 채우고 새로운 세 번째 밀레니엄을 맞이한 것이다. 람블라스 거리 근처에는 로마 시대의 성벽과 기둥이 일부 남아 있고, 그 뒤에 연이은 중세 고딕건축물과 현대 건축물까지 이어온다. 목관아지 역시 세 번째의 밀레니엄을 맞는, 탐라의 역사가 한 공간에서 이어져왔음에도 탐라왕국의 흔적은 어느 곳에서도 찾을 수 없고, 오직 '전라도에 소속된' 조선시대 목관아만이 복원되어 있음을 안타까워하는 것이다.

역사에는 반드시 그 역설도 존재한다. 목관아지는 탐라국과 고려, 조선의 관아터였지만 반대로 백성의 원한과 저주의 대상이었다. 권력의 중심에서 요구하는 과도한 공납과 무절제한 착취에 반기를 들고 번번이 일어난 민란의 화살이 관덕정으로 향했기 때문이다. 이재수 항쟁에서 천주교인의 목을 쳤으며 그 자신의 목이 잘린 곳도 관덕정이었다. 4·3의 도화선이 된 곳도 관덕정이었다. 수많은 이들이 관덕정 앞의 제주경찰서로 숨죽이며 취조를 받으러 들어갔다. 관덕정은 한때 미국문화원(USSIS) 간판이 붙어있는 묘한 풍경을 연출했다.

1960년대까지 관덕정 일대에는 제주시청을 비롯하여 제주경찰국, 제주지방법원, 검찰청 등 주요 관공서가 모여 있었다. 1970년대의 신제주 개발로 일부 기관이 신제주로 옮겨가면서 관덕정 시대가 막을 내리기는 했으나 아직도 동문시장, 칠성통, 산지천 등이 자리잡은 제주시의 중핵이다. 제주대 병원이 옮겨가는 등 구도심이 텅 비게되고 신제주와 제주시의 강남이라는 노형동만 번성하는 야릇한 풍경 속에서 관덕정은 저 홀로 탐라와 제주 역사의 무게를 지고가는 중이다. 제주가 아닌 탐라의 원형을 찾고 싶은데, 어디고 그 외형적 흔적은 말끔하게 청산된 듯싶다.

제주도 어디에서 탐라의 흔적을 찾을 것인가!

17

장두의 섬

탐라의 독립을 허하라

탐라는 땅이 좁고 백성은 가난하다. 지난날에는 전라도 장사꾼이 와서 옹기와 나락쌀을 팔아주었는데, 이제는 팔러오는 이가 드물었다. 지금은 관이나 개인이 기르는 우마가 들판을 덮었으니 밭갈이를 하지 않고, 오고가는 벼슬아치들만 베틀의 북처럼 잦아, 대접하기에 골몰하게 되니, 그것은 탐라백성의 불행이어서 가끔 변이 생기는 것이다.

— 이재현, 《익재난고(益齋亂藁)》

고단한 역사 배반당한 역사

그 어떤 죽음도 슬프다. 더군다나 제노사이드는 슬픔을 뛰어넘어 영원히 치유되지 못하는 미증유의 집단적 상흔을 남긴다. 앙코르와트의 거대 문명 앞에서 경이로움을 느끼는 그 순간에도 킬링필드의 원혼이 숨쉬고 있듯이 정방폭포나 성산포의 터진목에도 죽음의 그림자가 서성거린다. 관광객을 싣고 부단없이 뜨고 내리는 제주공항 활주로 밑에도 원혼이 숨쉰다. 유대인 학살이 이루어진 아우슈비츠, 원폭이 투하된 히로시마, 남경학살을 보여주는 난징박물관……이름하여 다크투어리즘(Dark tourism), 혹은 블랙투어(Black tour)의 명소. 한라산, 4·3의 오름과 은신처, 학살터, 잃어버린 마을, 수용소, 토벌대 주둔지, 희생자 집단묘지 등 어두운 역사 현장을 곳곳에서 마주친다. 불행하게도, 제주도는 다크투어리즘의 보고가 되고 말았다. 잊고 싶지만 결코 잊을 수 없는 기억의 공간과 혹심한 트라우마, 그 불편한 진실을 어찌 외면할 수 있으랴.

고단한 역사는 오래 전으로 소급된다. 700여 년 전 인물인 고려의 이재현은 《익재난고(益齋亂藁)》에 포함된 시 〈망북풍선자(望北風船子)〉에서 이렇게 기록했다.

> 탐라는 땅이 좁고 백성은 가난하다. 지난날에는 전라도 장사꾼이 와서 옹기와 나락쌀을 팔아주었는데, 이제는 팔러오는 이가 드물었다. 지금은 관이나 개인이 기르는 우마가 들판을 덮었으니 밭갈이를 하지 않고, 오고가는 벼슬아치들만 베틀의 북처럼 잦아, 대접하기에 골몰하게 되니, 그것은 탐라백성의 불행이어서 가끔 변이 생기는 것이다.

식량은 턱없이 부족하고 관민의 목장으로 전락했으며 경래관 착취가 일상화되었다. 고려시대 상황은 조선 후기까지 동일했다. 착취의 장기지속적 역사가 관철된 것이다. 또한 제주도는 삼다(三多)에 더하여 삼재(三災)의 섬이다. 수재·한재·풍재가 겹쳐서 흉년이 연이었다. 천재지변으로 인한 고난의 행군은 그나마 견뎌낼 수 있었을 것이다. 현종 11년(1670)과 정조 18년(1794)의 대흉년을 한 번 살펴보자. 다음은 임금이 내린 윤음의 한 대목이다.

제주 백성에게 유하노라. 여기 삼읍은 바다로 둘러싸인 땅이다. 백성은 만여호나 수용했으나 땅은 좁고 천리의 창도(滄濤)를 배로 겨우 통하니 생활의 어려움과 정리(情理)의 궁색하고 막힘이 천하의 백성 중에서 가장 심하도다. 우리나라가 운이 불행하여 이 큰 흉년을 당했으니 팔도의 민생은 숨돌릴 길이 없다. 전례 없는 재환을 입어 대풍은 바다를 날려서 풀 한 포기 나무 한 그루도 말라죽지 않은 것이 없다. 상시에 남해는 눈이 내리지 않는 곳인데 장이나 되는 눈이 쌓였으니 또 어찌 요사한 일이 아니겠느냐.

문제는 중앙정부에 보내야 했던 각종 세금과 관리의 횡포였다. 19세기 말부터 20세기 초에 걸쳐 일어난 방성칠 난(1898)과 이재수 난(1901)을 다룬 현기영의 소설《변방에 우짖는 새》의 한 대목을 보면, 착취는 제주도에 민란이 그치지 않게 하는 주요 원인이었다.

진상을 빌미잡아 위로는 사또 영감부터 저 아래 육방관속에 이르기까지 토색질을 일삼았으니, 섬백성은 허구헌날 굽힌 허리를 펼 기를이 없었다. 중산촌에서는 말을 키워 공마하고, 귤을 가꿔 진상하고, 진시황이 이 섬에서 찾다 못찾은 불로초 외에 향심, 향부자, 안식향 따위 갖은 약재를 다 구해야 할뿐더러, 백락, 표고버섯, 돗자리, 말총갓, 노루, 사슴의 육포에다 별미라는 사슴 혓바닥과 꼬리까지 공헌해야 했다. 해촌에 비하면 중산촌은 그래도 부역이 덜한 편이었다. 해촌의 포작 진상은 수량이 월등이 많아 포작인은 일 년 열두 달 바닷 속 열명길을 들락날락 자먹질하여야 했다. 노적가리만큼 진상꾸러미를 만들어 전복, 미역, 청각, 우뭇가사리, 산호, 대모 외에 해중 귀물인 진주와 앵무조개를 찾아 겨울철에도 벗은 몸으로 바다에 들곤 했다.

독립을 희구해온 역사적 DNA

사정이 이러하니 제주민의 역사적 DNA 안에는 중앙의 몰염치에 가까운 수탈을 저어하는 그 무엇인가가 숨어 있다. 그 본능적 저항은 '육짓것'에 대한 거부로 나타났다. '육짓것'에 의한 배반의 역사는 비단 제주도만의 것일까. 세계 섬의 역사를 보면 대체로 동일하다. 대만, 오끼나와, 아일랜드, 시칠리아, 크레타 등 섬의 역사는 배반의 역사가 허다하다.

본토의 입장에서 제주도를 타자화해 온 역사는 저 멀리 탐라로 소급된다. 타자화는 본토의 중앙에 의해, 실질적으로는 중앙의 위임을 받은 경래관의 토색질을 통해 발현되었다. 토색질은 경래관과 토착 지배 세력의 공조로 이루어졌다. 토색질이 극에 달할 때마다 필연적으로 장두가 등장했다. 장두, 즉 반란자들이 각 시대마다 운명처럼 등장했다가 그야말로 운명처럼 사라졌다. 장두가 계기적으로 출현했음은 제주도 역사가 고단했음을 반증한다.

중앙 – 지방의 일반적 대립과 불평등 구조를 뛰어넘어 본토 – 탐라라는 특수한 사정이 민란의 근저를 이루었다. 19세기 제주민란에서 끊임없이 '탐라 독립'

4·3 이후에 제주를 방문한 이승만 대통령. 제주 소녀가 소환되어 연주하는 풍경인데 대통령 부부의 시선은 다른 곳을 향하고 있다.

이 슬로건에 포함된 것이 좋은 사례다. 세도 정치의 여파로 전국적으로 벌어진 임술농민봉기의 제주인 강제검의 난(1862), 독립국을 꿈꾸며 일어난 방성칠 난(1898), 세폐와 교폐에 저항한 이재수 난(1901) 등이 연이어 일어났다. 브루스 커밍스는《한국현대사》에서 4·3의 발발 원인을 다루면서 이렇게 썼다.

> 제주도민들은 철저한 분리주의자들로서 본토인들을 좋아하지 않는다. 그들의 소망은 자신들을 가만히 내버려달라는 것이었다.

4·3의 주원인은 물론 다른 데서 찾을 수 있겠지만, '가만히 내버려달라'는 독립적 생각은 진실이 아닐까. 본토에 속박당하고 당해온 슬픈 과거 덕분에 제주 사람들은 '육짓것'이란 말을 은연 중에 쓴다. 대단히 배타적인 단어다. '육짓것'과 '육지 사람'은 어감이 전혀 다르기 때문이다. '육짓것'에 대한 제주민의 반감은 장기지속적이다. '육짓것'에 대한 태도는 이중적이었다. '육짓것'에 굽실거리는 자기 콤플렉스, 동시에 본능적 저항 의식 같은 것이 이중적으로 나타났다.

고려와 조선시대에 민란이 끊이지 않았다. 민란의 상당 부분이 육지에서 내려온 '육짓것'인 경래관에 대한 저항이었다. 19세기 들어서도 사정은 달라지지 않았다. 20세기에 들어와 4·3 때도 육지에서 내려온 군경과 서북청년단이 주도적 역할을 하여 또 다시 '육짓것'에 당했다는 인식을 지니게 되었다. 해녀들은 바깥으로 물질을 나갔다가 '육짓것'에게 모질게 당한 경험을 공유하게 되었다. 이와 같은 경험상의 누적들이 외지인 혐오증을 만들어낸 것으로 보인다. 게다가 1970년대 이래로 외지인에 의한 토지 투기와 개발붐에 따라 토박이들의 상대적 소외감이 깊어졌고 '육짓것'에 대한 반감의 농도를 더 짙게 했다.

제주도가 더욱 개방화되어 나가면서 전통적인 '육지것' 혐오증은 차츰 사라지고 있다. 그러나 그 역사적 DNA는 어떤 측면에서는 독립을 희구해온 오랜 역사 저변에 흐르는 것이 아닐까. 이쯤에서 본격적 질문을 던진다. 제주도는 한반도에 부속된 변방의 섬인가? 허남린(브리티쉬 컬럼비아대) 교수는 제주도를 바라보는 두 상반된 시각을 지적한 바 있다.

하나는 중앙권력에서 바라보는 변경에 위치한 페리퍼리(periphery)로서의 제주도, 다른 하나는 일본 등 외국과의 최선단 접촉점에 서 있는 프론티어로서의 제주도다. 페리퍼리와 프론티어라는 상반된 제주도의 역사적 위상은 중앙의 일방적 지배구조, 이에 대처하는 제주도민의 주체적 삶의 방식이 빚어낸 역사적 유산으로, 오늘날에도 그 유산은 갈등을 안은 채 지속되고 있다.

불편한 진실과 손을 맞잡다

장두의 표본으로 이재수를 표본으로 설명하는 것이 편리할 것 같다. 1901년 항쟁은 고대 및 중세의 기나긴 제주항쟁사에서 일단 종결점을 찍었으며 일제강점기 변혁운동으로 그 바통을 넘겨주었다. 제주민란이 대체로 그러하듯 1901년 항쟁도 대정이 진원지였다. 벼슬아치들은 예부터 대정 사람을 대정몽생이라 불렀다. 민란의 진원지였던 대정의 반골 기질을 두루 경계하려는 말투다. 민란의 메카라고나 할까.

추사 적거지 입구에 오대현, 강우백, 이재수를 기린 삼의사비가 서 있다. 옛 비는 사라지고 새 비문으로 바뀌었다. 어쩌다 천주교 신부들이 이곳에 오면 대개 고개를 돌린다고 한다. 그런데 예전의 비문을 들추어보니 지금 것보다 훨씬

'과격'하다. 100여 년 지난 오늘날까지 신부들이 고개를 돌릴 정도로 사건을 바라보는 관점의 차이가 자못 심각하다. 다음은 옛 비문의 일부이다.

아! 이것은 제주 삼의사(三義士)비다. 고종 계년(季年) 프랑스인이 우리나라에서 선교할 제, 제주의 무뢰배들이 교당에 투입하여 세력을 믿고 위세를 떨쳤으며 탐학을 마음대로 하고 민재(民材)를 탈취하고 부녀를 겁간하여 경내가 경난하게 되어 관부에서 금지하여도 막을 수 없었다……아아! 설교(說敎)는 각국의 공법(公法)이나 내 민중은 함부로 죽여서는 안된다. 그러나 저들은 선교를 하는 것이 아니라 적당을 모아 민재를 탈취하고 부녀를 겁간하고 고병(庫兵)을 마음대로 끌어내어 사람 죽이기를 성(城)과 같이 했다. 그 난적을 사람마다 죽임은 아예 물을 것도 없는 것이요, 적인(賊人)을 가르쳐 학살하게 했으니 백성으로서 의기있는 자 어찌 가만히 보고 모진 짓 하는 대로 맡겨둘 수 있겠는가?

당시 천주교 권세는 백합 모양의 고깔모자를 쓴 수녀가 조랑말을 타고 발벗은 조선처녀는 말고삐를 끄는 식이었다. 신부의 패스포드에는 여아대(汝我待)라 쓰여 있고, 고종 임금의 직인까지 찍혀 있었다. 절대전능의 신분증이다. 임금 자신과 같이 대접하라니, 지방수령 주제에 꼼짝 할 수 있었겠는가. 가마 타고 다니는 양대인(洋大人)이란 말도 그때 나왔다.

이형상 목사의 '절 오백 당 오백 철폐사건' 다음으로 제주 토착신앙에 강력한 도전자로 나타난 것이 천주교였다. 개항 이후, 천주교가 세력을 확대하자 신당 파괴와 심방 활동을 본격적으로 방해했다. 1899년 제주에 첫발을 디딘 선교사들은 제주도를, '거칠고 미개하며 배타적이며 미신에만 열중하는 곳'으로 간주했다(《뮈텔주교가 파리 외방전교회에 보낸 연말보고서》, 1899년). 신당을 '요사한 무당이 수풀이나 괴상한 돌을 지정하여 당집'으로 여겼으며, '살무사와 뱀을 조상이니 어머니니 하면서 아침저녁으로 향을 피우고 공궤한다'고 비판했다.

마침내 김원영 신부는 1900년 초 천주교리에 입각하여 제주도 여러 풍속을 교정하기 위해 《수신영약(修身靈藥)》이란 글을 작성했다. 유교제례와 무속신앙을 이단으로 규정하고 이를 원시 유학과 천주교 교리를 동원하여 이론적으로 비판한 포교 서적이다. '몸을 수양하는데 필요한 영혼의 약', 즉 천주교리를 배포하면서 토착신앙에 대한 이데올로기적 공세를 감행한다. 이를 구체적 행동으로 옮겨서 신당을 불태우거나 파괴하고 신목을 베어냈으며, 심방을 결박하거나 때리고 신당 터를 경작지로 바꾸어 버린다. 이러한 도전에 맞서 토착민들이 결집했으며, 천주교 봉쇄관의 과중한 세금 요구 등 여러 복잡한 요인이 맞물리면서 천주교도에 반대하는 민란의 도화선이 타오른다.

1702년의 이형상과 2백 년 뒤인 1901년의 천주교 입장은, 토착신앙을 대하는 태도에 있어서는 본질적으로 동일한 것이 아닐까. 다치바나 다카시가 그리스를 여행하면서 쓴 글을 간략하게 읽어보자. 로마제국에서 벌어졌던 일이, 제주도에서도 동일하게 나타난 것이다.

예전부터 내려온 그리스와 로마의 신들에 더하여, 이집트의 신들과 아시아의 신들이 제국 각지에서 숭배되었다. 거기에 황제숭배가 보태져서 황제들도 신으로 떠받들어졌다. 숭배할 신이 늘어나면서 더 많은 신전이 지어졌다. 기독교 역시 동방종교의 하나로 로마제국에 들어왔다. 그러나 그것은 다른 종교와 혼교하기를 마다하고 저의 신만이 유일신이라 주장하며 다른 모든 종교를 배격했다. 때문에 기독교는 위험한 종교로 간주되어 박해받았다. 판의 죽음이

고해진 뒤로 3백 년 동안, 기독교는 하층민의 지하종교로 살아남은 것이 고작이었다. 상황이 일변한 것은 4세기에 콘스탄티누스 대제가 기독교로 개종하면서부터다. 황제가 개종하자 박해하는 자와 박해당하는 자가 역전되었다. 배타적인 절대 신앙이 제국의 공인 종교가 되자, 이번에는 기존에 공인되어왔던 다른 모든 종교가 박해를 받게 되었다. 모든 이교 숭배는 금지되고 이교 신전은 파괴되거나 기독교 교회로 전용되었다. 종교 권력의 교체기에는 엄청난 파괴가 벌어지게 마련이다.

- 《에게 - 영원회귀의 바다》

천주교에서는 교난(敎亂), 지배층에서는 민란이라 하는 등 바라보는 시각마다 다르다. 파장이 단지 국내에 그치지 않고 프랑스와의 국제적 외교사안으로까지 비화되었으므로 이를 포괄적 교안(敎案)으로 보자는 주장도 있다. 분명한 사실은 백성을 학대한 폐단에서 비롯된 도민 항쟁이었다는 점이다. 국지적 항조항세(抗租抗稅)운동이자 반봉건 투쟁임이 분명하다. 프랑스 천주교가 제국주의 침략의 한 방편이 되었던 세계적 보편성이 제주도에서 구현된 특질도 지닌다. 천주교세가 확대되는 가운데 천주교인과 지방 관리, 토착주민 사이의 분쟁을 내포한다.

천주교는 제국주의 문명관에 입각하여 도민을 야만인으로 바라보았다. 민란 대처 방식에서도 프랑스는 군함을 파견하는 함포 외교로 일관했다. 중국의 의화단운동(1910년)이 반서교(反西敎)를 표방하며 반제운동으로 이어진 것처럼, 1901년 이재수난도 반제적 성격을 지닐 수 밖에 없었다. 이 사건을 둘러싸고 각자의 입장이 팽팽하게 대립했다. 천주교는 '신자 - 주교 - 프랑스공사'를 통하여 치외법권적으로, 대한제국 정부는 '지역주민 - 지방관 - 정부'라는 체계를 통해서 처리하려고 했다.

마침내 대정몽생이들이 깃발을 들었다. 민군은 싸움의 대상인 교인을 프랑스인으로 간주했다. 장두 이재수는 토멸양인(討滅洋人) 회복주성(恢復州城)을 주창했다. 프랑스 당국이 2척의 군함과 군대를 파견해 무력시위를 하자 민군은 교인과 프랑스인을 하나의 침략세력으로 인식하고서 저항했다. 같은 시기에 황해도 일대에서 자주 빚어졌던 교안에도, '일부 천주교인이 천주교의 위세를 믿고 우리들은 조선인이 아니다 라고까지 망발한다"고 기록하고 있다. 독일인 겐테(Siegfroied Genthe)의 《제주도 탐험과 동해 중국에서의 표류》라는 글에서 이 사건을 바라보는 서구인의 편향을 살펴볼 수 있다.

　　육지의 한국 사람에게서 볼 수 있는 호의는 찾아볼 수가 없고, 얼굴의 윤곽이나 복장이 육지의 한국 사람과는 다른 야만스런 천민. 실제로 불과 이삼 주 전에는 그 섬의 모든 천주교도가 천주교를 믿지 않는 원주민의 손에 매우 처참하게 죽임을 당했었다.

장두 중의 장두였던 이재수는 비록 집안이 가난했지만 불의를 참지 못했다. 그는 대정군수 채구석과 함께 정의교당에서 의문의 죽음을 당한 오신낙의 시체 검안을 목격하면서 민란에 나선다. 서진의 장두 오대현이 잡히자 그의 뒤를 이어 서진의 대장으로 나선다. 민란이 진압된 후 이재수도 교수형으로 사라진다. 이후 장두 이재수는 심방의 무가를 통하여 오늘에까지 전승된다. 고창훈(제주대) 교수는 제주도의 장두정신을 이렇게 요약해 놓았다.

　　- 지방 토호와 경래관이 국가에 바칠 진상물이나 세금 등을 과도하게 요구하면 탐악해진다.

- 일정 지역(특히 대정)이나 특정 인물이 중심이 되어 시정을 관에 요구하고, 항쟁 분위기가 성숙해진다.
- 장두를 정점으로 관과의 치열한 항쟁에 돌입한다.
- 일정 기간의 항쟁 후에 장두는 체포되고, 중앙에서 군사를 대동한 관리가 내도해서 민심을 수습한다.
- 어느 정도 민중의 요구사항은 이행되고, 장두는 처형된다.
- 그러나 봉건정부의 속성상 근본적 치유는 불가하며 얼마 지나면 다시 비슷한 원인으로 봉기가 일어난다.

오늘날 대정에는 초라한 삼의사비만 서 있을 뿐이다. 이재수 난의 강인한 흔적은 오히려 황사평순교자묘역에 남아 있다. 가지런히 배열된 천주교인의 무덤 위쪽에 '파리외방선교회 성 콜롬반 외방선교회 공덕비'와 '김기량 필렉스 베드로 순교비'가 있다. 프랑스 선교사의 치부는 생략되었다. 천년의 침묵을 깨고 천주교 역사상의 온갖 불편한 진실을 고백한 로마 교황 바오로 2세의 결단처럼 황사평 순교자비 귀퉁이에라도 삼의사에 대한 진실이 추가되어야 하지 않을까.

한경면 용수리에는 김대건 신부의 표착 기념 성당이 있고, 제주 곳곳에 정난주 묘를 비롯한 천주교 순례지가 남아 있어 많은 이들이 찾는다. 오늘날 제주도는 천주교 교세가 강하다. 미래를 위해서라도 불편한 진실은 극복되어야 하리라. 다행히 역사적 화합이 이루어졌다. 1901년 100여 년이 지난 2003년 11월 7일, 천주교 측과 제주도민 양측이 역사적인 악수를 한다. 화해와 기념의 변을 담은 미래 선언을 함께 낭독하고 악수를 나누었다. 이로써 지난 한 세기를 끌어온 역사적 앙금이 조금이나마 해소될 계기를 마련했다.

2021년 6월 28일 열린 신축항쟁120주년기념사업회 출범식.

천주교 측은 과거 교회가 서구 제국주의 열강의 동양강점을 위한 치열한 각축의 시기에 선교를 수행하는 과정에서 제주 민중에 대한 과거의 잘못을 사과한다. 제주도민을 대표한 1901년 제주항쟁 기념사업회는 봉건왕조의 압제와 외세의 침탈에 맞서 분연히 항쟁하는 과정에서 많은 천주교인과 무고한 인명 살상의 비극을 초래한 데 대하여 사과한다. 이에 우리는 제주의 후손들로서 지난날의 아픔과 함께 하면서 서로 용서하며 화해를 구하고자 한다.

'1901년 제주민란'을 연구한 사학자 박찬식은, '교회에 입교한 교인이나 민란에 참여한 민군이나 모두 제주지역 사람들이었다. 이들에게는 민란으로 비화하는 과정에서 자신들의 삶을 보존하고자 하는 절실한 바람이 있었을 것이다. 같은 화전민일지라도 징세를 거부하며 저항하는 사람도 있었지만 관의 징세를 부정하고 감면시키는 또 다른 힘을 가진 교회에 입교하는 사람도 있었을 것'이라고 양측의 시각을 견주어 보았다.

남양군도에서 알뜨르까지

송악산을 오르면 언제나 화약냄새가 난다. 일제가 최후의 일전을 대비했던 곳이기 때문이다. 일본군의 제주도 군사시설 설치는 1926년부터 시작된다. 제주도가 큐슈와 중국 남부를 연결하는 전략 요충지였기 때문이다. 1945년 3월의 이오지마(硫黃島) 함락, 그리고 3월 10일 도쿄 대공습을 비롯해 대도시의 무차별 대공습이 본격화하자 일본군부는 본토 결전에 촌각을 다툰다. 함선 및 수송선으로 쓰던 민간 상선도 미군 공격으로 침몰해갔다. 남쪽으로부터 수송선이 끊겼으며 조선해협은 일본의 전쟁능력을 지속시키는 생명선이 되었다. 제주도 함락은 곧 일본 서부 해안을 미군에게 내주는 것이었으며, 곧 본토 공격으로 귀결되고 있었다.

1945년이 다가오자 미군과의 결전을 대비해 제주도 방어에 주력하는 '결7호 작전'을 수립한다. 제주도 방어를 위한 제58군 사령부가 신설되어 일본·만주로부터 7만 5천여 명의 대규모 병력이 집결한다. 당시 제주도 인구 23만에 견주어 일본군 숫자가 무려 32.6 퍼센트에 달했다. 오름과 해안 100여 개소에 각종 진지를 포함한 요새가 집단적으로 구축된다. 대정읍 모슬포 알뜨르 해군비행장, 제주시 정뜨르 육군서비행장, 조천읍 진드리 육군동비행장, 조천읍 교래리 비밀비행장 등.

제주도 전역이 진지로 변해갔다. 진지 성격에 따라서 위장진지, 전진거점, 주저항진지, 복곽진지 등을 오름을 중심으로 구축했다. 미군의 본토 상륙작전이 이루어졌다면, 오키나와 결전이 말해주듯 엄청난 제주도민이 개죽음을 당했을 것이 자명하다.

송악산을 오르니 조그만 봉우리 세 개가 동서로 줄지어 서 있는 풍경이 들어온다. 오름들은 알오름이라 부르며 동알오름·샛알오름·섯알오름이라 한다. 셋알오름, 동알오름 정상에는 모두 5개의 고사포진지가 남아 있다. 웃뜨르는 윗마을이고 알뜨르는 아랫마을. 알뜨르는 황량한 풀밭과 잡곡이나 고구마를 심은 벌판이다. 지평선과 수평선이 겹쳐 나타나는 아름다운 풍광 속에 20여 기의 격납고와 탄약고가 보인다. 세월이 지났건만 콘크리트는 여전히 철옹성이다. 해군항공대 비행장이 설치되었던 모슬포 알뜨르 평야는 장애물 없이 바다로 나아갈 수 있어 활주로에 매우 적합했다. 일제는 1945년까지 80만 평으로 비행장을 확장시켰으며 가미가제(神風) 조종사를 훈련시켰다.

알뜨르 평원에는 아직까지도 19기의 격납고가 자리를 지키고 있다. 활주로와 이어진 유도로는 모두 경작지로 바뀌었으나, 철거가 힘든 콘크리트라서 살아남은 역설의 역사유적이다.(위 사진).

2010년 경술국치 100주년을 기념하여 열린 박경훈 작가의 〈알뜨르에서 아시아를 보다〉전의 격납고 설치작품 중 하나.

하늘에서 내려다본 알뜨르 일본군 기지. 현재 공군이 소유한 토지로 개별 허가를 내주지 않아 원형이 보존되어 있다 (강정효 사진).

오무라(大村) 해군항공대소속 연습비행대가 주둔했던 모슬포기지에 4·3 토벌대의 주력 부대인 국방경비대 9연대가 주둔했으며, 지금도 모슬봉에 레이다 기지가 들어서 있다. 송악산 연안에는 해군진지도 있다. 현재 10여 개의 동굴이 남아 있다. 모슬포의 마라도행 선착장에서 보이는 해안동굴이 그것이다. 동굴진지는 성산포에도 남아 있다. 섶지코지 쪽에서 바라보면 미군 함정을 공격하기 위해 쾌속정을 숨겨두었던 인공동굴이 바다로 구멍을 열고 있다. 제주방어사령부 제58군이 최후의 결전을 준비하면서 일출봉에 건설한 해군특공기지다. 전남 화순탄광에서 굴을 파본 경험이 있던 노무자를 강제 연행하여 전선에 투입시켰다.

일본군의 제주도 본격 주둔은 1945년 초에서 8월까지 일 년도 되지 않는다. 이 짧은 기간에 엄청난 진지가 구축되었고 제주도민에게 막대한 노력 공출을 강요했다. 일본군 진지를 오래 연구해온 조성윤(제주대) 교수는 전쟁준비를 위한 비행장 등 군사시설, 군용도로 개설, 토지 수용, 강제징병과 노무 동원 등 제주 사회 전반에 급격한 충격을 주었다고 설명한다. 이같은 일제의 혹심한 식민지적 조건에서 제주도 사회운동은 용천수가 해안가에서 솟구치듯 저변에 깔려 바다로 흘러가고 있었다. 미국의 태평양전선과 제주도가 부딪히는 결과를 해방 이후에 겪게 되는 것이다.

과거 남양군도였던 팔라우나 티니안, 미크로네시아 폰페이나 축에 가보니 곳곳에 전쟁 잔해가 바다에 잠들어 있었다. 미국과 일본이 벌인 태평양전쟁의 흔적이다. 전선은 무한 확대되어 제주도 전체가 태평양전선에 몰입되었다. 오늘날 남아 있는 일본군 군사 유적은 세계 전쟁의 냉혹한 과거를 설명한다. 일본이 패하고 미국이 태평양의 헤게모니를 쥐게 되었을 때 제주도는 또 다른 차원의 반공전선에 휘말린다. 해양 세력 미국과 일본이 대륙 세력 중국과 러시아를 포위하는 반공전선 속에서 제주도는 다시금 폭발하는 화산도가 되고 만다.

1901년의 이재수 항쟁은 일제를 거치고, 해방을 거치면서 변증법적으로 용해되어 그 자체 역사가 되었다. 과거는 다가올 미래의 거울이라고 했다. 이재수가 행하던 방식의 장두는 더이상 나타나지 않았다. 그러나 또 다른 형식의 장두가 해방 공간에서 출현하게 된다.

백명이 한 조상이라!

T.S.엘리엇이 '4월은 잔인한 달'이라고 했던가. 제주 사람들에게 4월은 언제나 잔인한 달이다. 해마다 4월 3일이 오면 봉개동 4·3 평화공원에는 동리마다 버스를 대절하거나 차를 끌고 인산인해로 모여든다. 정부와 각 정당의 대표들, 도지사를 비롯한 국회의원들, 유력인사들도 위령제단 앞으로 모여들어 죽음의 의례에 동참한다. 영령들 앞에 머리를 읊조리기는 해도 제노사이드의 진실을 둘러싼 논쟁은 끝나지 않았고, 가족과 이웃을 보낸 이의 맺힌 한도 아직 미완의 과제다.

평화공원에는 '시간의 벽'이 서 있다. 시간은 흘렀지만 벽은 아직도 완고하다. 시간의 벽을 넘어 진정한 평화가 오지 않았기 때문이리라. 길고도 긴 조선 역사의 끄트머리인 근현대사는 인간의 비명으로 메워졌다. 대량 살육이 동반된 정치사변은 1948년부터 50년대 중반까지 계속되었다. 이름하여 4·3! 4·3에 관하여 여전히 사회적 합의를 하지못한 채 사건, 사태, 폭동, 반란, 소요, 봉기, 항쟁, 양민학살 등이 혼재되어 쓰인다. 빨갱이, 폭도, 공산 폭동 등 반공국가의 차가운 시선과 촘촘한 그물망이 섬을 가두었다.

해방과 더불어 새로운 전쟁, 피를 부르는 동족상쟁의 전쟁 아닌 전쟁이 이 섬에서 새롭게 시작되었다. 어쩌면 제주도 개벽 이래 전무후무한 희생이었다. 2003년 정부의 공식보고서인《제주 4·3사건 진상조사보고서》의 간결한 공식 정리가 나오기 전까지, 제주도는 잦아드는 통한에 숨어 있는 '숨은 꽃'이었을 뿐.

1947년 3월 1일 경찰 발포사건을 기점으로 하여, 경찰·서청의 탄압에 대한 저항과 단선 단정 반대를 기치로 1948년 4월 3일 남로당 제주도당 무장대가 무장봉기한 이래 1954년 9월 21일 한라산 금족지역이 전면 개방될 때까지 제주도에서 발생한 무장대와 토벌대 간의 무력충돌과 진압과정에서 수많은 주민들이 희생당한 사건.

1947년 3.1절 기념식에서 다른 지방에서 온 응원경찰의 무분별한 발포로 주민 6명이 희생당하자 순식간에 혼란으로 접어든다. 총파업이 벌어지자 미군정 경찰은 제주도를 붉은 섬으로 규정하며 검거선풍을 일으킨다. 훗날 기밀해제된 G-2 정보보고는 이미 제주도를 '공산주의자의 적색지표가 월등히 높은 섬'으로 간주했다.

마침내 1948년 4월 3일 새벽, 오름마다 봉화가 타오른다. 이를 신호로 350여 명의 무장대가 경찰지서 12곳을 동시에 공격한다. 또한 서북청년회, 대동청년단 등 우익의 집을 지목하여 습격한다. 그러나 봉기는 곧바로 탄압을 받는다. 토벌대는 해안선 5km 이외의 지대를 적성지역으로 간주하고 중산간 마을을 불태우고 무차별 학살을 감행한다. 살아남은 아낙들은 어린아이들을 붙들고 살을 에는 한라산으로 향한다. 해변에서도 도피자 가족이라하여 수시로 학살이 자행된다. 아름다운 제주 산하는 피로 물들고 혼과 백은 바람처럼 한라산을 떠돈다.

4·3이 다소 진정되어갈 무렵인 1950년, 한국전쟁이 발발하자 요시찰 인물

1992년 발굴된 다랑쉬굴에서 발굴된 11구의 유골 중 일부.(김기삼 사진)

에 대한 일제 검거령이 내려진다. 본토에서의 잔인한 학살극이었던 보도연맹사건은 제주도에서도 피를 부른다. 예비검색으로 도내에서 천 여 명이 희생되었고, 전국 형무소에 수감되어있던 2,500여 명이 죽어간다. 죽음이 죽음을 부르고 피가 피를 부르는 제노사이드가 곳곳에서 일어나고 중산간 마을 대부분은 폐허로 변한다. 해안으로 쫓겨간 사람들도 북촌에서 보듯이 죽음을 면치 못한다.

　사계리의 백조일손지묘(百祖一孫之墓)로 무거운 발걸음을 옮긴다. 남국의 바다가 바라다보이는 곳. 매혹스러울 정도로 아름다운 들판에 공동묘지가 이어진다. 죽어서도 바다를 보겠다는 섬사람의 마음을 담은 공동묘지 군락에서 한편으로 물러난 한적한 곳에 '백 명이 한 조상'이라는 묘지를 만난다.

다랑쉬굴의 슬픈 노래

제주작가회의의 4·3기행을 따라 해안동을 찾아갔다. 동동, 중동, 상동 3개 마을 약 350세대에서 86명이 학살당하고 마을은 전소되었다. 무너진 돌담에는 송악이 무성하게 자라나고 감귤밭으로 변한 집터에는 옛 올레가 고스란히 남아있다. 집에서 끌려나와 처형장으로 향하며 마지막 걸었던 올레길에서 그들은 무슨 생각을 했을까.

　무수천 일대의 도평동에서 김성주 시인은 폐허와 학살 못지 않게 무서운 이야기를 들려준다. 네 살박이 어린 아기였던 김 시인이 산으로 올라갔다 내려온 뒤, 경찰에게 취조 신문당한 기억을 말했다. 네 살박이를 최조한다! 싸움은 끝나지 않았다. 집안끼리 원수지고 동네가 갈라서서 적이 되었다. 밀고자와 학살자, 피해자가 엉킨 상태지만 좁은 섬에서 헤어질 수도 없는, 아닌 말로 '적과의 동침'. 한 동네 안에 가해자로 여기는 사람과 섞여 살 수밖에 없는 천형이 지속되고 있다. 남편을 죽임을 당하게 한 그 살해자와 살아가고 있는 할망도 있다.

　희생자 가운데 시신을 거두지 못한 사람만 4천여 명에 이른다. 평화공원에는 3692기에 달하는 행방불명자의 표석이 남아 있다. 다랑쉬굴 발견은 하나의 상징적 사건이었다. 굴의 참상은 많은 사람을 경악시켰다. 아래는 발견 당시의 증언이다.

> 굴 속을 손전등으로 밝히는 순간 소스라치게 놀랄 수 밖에 없었다. 호흡이 멈추어지고 가슴은 미친듯이 뛰기 시작했다. 눈 앞에는 허연 백골을 드러낸 시체들이 여기저기 흩어져 있었다. 더 이상 굴속에 있을 수가 없었다. 우리는 도망치듯 굴 속에서 빠져나왔다.
>
> — 김기삼·김동만, 《다랑쉬굴의 슬픈 노래》

　솥, 도끼, 석유병, 안경, 군화, 유리병, 반합, 허벅, 양푼, 젓갈단지, 쇠스랑, 수통, 곡괭이, 단추, 낫, 고무신...... 망자의 유품이 고스란히 남아 있었다. 그러나 44년 만에 발굴된 이들 순수한 피난민 유해를 경찰은 무장폭도로 몰아갔다. 유골은 졸속으로 화장되어 그네들이 살던 바다에 뿌려졌다. 그 이후 다랑쉬굴은 철창으로 막아버렸다.

　흔적은 곳곳에 남았다. 선흘리 낙선동에 가면 4·3성이 남아있다. 경찰이 마을 사람을 감시하기 좋은 위치를 선정하여 성을 쌓도록 했다. 포로수용소와 진배 없었다. 선흘리, 와산리의 1,200여 명이 수용소에 갇힌 듯이 살았다. 좁디좁은 함바 집에서 천여 명이 몸을 비벼대며 살아야 했고, 몇 개 안되는 통시로 생리 작용을 해결하자면 온종일 줄을 서야 했다. 성 안에는 보초막과 총 겨누는 총

안, 파출소도 있었다. 파출소 순경은 성 안의 최고 권력자로 생사여탈권을 쥐었다. 민보단, 대한청년단 등 성의 권력이 섬사람을 옥죄였다.

피해자가 있다면 토벌자도 있다. 낙선동 4·3성이 아닌 말로 '돈을 발라' 화려하게 현대식 축조방식으로 재건되었다면 시오름주둔소는 천연의 숲속 공터로 남아있다. 보초를 섰던 전초와 사각형의 성, 주둔소의 창문과 총구가 그대로 남았다. 시오름 아주망들은 밥을 해서 이곳까지 올라왔으며, 경찰은 아주망들을 노예처럼 부렸다. 숲 속의 성터에서 화약냄새와 총검의 피내음이 여전이 묻어온다. 성은 일부 무너졌어도 역사의 지문은 여전히 살아있기 때문이다. 이른바 '무명천 할머니'처럼 오발탄을 맞아 한평생 무명천으로 턱을 가리고 역사의 지문을 온몸으로 안고 살아가는 이들이 곳곳에 살아있기 때문이다.

4·3 당시에 서귀면사무소였다가 시청으로, 다시 자치경찰대로 바뀐 서귀포경찰서 마당에는 상록엽록수 먼나무가 훌륭한 자태를 자랑한다. 1948년 2연대가 한라산 토벌에 나섰다가 토벌기념으로 면사무소에 당시 10년생 나무를 캐다가 심었는데 세월이 흐르면서 우아하고 늠름한 나무로 자라났다. 서귀포 최고령 나무로 인정되어 천연기념물이 되었으나 더 오랜 나무가 있음이 밝혀지면서 2002년에 해제되었다. 4·3이 공식화되면서 토벌대나무라는 이유가 해제의 근본적 사유가 아니었을까.

가슴에 꽂힌 숟가락에서 읽는 지식인의 초상

제노사이드의 악몽에서 살아남은 사람들은 '살아시민 살아진다'(살다보면 살게 된다)는 각오로 생명줄을 이어왔다. 세대가 바뀌었어도 그날의 아픔은 고스란히 제사를 통해 재연되곤 한다. 문학평론가 김동윤의 지적데로 '식계집문학'에 잘 드러난다. 식게는 제사의 제주 방언. 현기영의 소설 《순이삼촌》에서, '세월이 삼십 년이니 이제 괴로운 기억을 잊고 지낼 만도 하건만 고향 어른들은 그렇지가 않았다. 오히려 잊힐까봐 제삿날마다 모여 이렇게 이야기하며 그때 일을 명심해 두는 것이었다'는 대목을 떠올릴 일이다.

그 시간이면 이 집 저 집에서 청승맞은 곡성이 터지고 거기에 맞춰 개 짖는 소리가 밤하늘로 치솟아 오르곤 했다. 한날 한시에 이 집 저 집 제사가 시작되는 것이었다……아, 한날 한시에 이 집 저 집에서 터져 나오던 곡성소리, 음력 섣달 열여드렛날, 낮에는 이곳 저곳에서 추렴 돼지가 먹구슬나무에 목매달려 죽는 소리에 온 마을이 시끌짝했고, 5백 위를 넘는 귀신들이 밥 먹으러 강신하는 한밤중이면 슬픈 곡성이 터졌다.

4·3의 발생요인에 관해서 다양한 이유를 손꼽을 수 있고, 특히 동아시아에서 행한 미국의 역할을 주목해야 할 것이다. 동시에 당대 모순관계를 꿰뚫고 있던 제주도 자체의 선진적 의식 수준도 주목할 필요가 있다. 제주는 일찍부터 민란 전통이 완강한데다가 일제 식민지수탈에 저항하는 의식이 강한 지역이었다. 식민지 시대에 많은 제주민이 일본으로 건너가서 유학이나 노동을 통하여 차별을 감내하고 귀향했다. 부르스 커밍스는 《한국현대사》에서 이렇게 썼다.

제주도는 코민테른(즉 소련)의 별다른 영향 없이도 인민위원회에 의해 평화롭게 통제된 ….진정한 자치공동체지역이었다.

1949년 6월 7일 제주읍 관덕정 광장 제주경찰서 입구의 십자틀에 매어져 전시된 이덕구 사령관의 모습. 경찰은 그의 왼쪽 가슴에 빨치산의 숟가락이라는 손잡이가 반쪽 난 놋숟가락을 상의포켓에 꽂아 놓았다.

미군정은 '섬 주민 가운데 대략 3분의 2가 온건좌익의 견해를 지니고 있다'라고 평가하고 있었다. 실제로 일찍부터 진보적 사회관이 뿌리내렸다. 가파도와 조천이 그러하다. 관광객은 가파도 같은 섬을 짐짓 우습게 보는 경우가 많다. 그러나 가파 신유의숙(辛西義塾)의 설립자 김성숙, 문명퇴치와 반일운동을 주도했던 김한정 같은 선각자가 가파도에서 활약했다. 가파도 인물사는 곧바로 제주도 사회운동사의 축소판이기도 하다. 민족해방운동의 중심 인물들이 대거 가파도로 몰려들었으니!

조천읍내에 만세동산이 보인다. 3·1 만세운동이 바다가 바라다보이는 언덕배기에서 일어났다. 삼일독립운동기념관은 조천사람의 강골찬 기개를 웅변한다. 만세운동이 제주읍내가 아니라 조천에서 시작되었음은 조천의 선진의식을 반영한다. 부를 축적한 포구의 대표 성씨인 김씨네에 대하여, 김석익은 다음과 같은 기록을 남기고 있다.

> 지금 번성한 문벌은 김해 김씨 만한 집안이 없다. 김씨는 둘 있는데 모두 조천리에 살았다. 부귀하고 번성하니 향족 중의 드문 일이었다.

김씨네는 재력을 바탕으로 자손을 서울과 일본으로 유학 보냈다. 유학생들은 새로운 사상을 받아들였으며 조천을 선진적 동네로 바꾸어나갔다. 오죽하면 일제도 '조천사람들 머리 조심하라'고 했겠는가. 다리를 잘리면서까지 저항하다가 1943년에 영면한 제주도 최초의 사회주의자 김명식, 오사카 노동운동의 대부로서 노동운동사의 획을 그은 김문준, 독립자금 모금운동에 나섰던 김운배, 광주학생운동에 참여했던 김시성과 김시황, 공산주의 항일운동을 벌인 김시용, 김명식의 아들 김갑환, 또한 김달삼의 뒤를 이어 제주항쟁 제2대 사령관이 된 이덕구도 조천중학원에서 역사와 체육 과목을 가르치던 선생님이었다. 4·3에 관해 제주도 현대사가 박찬식 선생은 이런 결론을 내렸다.

> 4·3은 결국 세계 냉전구도와 한국의 분단체제가 빚어낸 사상아였다. 미·소와 한반도의 남·북이 관련을 맺었지만, 아무도 책임지지 않고 제주 섬사람들에게만 상처를 남겨 놓았다. 제주 사람들은 밖으로부터 들어온 이념과 공권력에 휘둘린 채 국민·시민으로 인정받지 못하고, 바로 눈 앞에서 공동체가 파괴되는 것을 목도할 수 밖에 없었다. 4·3은 조선시대 이래 변방으로 취급되던 제주섬에 가해진 외적 폭력의 최종 결정판이었다.
>
> - 《4·3과 제주 역사》

다음은 주한 미국대사 무초가 미국무성에 보낸 보고다.

> 제주도 작전이 너무도 파괴적일 정도로 성공해 반도의 전략적으로 가장 중요한 섬에서 어떠한 회복도 할 수 없음을 보고할 수 있게 돼 기쁘다.

4·3을 생각할 때마다, 지식인 이덕구의 최후를 떠올리곤 한다. 4·3을 증언하는 사진들이 많지만 이덕구의 최후를 담은 사진에서 여러 상념이 다가온다. 1949년 5월 토벌대에 의해 무장대 총책 이덕구가 사살되면서 무장대는 사실상 궤멸된다. 관덕정 광장에 게시된 무장대 총사령관의 최후의 모습에서 그의 상의 왼쪽 주머니에 꽂힌 숟가락 하나가 눈에 띈다. 제주의 역사적 전통에서 본다면 이덕구는 또 하나의 현대적 장두인 셈이다.

'이덕구 산전'이라 불리는 '북받친밭(조천읍 교래리)'에는 깨어진 무쇠솥이 아직도 남아 있다. 교래리 곶자왈에는 산으로 갔던 피난민의 돌담집도 생생하게 남아 있다. 몇몇 제주 사람들이 그가 최후로 체포된 궁벽진 곳에서 진혼굿을 집행했다. 의례 공간을 통하여 불운한 시대를 살아나갔던 한 지식인의 영혼이 장기지속적으로 이어지는 중이다. 4·3연구소에서 펴낸 책자(《4·3 유적지 답사길잡이》)에서 이렇듯 명료하게 표현하고 있다.

> 4·3은 제주사회에서 유례없는 내파였고, 공동체 파괴를 가져왔던 역사적 사건이다. 산전의 깨어진 솥 하나가 4·3을 함축적으로 웅변하듯이 그의 가슴에 꽂힌 숟가락은 역사의 격랑 속에서 지식인의 한 방식을 이해할 수 밖에 없는 상징으로 다가온다.

베세토를 뛰어넘어 제오타 컨센서스로

제주의 근대사를 알기 위해서는 마지막 행로를 일본 오사카의 쯔루하시(鶴橋) 조선시장으로 옮겨야 한다. 오사카 중심부를 싸고 한 바퀴 도는 JR호 나상선 동남쪽 외곽에 이꾸노(生野區)가 있다. 재일동포사회에서 이꾸노는 작은 제주(리틀 제주)다. 일본에서 교포 밀집도가 높은 곳이 오사카이고, 그 중에서도 이꾸노이며, 그 이꾸노의 2/3가 제주출신이거나 그 후손이다. 남북으로 뻗은 하라노가와(平野川) 운하는 사실상 한국인 노동자들이 만들었으며 바라크로 얼기설기 만들어지기 시작한 것이 한인촌의 효시. 여기에는 제주도 방언과 음식이 살아있으며, 어떤 측면에서는 본토보다도 더 제주도적이다. 그 역사는 어느덧 한 세기 전으로 올라간다.

오사카의 제주민 집단거주는 오사카 - 제주 객선 때문이기도 했다. 일본 도항은 지리적으로 가까운데다가 현금 획득을 할 수 있는 매력적 노동시장이자 경제적 빈곤을 해소할 수 있는 기회의 땅이었기 때문이다. 오사카에는 해방 전부터 상당수의 제주사람이 거주했으며, 그 연고를 따라서 많은 사람이 오사카로 도항했다. 도항은 합법과 비합법으로 이루어졌다. 일제강점기의 도항이 내지이동, 즉 어느 정도의 합법성을 지닌 도항이었다면, 해방 이후 4·3을 계기로 이루어진 도항은 목숨을 건 비합법 도항이었다.

20여 년에 걸쳐 원고지 11,000매에 이르는 대작인 《화산도》를 쓴 김석범은 정작 4·3 당시에 제주도에 있지도 않았다. 그런 그가 어떻게 4·3을 그토록 생생하게 묘사할 수 있었을까. 4·3을 계기로 많은 사람이 친척을 의지하거나 혈혈단신으로 오사카로 도망갔다. 김석범은 이들로부터 끝없는 이야기를 듣고 4·3의 비참함에 심한 충격을 받는다. 4·3의 연대기가 제주도 안에서만이 아니라 국제적으로 번져있는 것이다. 해마다 4월이 오면 오사카는 물론이고 토쿄에서도 4·3을 생각하는 모임이 추도집회를 연다.

이제 제주도는 평화의 섬으로 거듭나고 있다. 그 와중에 베이징 - 서울 - 토쿄를 잇는 베세토 컨센서스만 이야기 한다. 그러나 베세토 컨센서스는 결국 중앙적 네트워크일 뿐이다. 제주도가 평화의 섬으로 나아가자면, 소외되어온 고단한 섬의 입장을 대변하여 종래의 제주 - 타이완 - 오키나와 컨센서스를 주장함이 옳지 않을까. 4·3사건을 겪은 제주와 2·8사건을 겪은 타이완, 2차 대전의 살육을 겪은 오키나와를 연결하는 컨센서스 속에 베세토 컨센서스와는 전혀 다른 새로운 역사가 준비되어야 한다는 믿음이다.

□ 참고문헌

《고려사(高麗史)》
《사기(史記)》
《신증동국여지승람(新增東國輿地勝覽)》
《영주지(瀛州誌)》
《제주읍지(濟州邑誌)》(1785~1789)
《제주삼읍도총지도(濟州三邑都摠地圖)》
《조선왕조실록(朝鮮王朝實錄)》
《천기대요(天機大要)》

권응인,《송계만록(松溪漫錄)》
김상헌,《남사록(南槎錄)》
김석익,《탐라기년(耽羅紀年)》
김영락,《효열록(孝烈錄)》
김윤식,《속음청사(續陰晴史)》
김정,《제주풍토록(濟州風土錄)》
김정,《충암록(冲菴錄)》
신광수,《석북집(石北集)》
신숙주,《해동제국기(海東諸國記)》
왕부,《당회요(唐會要)》
위백규,《존재전서(存齋全書)》
이건,《제주풍토기(濟州風土記)》
이건,《규창집(葵窓集)》
이예연,《탐라팔영(耽羅八詠)》
이원조,《탐라지초본(耽羅誌草本)》
이원진,《탐라지(耽羅志)》
이익,《성호사설(星湖僿說)》
이증,《제주풍토록(濟州風土錄)》
이증,《남사일록(南槎日錄)》
이익태,《지영록(知瀛錄)》
이재현,《익재난고(益齋亂藁)》

이학규, 《낙하생집(洛下生集)》
이형상, 《남환박물(南宦博物)》
이형상, 《탐라순력도(耽羅巡歷圖)》
임제, 《남명소승(南冥小乘)》
조엄, 《해사일기(海槎日記)》
조정철, 《정헌영해처감록(靜軒瀛海處坎錄)》
최부, 《표해록(漂海錄)》
《기메지전》, 아트스페이스·씨, 2006.
《돌과 바람의 섬, 신들의 나라 제주》, 제주도, 2000
《동아시아 원담조사보고서》, 제주문화예술재단, 2017.
《만농 홍정표선생 사진집》, 제주대박물관, 1995.
《사진으로 보는 제주역사 1~2》, 제주도, 2010.
《제주 대정현 하모리 호적중초》(1) 〈영인본〉, 제주대탐라문화연구소, 2001.
《제주 문화상징사전》, 제주도, 2008.
《제주의 민속》2, 제주도, 1994.
《제주해녀항일투쟁실록》, 제주해녀항일기념사업추진위원회, 1995.
《조선반도의 농법과 농민: 제주도편 1939년》, 제주시 우당도서관, 2000.

1901년 제주항쟁기념사업회 엮음, 《신축 제주항쟁 자료집》1 , 각, 2003.
강기숙 외,《구좌읍의 갯담과 불턱》,각, 2009.
____,《일제시기 목장조합 연구》, 경인문화사, 2013.
____,《조선시대 제주도 관설목장의 경관연구》, 제주대교육대학원 석사논문. 2001.
강문규,《탐라왕국》, 한그루 , 2017.
강민수,《제주조랑말》, 제주대출판부, 1999.
강수경,《제주지역 돼지고기 음식문화의 전통과 변화》, 제주대한국학협동과정 석사논문, 2011.
강정효,《바람이 쌓은 제주돌담》, 각, 2015.
____,《화산섬 돌 이야기》, 각, 2000.
____,《제주 거욱대》, 각, 2008.
고광민,《제주도 포구연구》, 각, 2004.
____,《제주도의 생산기술과 민속》, 대원사 , 2004.
고길희,《하타다 다카시(旗田巍)》, 지식산업사, 2005.
고영자 편역,《서양인들이 남긴 제주견문록(1845-1926)》, 제주시우당도서관 , 2013.
____,《서양인들이 남긴 제주도 항해·탐사기(1787-1936)》, 제주시우당도서관 , 2014.
____,《구한말 불어·영어 문헌 속 제주도(1893-1913)》, 제주시우당도서관 , 2015
고용희,《바다에서 본 탐라의 역사》, 각, 2008.

고유봉, 《제주도 해양수산사》, 각, 2011.
고창석, 《역주 탐라지》, 푸른역사, 2002.
____, 《탐라사 사료집》, 신아문화사, 1995.
국립제주박물관, 《제주 유배인 이야기》, 2019.
____, 《한라산》, 2013.
____, 《국립제주박물관》, 2017.
____, 《섬, 흙, 기억의 고리》, 2009.
____, 《오키나와의 조개제품을 통한 선사시대 문화의 재발견》, 2005.
____, 《항해와 표류의 역사》, 솔, 2003.
김만덕기념사업회, 《김만덕 자료총서 2》, 2008.
김범훈, 《제주도 용암동굴 들여다보기》, 각, 2009.
김봉옥, 《제주통사》, 제주문화사, 1987.
김봉옥·김지홍, 《옛 제주인의 표해록》, 제주문화원, 2001.
김석윤·강행생·문기선, 《제주도 건축의 향토성 개념정립연구》, 1987.
김석익, 오문복 외 역, 《제주 속의 탐라》, 제주대 탐라문화연구소, 2011.
김선희, 《이야기 제주사》, KBS 제주방송총국, 2014.
김순이, 《제주의 여신들 2》, 제주문화, 2002.
김영·양정자, 《바다를 건넌 조선의 해녀들》(정광중·좌혜경 역, 각, 1988).
김영돈, 《제주 민요의 이해》, 제주도, 2000.
김옥희, 《제주도 신축년 교난사》, 천주교제주교구, 1980.
____, 《제주의 돌문화》, 서귀포문화원, 2012.
김일우, 《고려시대 탐라사연구》, 신서원, 2000
김정숙, 《자청비 가문장아기 백주도 - 제주섬, 신화, 그리고 여성》, 각, 2002.
김종철, 《오름나그네 1~3》, 높은오름, 1995.
김혜숙, 《제주도 가족과 궨당》, 제주대출판부, 1993.
김혜우·고시영 엮음, 《고려사 탐라록》, 제주문화, 1994.
남도영, 《제주도 목장사》, 한국마사회, 2004.
담수계, 《증보탐라지》, 1954.
데이비드 네메스, 고영자 역, 《제주땅에 새겨진 신유가사상의 자취》, 제주시우당도서관, 2012.
문무병, 《바람의 축제, 칠머리영등굿》, 황금알, 2005.
____, 《제주도 당신앙의 구조와 의미》, 제주대박사학위논문, 1993.
문순덕, 《제주 여성속담으로 바라본 통과의례》, 제주대출판부, 2004.
문화재관리국, 《한국민속종합조사보고서》(제주도 편), 1974.
박경훈, 《제주담론1》, 각, 2013.
박원호, 《최부 표해록연구》, 고대출판부, 2008.

박정근 외, 《돌의 美를 찾아서》, 다른세상 , 2000.
박찬식, 《1901년 제주민란 연구》, 각, 2013.
____, 《4·3과 제주역사》, 각, 2008.
북제주군, 《북제주군의 문화유적》 1·2, 1998.
____, 《북제주군지》, 2000.
북제주군·제주대박물관, 《제주 고산리유적》, 19908.
서재철, 《제주도 야생화》, 일진사, 2004.
송성대, 《문화의 원류와 그 이해》, 파피루스, 1996.
송시태, 《제주도 암괴상 아아용암류의 분포와 암질에 관한 연구》, 부산대대학원 박사학위논문, 2000.
양영자, 《제주민요의 배경론적 연구》, 민속원, 2007.
양용진, 《제주식탁》, 제주상회 , 2000.
양정심, 《제주 4·3항쟁》, 선인, 2008.
양진건, 《그 섬에 유배된 사람들》, 문학과지성사, 1999
____, 《제주 유배길에서 만난 사람들》, 제주대출판부 , 2012.
____, 《제주 유배문학 자료집1》, 제주대출판부, 2008.
오영주, 《제주 음식문화의 이해》, 한라대학, 2008.
이문교, 《제주 감귤 문헌목록》, 제주문화, 2000.
이시영, 《한국 마문화발달사》, 한국마사회, 1991.
이영권, 《조선시대 해양유민의 사회사》, 한울, 2013.
이윤형·고광민, 《제주의 돌문화》, 제주돌문화공원 , 2006.
이은상, 《탐라기행》, 조선일보사 출판부, 12 ,
이창기, 《제주도의 인구와 가족》, 영남대출판부, 1999.
이창훈, 《제주동자석 2》, 제주콤, 2008.
전경수, 《탐라·제주의 문화인류학》, 민속원 , 2010.
전국문화원연합 제주도지회, 《옛제주인의 표해록》, 2001.
전영준 외, 《중세 동아시아의 해양과 교류》, 제주대탐라문화연구소, 2019.
제주 4·3진상규명위원회, 《제주 4·3사건자료집》1-11, 2001~2004.
제주대박물관, 《남제주군의 문화유적》, 1996.
____, 《법화사지》, 1992.
____, 《제주 옛문서의 빗장을 열다》, 2010.
제주도 해녀박물관, 《제주해녀 사료집》, 2010.
제주도·국립민속박물관, 《허벅과 제주질그릇》, 2007.
제주도·한라산생태문화연구소, 《한라산총서》, 각, 2006.
제주도관광협회, 《제주도관광협회 50년사》, 2012.
제주도민속자연사박물관, 《신들의 땅》(제주·히말라야 샤머니즘의 만남展), 2012.

제주도환경자원연구원,《곶자왈 이야기》, 2010.
제주문화원,《옛사람들의 등한라산기》, 2000
제주발전연구원,《제주여성사》(1), 2009.
제주사랑역사교사모임,《청소년을 위한 제주 역사》, 각, 2008.
제주참여환경연대,《제주의 세계자연유산을 찾아서》, 2006.
제주해녀항일투쟁기념사업회,《제주해녀항일투쟁실록》, 1995.
조성윤,《일제말기 제주도의 일본군연구》, 제주대탐라문화연구소, 2008.
주강현,《관해기1 – 남쪽바다》, 웅진지식하우스, 2006.
____,《돌살-신이 내린 황금그물》, 들녘, 2006.
____,《마을로 간 미륵》1, 대원정사, 1995
____,《적도의 침묵》, 김영사, 2007.
____,《제국의 바다 식민의 바다》, 웅진지식하우스, 2005.
지명숙 · B.C.A.왈라벤,《보물섬은 어디에 – 네덜란드 공문서를 통해본 한국과의 교류사》, 연세대출판부, 2003.
진성기,《제주신화와 무속》, 제주대박물관, 2018.
진영일,《고대중세 제주역사탐색》, 제주대탐라문화연구소, 2008.
최열,《옛그림 따라 걷는 제주길》, 서해문집, 2012.
한국건축가협회 제주지회,《제주의 마을공간 조사보고서-제주시 애월읍 하가리》, 2010.12.
한국지질자원연구원 · 제주발전연구원,《제주도 지질여행》, 2006.
한진오,《제주도 입춘굿의 연행원리 연구》, 제주대한국학협동과정 석사논문, 2007.
허남춘 · 허영선 · 강수경,《할망하르방이 들려주는 제주음식 이야기》, 이야기섬 , 2015.
허남춘,《제주도 본풀이와 주변신화》, 제주대탐라문화연구소, 2011.
현기영,《바람 타는 섬》, 창작과비평사, 1989.
____,《순이 삼촌》, 창작과비평사, 1979.
현용준,《제주도 무속 자료사전》, 신구문화사, 1980.
____,《제주도 사람들의 삶》, 민속원, 2009.
현행복,《방선문》, 도서출판 각, 2004.

강만익, 〈조선시대 제주도 잣성 연구〉,《탐라문화》제235호. 제주대탐라문화연구소, 2009.
강영봉, 〈제주어와 중세몽골어의 비교연구〉,《탐라문화연구》20집, 1999.
강소전, 〈북제주군 구좌읍 김녕리 동김녕마을 잠수굿의 제차와 그 역할〉,《탐라문화연구》27집, 2005.
권오정, 〈19세기 제주도촌락의 촌락내혼율과 촌락내 혼인관계 연구〉,《탐라문화연구》23집, 2003.6.
김나영, 〈조선후기 제주지역 포작의 존재양태〉《탐라문화》32 , 제주대탐라문화연구소
김동윤, 〈진실복원의 문학적 접근방식 – 현기영의 '순이삼촌'론〉,《탐라문화연구》23집, 2003.

김동전, 〈조선후기 제주거주 몽골 후손들의 사회적 지위와 변화〉, 《지방사와 지방문화》13(2) , 역사문화학회, 2010.
김동전, 〈제주 법화사의 창건과 그 변천〉, 《탐라문화》20호, 탐라문화연구소, 1999.
____, 〈조선후기 제주지역 호적중초의 실태와 그 성격〉, 《역사민속학》제20호, 한국역사민속학회, 2005.
김명철, 〈조선시대 제주도 관방시설의 연구〉, 《제주도사연구》9, 제주도사연구회, 2000.
김유정, 〈제주의 무신도〉, 《탐라문화연구》18집, 1997.
김창현, 〈탐라의 지배층〉, 《탐라사》2 , 제주사정립사업추진협의회, 2010.
문무병, 〈제주도의 생수설화와 물법신앙〉, 《탐라문화》12호, 제주대 탐라문화연구소, 1992
박원길, 〈몽골과 탐라 : 코빌라이칸의 섬 탐라〉, 《해양과 문화》19집, 해양문화재단, 2009
유홍렬, 〈제주도에 있어서의 천주교 박해 -1901년의 敎難〉, 《이병도박사 화갑기념논총》, 1956.
윤용택, 〈신구간풍속에 대한 기후환경적 이해〉, 《탐라문화연구》 29집, 2006.
____, 〈제주인과 오름 - 오름의 총체적 가치평가를 위한 시론〉, 《탐라문화연구》 24집, 2004.
이기욱, 〈제주도 사신숭배의 생태학〉, 《제주도연구》6, 1989.
장주근, 〈濟州島女神考〉, 《제주문화》제1호 , 1947.
조성윤, 〈1898년 제주도민란의 구조와 성격 - 남학당의 활동과 관련하여〉, 《한국전통사회의 구조와 변동》, 문학과 지성사, 1986.
____, 〈조선시대 제주도 인구의 변화추이〉, 《탐라문화연구》 26집, 2005.
池田榮史, 〈물질문화상으로 본 한국 제주도와 류큐열도의 교류〉, 《탐라문화연구》 19집, 1998.
최순학, 〈제주도와 OAHU島의 지질구조와 수자원의 특성〉, 《제주도연구》8집, 1991
하순애, 〈18세기초 제주인의 신앙생활과 신당 파괴사건〉, 《탐라순력도논총》, 제주시. 2000.
한영국, 〈豆毛岳考〉, 《한우근박사 정년기념 사학논총》, 지식산업사, 1981.
허남진, 〈제주도의 역사적 토포스 ; 페리퍼리, 그리고 프론티어〉, 《탐라문화연구》 31집, 2007. 8.
허남춘, 〈삼성신화의 신화학적 고찰〉, 《탐라문화연구》 14집, 1994.
현용준・현승환, 〈제주도 뱀신화와 신앙의 연구〉, 《탐라문화연구》 15집, 1995.

시바 료타료, 박이엽 역, 《탐라기행》, 학고재 , 1998.
정운경, 정민 역, 《탐라문견록》, 휴머니스트, 2008.

金斗奉, 《濟州道實記》, 濟州道實蹟硏究社編輯部, 1936
善生永助, 《濟州島生活狀態調査》, 1933.
高橋昇, 《朝鮮半島の農法と農業》, 東京, 1939.
泉靖一, 《濟州島》《泉靖一 著作集》, 讀賣新聞社, 1972 (김종철 역, 《제주도 1935-1965》, 여름언덕, 2014)
片桐一男, 《出島 - 異文化交流舞臺》, 集英社, 東京, 2000.

Edward Hyams, *Soil and Civilization* (김준민 역, 《토양과 문명》, 범양사, 1988).

F. H. King, *Farmes of forty centuries; organic farming in China, Korea and Japan* (곽민영 역, 《4천 년의 농부》, 들녘, 2006).

F. Hammel, Felix R. Paturi, *Der Wald* (하연 역, 《숲》, 두솔, 1994).

Haunani-Kay Trask, *From a Native Daughter - Colonialism and Sovereignty in Hawaii*, Univ. Hawaii Press, Honolulu, 1999 (이일규 역, 주강현 해제, 《하와이 원주민 딸의 목소리》, 서해문집, 2017)

K. R. Howe, Robert C. Kiste, Brij V. Lal, editors, *Tides of History - The Pacific Islands in the Twentieth Centure*, University of Hawaii Press, Honolulu, 1994.

Maurice Krafft, *Les feux de la Terre, Histoires de volcans* (진미선 역, 《화산 - 지구의 불꽃》, 시공사, 1995).

Max Stanton, *The Polynesian Cultural Center : A Multi-ethnic Model of Seven Pacific Cultures*, Host and Guest, 1977.

Michael Pollan, *The Botany of Desire*, Random House, New York, 2001(이경식 역, 《욕망하는 식물》, 황소자리, 2007).

Patrick Vinton Kirch, *On the Road of the Winds*, University of Califonia Press, Berkeley, 2000.

Rachel Carson, *The Sea Around Us* (이충호 역, 《우리를 둘러싼 바다》, 양철북, 2003).

S. Genthe, *Korea-Reiseschilderungen* (권영경 역, 《신선한 나라 조선, 1901》, 책과함께, 2007).

Seathl, *Chief Seattle, How can one sell the air*, Native voices, Tennessesee, 2005.

Sydney Mintz, Sweetness and Power (김문호 역, 《설탕과 권력》, 1995).

Christopher S. Lobban and Maria Schefter, *Tropical Pacific Island Environments*, University of Guam Press, Guam, 1997.